新型大学型态论

柳友荣 等 著

北京师范大学出版集团
BEIJING NORMAL UNIVERSITY PUBLISHING GROUP
安徽大学出版社

图书在版编目(CIP)数据

新型大学型态论/柳友荣等著. —合肥 :安徽大学出版社，2020.3
ISBN 978-7-5664-1170-9

Ⅰ.①新… Ⅱ.①柳… Ⅲ.①高等学校－学校管理－研究－中国
Ⅳ.①G647

中国版本图书馆 CIP 数据核字(2019)第 300758 号

本书为国家社会科学基金项目“新建应用型本科院校管理体制改革研究”(13BGL126)研究成果

新型大学型态论

Xinxing Daxue Xingtailun **柳友荣等** 著

出版发行:北京师范大学出版集团
安 徽 大 学 出 版 社
(安徽省合肥市肥西路 3 号 邮编 230039)
www.bnupg.com.cn
www.ahupress.com.cn
印　　刷:合肥华苑印刷包装有限公司
经　　销:全国新华书店
开　　本:170mm×240mm
印　　张:17
字　　数:239 千字
版　　次:2020 年 3 月第 1 版
印　　次:2020 年 3 月第 1 次印刷
定　　价:88.00 元
ISBN 978-7-5664-1170-9

策划编辑:刘婷婷　　**装帧设计**:李　军
责任编辑:刘婷婷　　**美术编辑**:李　军
责任校对:马晓波　　**责任印制**:陈　如　孟献辉

扎根中国大地　建设有中国特色的“新型大学”（代序言）

最初，我在申报国家社科基金项目“新建应用型本科院校管理体制改革研究（13BGL126）”时，考虑到 2009 年获批的教育部哲学社会科学研究项目“国际视阈里大众化时代我国新建应用型本科院校可持续发展研究”（09YJA880017）最终研究成果《中国“新大学”的崛起》（教育科学出版社 2013 年出版）在中国“新型大学”的管理体制、“中国特色”等方面还存在一些研究触角不及、研究深度不大的问题，为了尽可能不留遗憾，便开展了后续的研究工作。研究期间，正逢占我国本科院校“半壁江山”的新建应用型本科院校整体开始觉悟，尝试摆脱对传统大学办学模式及路径依赖，选择从“新建”到“新型”的强调“应用型”的办学之路。

早在 2015 年，李克强总理在政府工作报告中就指出，要“引导部分地方本科高校向应用型转变”；在 2016 年的政府工作报告中，李克强总理更加明确地强调：“提升高校教学水平和创新能力，推动具备条件的普通本科高校向应用型转变。”深入领会政府水平报告精神，细究其中的“部分地方本科高校”到“具备条件的普通本科高校”的提法变化，不难读懂新建本科院校的转型发展是一项系统工程，影响深远，需要深入研究。

2016 年 4 月，教育部发布《中国高等教育质量报告》，这一举措在全球尚属首次，与此同时还发布了《中国工程教育质量报告》《全国新建本科院校教学质量监测报告》和令人瞩目的《新型大学新成就——百所新建院校合格评估绩效报告》。值得注意的是,该系列报告均用比较官方的形式在国内首次提出"新型大学"这一概念。2016 年 10 月 29 日,全国新建本科院校联席会议暨第 16 次工作研讨会在成都召开,来自全国 200 多所新建本科院校领导围绕会议主题"创新发展、协同育人、质量保障"展开了热烈的讨论。教育部高教司司长张大良作了"对焦需求,聚焦服务,变焦应用——把新建本科院校办成新型本科院校"主题报告。张大良指出,从新建到新型,在于创新发展模式,关键在于中国特色新型本科院校发展路径的选择。教育部高等教育教学评估中心吴岩主任在"从新建大学走向新型大学"的主题报告中强调,从新建迈向新型,是新建本科院校的发展方向,以学生为中心、以结果为导向做实"应用型",做深产教融合是题中之义。

无论国际经验,还是我国高等教育的办学实践都在提示我们,任何一次高等教育的理念的革新和类型的革命,都昭示着高等教育命运的重大转变。今天,高等教育正在不断地"去贵族化",不断地大众化。也正因为如此,对高等教育的任何一次变革都将"牵一发而动全身",都将给高等教育乃至整个社会带来巨大的效应。很显然,加强"应用型大学"的理论研究,无论是在实践探索基础上的院校研究,还是在借鉴国际经验前提下的国内模仿,抑或理论研究本身都具有鲜明的"实践"导向,都势必要扎根中国大地,势必在体现"中国特色"上做文章。担任哈佛大学校长 40 年的艾略特在美国高等教育中的地位大概无人撼动,罗斯福总统誉其为"共和国第一公民"。他对美国高等教育的发展有过这样的论述:美国大学不可能是英国、法国或德国大学的复制品,它必须生长在自己的土地上,具有独创性,符合美国社会和政治的风俗。[①] 如此看来,"世界一流"的标准绝对不是止于某个局部的、成型的、强势的文化中,不是一个排他性的"固化

① Samuel Eliot Morison, *Three Centuries of Harvard* (Cambridge: Harvard University Press, 1951), PP. 397.

物”，它是一个不断丰富的“实在物”，需要一个个具体的“本土”方案来充盈，需要更多的“本土”智慧。

一、为什么要有“扎根”意识

2018年末，APEC峰会成立29年来第一次没有发布“共同宣言”，面对一片哗然的世界舆论，这届峰会主办国巴布亚新几内亚总理欧尼尔无奈地说：“两个巨人在屋里打架，我们能说什么。”其实，如果我们能冷静地透过现象，不难发现，在全球化的今天，任何霸权和强势行为都无法赢得世界。只有在悦纳“地域性”“本土性”文化的前提下，才可能有“世界性”“统一性”的规则。政治经济如此，文化教育亦然。被罗斯福总统誉为“共和国第一公民”的哈佛校长艾略特曾言，美国的大学不能从英国、法国或德国移植，它必须是有独创性的，生长在自己的土地上，符合美国社会和政治的风俗。每一个国家都应该选择适合国情和文化基因的高等教育，这当然需要高等教育理论工作者在保持理论研究独立性的同时，将世界高等教育理论研究成果“本土化”。

从教育学科的发展源头来看，其区别于传统经典学科，属于“次生学科”和“外生学科”。赫斯特指出，教育理论从本质上说是一种“实践性理论”(practical theory)[①]。换句话说，教育理论研究必须扎根“此时此地”，即使有“彼时彼地”的理论研究方式和成果植入，也应该以“同化”而非“顺应”为基础。卢梭的《爱弥儿》顺应了18世纪法国的文化潮流，提倡培养“自然人”，反对轻视儿童，禁锢思想；在教育内容和方法上，坚持自然教育，提倡顺应本性，促进儿童身心自由发展。但是，我们不能疏略的是，卢梭作为法国大革命时期的启蒙思想家，在反对封建思想禁锢的同时，其教育理念全然没有遵从教育的社会制约性。因而，他的教育理念只能是“唯

① 瞿葆奎：《教育与教育学》，人民教育出版社1993年版，第441页。

美”的教育理想，是源自法国“本土”启蒙运动追求“自由平等”的结果。杜威深受卢梭的影响，但是这并不意味着他将选择在美国本土复制卢梭的教育主张。杜威在《民主主义与教育》中，批评传统教育只让儿童“听”，课堂听课成了儿童的苦役。其主张的“教育即生活”“教育即生长”“做中学”，凡此种种都是基于他在芝加哥实验学校的教育实践，与19世纪末的美国社会情势和文化基因密不可分。解读卢梭、杜威的教育思想，不难看出其中的“儿童本位论”思想基础，忽略教育活动的社会性。因此，学习这些理论，不能停留在“吞咽”上，需要进行选择性“吸收”，如果“暴饮暴食”，就必然导致“消化不良”。

消化、吸收发达国家高等教育既有研究成果，不能不顾文化、制度差异，盲目地照搬照抄、复制。在扎根中国大地的基础上，防止高等教育研究的学术思想被禁锢在西方主流思维方式和行为模式里，缺乏对本土文明的总结和借鉴，疏离国家需求，放弃富有“本土”文明的教育元素，陷入被全球化掩盖的“被国际化”陷阱。高等教育研究者保有“扎根”意识，就是要在汲取“本土”文明的基础上，探索“中国特色”高等教育理论基础与实践路径，真正推进我国高等教育的国际化步伐。

二、高等教育研究需要扎根“本土”“问题”“实践”“内心”

首先是扎根“本土”。扎根“本土”绝不意味着将国外的教育理论翻译为本土语言，或者转述为本土叙事方式，否则，就不是扎根“本土”，甚至谈不上教育理论“本土化”。很显然，“本土化”应该是建立在植入异域高等教育制度、方法时，不止于介绍制度范本的本身，而且以本土文化背景和制度环境来分解、同化异域文明。简单移植异域高等教育研究范式，结果常常是“橘生淮北”，缺乏内在效度。

当然，作为研究高等教育的后发国家，我们自身高等教育理论构架还不清晰，研究范式尚未确立，“中国特色”还需要足够的智慧供给，理论研究者更需要扎根“本土”，在普遍共性的基础上，研究中国高等教育个性问题。

“一切教育都是具有教育性的”，这是科学教育学奠基人赫尔巴特的经典论断。高等教育研究扎根“本土”，就是要扎根中国特色的社会主义高等教育研究方向。无视高等教育研究在价值层面上的属性，就会导致研究内容和方式被西方价值观和习惯了的方式绑架。譬如说，南京大学出现的某教授科研论文“消失”、教学“缩水”、责任心“缺失”现象，原因就是我们的学者被SCI远程操纵，SCI成为学者学术潜意识里的价值坐标。日本学者在分析最近大学排名疲软时，自信地认为这与他们大学的教学质量没有关系，其中的原因是日本学者总是乐于把最好的论文发表在国内期刊上，而不是译成英文，发表在国际期刊上。

其次是扎根“问题”。我国高等教育研究的学科取向由来已久，但这一情结并没有消除学者扎根“问题”的实践情怀。高等教育不同于纯粹知识逻辑发展演化而来的传统的经典学科，而是一门与“社会需求”密切相关的“外生学科”。其发生方式决定了作为“外生”的社会科学领域不可能回避现实，远离问题，也不可能拘泥于以单一学科逻辑开展研究，而应着眼于“问题”，“组织‘研究中心’或‘工作坊’开展跨学科或多学科研究”①。

现代学科又称为“外生学科”，与经典学科完全不同，现代学科的学科发展逻辑不是学科知识的自然演化逻辑主导的，而是社会需要逻辑主导的。社会需要和重大社会问题不仅主导着社会科学学科领域的划分以及相应的学科划分标准，而且决定着学科的研究内容、研究方法和学术研究的组织方式。学科研究组织突破了传统的院系所组织的藩篱，以多学科领域学者组成的“研究中心”或“工作坊”，开展跨学科或多学科研究。从哲学角度看，“问题”意识，不仅是一种内在的、理性的质疑和批判精神，而且具有全新理论构建的学术研究取向。因此，关于扎根“问题”的高等教

① 张应强：《高等教育学的学科范式冲突与超越之路》，载《教育研究》2014年第12期。

育研究并不是背叛高等教育作为学科的本体研究，相反却具有殊途同归的意味。

再次是扎根“实践”。高等教育研究要扎根“实践”有两个方面的内涵：一是“普遍”的教育理论与本土问题的“实践”相结合开展研究，这是大家比较熟知的；二是高等教育理论工作者面向高等教育实践者，以“非学术化”的方式给其提供一种职业素养和思维方式，从而促进其理性思考、高效工作。

随着大学在现代社会中的地位越来越重要，高等教育在社会生活中扮演了越来越重要的角色。高等教育实践者因此比以往任何一个时期都急切地需要得到高等教育理论工作者的支持。高等教育研究扎根“实践”，将理论思维转换为实践思维，走进实践者尤为重要。吴康宁教授认为，教育理论工作者的理论创造成果，往往是以“纯学术化”、不友好的方式呈现、表述教育理论，那些规范的命题、严谨的逻辑很难为教育实践者接受，而沦为“学术垃圾”。[①] 就像康德把《纯粹理性批判》缩写成《任何一种作为科学出现的未来形而上学导论》、霍金完成《时间简史（普及版）》一样，高等教育研究者用十分友好的方式呈现给实践者喜闻乐见的行动准则。当高等教育走出“象牙塔”，走进社会，接受高等教育，甚至成为人们的一种生活方式时，高等教育理论研究扎根“实践”，给理论消费者一份温情和友好，也是彰显自身价值的行之有效的策略。

最后是扎根“内心”。范文澜说过：“板凳要坐十年冷，文章不写一字空。”高等教育研究虽然也必须面向微观领域，解决身边问题，但是它更需要面向当下中国社会宏大的现实问题，面向社会主要矛盾转移后人们对“美好生活的向往”、对“接受优质公平的教育的需求”以及中国高等教育的供给能力和结构张力问题、建立以学习者为中心的大学文化问题，凡此种种……这些中国高等教育研究中的“真问题”都急切需要高等教育研究

① 吴康宁：《以“友好方式”向教育实践工作者提供教育理论》，载《教育研究与实验》2017年第5期。

者心无旁骛、潜心学问,扎根“内心”,保持定力,着眼于实现,面向社会,做持久、扎实、深入的研究,而不能浅尝辄止、跟风扬尘。

伯顿·克拉克关于创业型大学的研究历时10余年,以大学转型为主题,十余次造访欧洲,对英国、荷兰等国大学创业行为开展系统研究。荟萃了他研究智慧的《建立创业型大学:组织上转型的途径》最终被学界誉为欧洲大学革新的“圣经”。哈佛校长多是高等教育大家,究其原因,与他们扎根“岗位”,长期关注与思考大学发展密不可分。第21任校长艾略特任职长达40年、第23任校长科南特任职20年、第25任校长博克任职20年。正是他们扎根“内心”,潜心办学,坚持“院校研究”理念,探问高等教育真问题,才在成就了一所世界顶尖大学的同时,也成就了自己在高等教育研究领域里的学术造诣。布鲁贝克有言:为了维护学术完整性,抵制各种诱惑,学者必须每日三省:研究项目教育价值如何?这样的学科问题是否客观存在?研究是不是建立在现有学术成就基础上?[①] 高等教育的学术研究者必须清心寡欲,“内心”坚定,以学术为志业。

最近20年来,我国高等教育接连产生了三个影响深远的高频词,即“中国特色”“高等教育强国”“双一流”。围绕这三个“愿景”,我国高等教育发生了一系列的变革。然而,强调本土气质的“中国特色”与侧重全球标准的“世界一流”会不会相互抵牾,为什么在我们实现高等教育强国梦的路上还要强调“中国特色”,是理论界和实践领域都在思考的问题。

三、扎根中国大地的“中国特色”是争创“世界一流”之必然选择

(一)是高等教育发展的历史逻辑决定的

成为高等教育强国,已然是“中国梦”的一个重要部分。然而,建成

① 布鲁贝克:《郑继伟等译.高等教育哲学》,郑继伟等译,浙江教育出版社1987年版,第116页。

“高等教育强国”与在建设中强调“中国”的、“本土”的特色，是并行不悖的，还是相互抵牾的，显然已经成为摆在我们面前的一个“真问题”。在高等教育发展中追求本土“特色”，不是自弹自唱、自说自话，究其本质来看，俨然是高等教育强国建设中应然的内生特质，是全球高等教育发展的内在逻辑。众所周知，梳理世界高等教育发展脉络，就不难发现每一次高等教育中心的转移，都是一次大学自身建设的“特色”追求，以及内在特色的进一步彰显。

大学作为一种社会组织，自从产生的第一天起，就特别亲善“本土”特质，就没有脱离过催生它的社会环境和文化品格。一千多年前，博洛尼亚大学雏形初具时，是个以教师为主的教育场所，但后来它渐具“学生型”大学的特色，成为世界上第一所大学，继而对欧洲南部国家大学的发展产生了深远影响，并最终成为公认的“欧洲大学之母”。博洛尼亚大学凭借的就是当时博洛尼亚这所城市在意大利北部优越的地理位置——联系罗马与欧洲大陆各国的纽带和罗马法、教会法研究中心的地位，吸引了大批外籍学生。为了维护自身权益，作为行会组织的“universitas”应运而生，由学生管理大学、担任大学校长成为“特色”。而与之遥相呼应的巴黎大学能够成就其巨大的影响力依靠的却是以教师为主导的“教师型”大学品质，当然，它本质上同样是“本土”文化的衍生物。它是由经院哲学的创始人、“令人兴奋的老师”阿伯拉尔创办的，并在传教雄辩术和逻辑学过程中，吸引了大量的远道而来的追慕者。为了同圣母院教士争夺合法的知识传播权，便创办了“巴黎教师行会”。这一“特色”直接影响后来的寄宿学院和导师制的牛津大学的产生。

在高等教育发展的过程中，高等教育的“特色”是其生命力、传播力和影响力存在的基础。博洛尼亚大学、巴黎大学，乃至柏林大学、英国的“新大学”、美国的“赠地学院”，都是凭借自身的“特色”成为高等教育的里程碑。“本土性”“异质性”几乎是高等教育每一次取得突破性发展的势能和标志，这是大学发展的历史逻辑昭示的结果。

（二）是高等教育发展的实践逻辑决定的

高等教育的发展在不同的国家或地区，有不同的发展方式和发展路径，都是不同国家或地区依据本土高等教育实践的制度选择，从来就不是模式固化、方式雷同的制度依赖。刘献君先生在谈到应用型大学与研究型大学的发展模式时说，我国应用型大学创办伊始都是沿袭培养学术性人才的模式和方法的，这种“带土栽培”的方式势必落下“橘生淮北”的尴尬。这显然是不适时宜的，只能去“土”留“根”。推而广之同样如此，我国高等教育相较于全球高等教育来看，也不能简单照搬别国的模式，理应充分考虑国情，走自己的路。

我国高等教育从精英化走入大众化，并即将跨入普及化，只用了短短的 20 年时间，无论从发展体量、发展速度和发展方式，都没有固有的模式可以沿袭，都具有创造性。我们的高等教育大众化与传统发达国家的方式截然不同，作为大众化“后发国家”，我们采用的是“自上而下”的国家战略模式，由国家积极倡导、推行，作为刺激经济快速发展的“手段”而存在。发达国家往往是经济先行，高等教育大众化是经济社会发展到一定阶段的自然“衍生物”，是“自下而上”对经济社会的一种回应。

与此同时，我国高等教育体量巨大，全球独一无二。目前，我国各类高等教育在学总规模达到 3779 万人，高等教育毛入学率达到 45.7%。①我们发展高等教育没有固定成型的制度范本可以照搬照抄，无论是约 14 亿人口总量的国家层面上对高等教育的需求，还是自成体系、类型齐备的国民经济发展现状对高等教育类型发展上的选择，都不是世界上哪一个国家可以比拟的。因此，我国要建成高等教育强国，就必须培育和秉持“中国特色”，为全球高等教育发展提供中国方案和中国智慧。

① 2017 年全国教育事业发展统计公报。

（三）是高等教育发展的文化逻辑决定的

阿什比说过，"任何类型的大学都是遗传与环境的产物"[①]。大学从它赖以生存的社会和文化中源源不断地汲取营养。每一个国家即使在同一个时期，在诸如大学自治、学术权力等某些大学特质上的追求也不尽相同。"在所有对大学具有掌控历史的欧洲国家中存在一种趋势：大学一直在追求更大的自治权。大多数欧洲政府（英国除外）已经实施了一些政策，旨在解除对高等教育的控制。另外，在英国、澳大利亚和美国等传统上大学拥有自治权的国家，政府则采取更多的干预政策。"[②]有些人曾借"钱学森之问"，来反诉我们的大学人才培养效率时，没有从根本上反思大学的管理精力、教师的教学精力和学生的学习精力的"三个投入"不足的问题，反而动辄"形而上"，批评我们高等教育的体制机制，夸大行政干预的影响和学术权力的弱化，甚至把大学的学术自由与政府的控制当作两股相悖逆的力量。事实上，政府是大学举足轻重的举办者、支持者，也必然代表公众对大学实施干预与影响。在大学治理的问题上，只有治理方式上的差异，不存在没有政府控制的大学。

弗莱克斯纳在《现代大学论》序言中说："不同的国家有不同的大学……大学是民族灵魂的反映，期望大学只适应一种单一的模式是很荒谬的。"[③]大学的不同发展模式源自大学所处的文化环境不一致，我们有着悠久灿烂的文明史，植根其中的教育也是源远流长的。有着千年历史的古代书院传承了丰富的优秀高等教育元素，如讲会制度、自主学习、师生研讨、分斋教学（苏湖教学法）等教学模式都值得我们在今天的大学里

---

① 阿什比：《科技发达时代的大学教育》，滕大春等译，人民出版社1983年版，第7页。

② Mora J－G, "Governance and management in the new university", *Tertiary Education and Management* 7(2001)：95－110.

③ 弗莱克斯纳：《现代大学论——英美德大学研究》，徐辉等译，浙江教育出版社2001年版，第2页。

继承和发扬。习近平总书记在文艺工作座谈会上说过:“中华文化既坚守本根又不断与时俱进,使中华民族保持了坚定的民族自信和强大的修复能力,培育了共同的情感和价值、共同的理想和精神。”因此,总结我们的五千年文明,挖掘其中丰硕的教育理念和思想,与高等教育发展内在逻辑相契合,走出一条具有中国特色的高等教育发展之路是文化的选择,更是本土文明的延承与再创造。

四、“一流大学”不是异域文化的复制品

回溯大学发展史,我们几乎能得出这样的结论:从“象牙塔”走出来的大学,伴随着职能的不断丰富,其全球的中心区域也在完成着相应的更替。大学从人才培养,到科学研究,再到社会服务;从意大利的博洛尼亚到英国的牛津剑桥,再到德国的柏林大学,继而因为“威斯康星思想”转到美国。大学在不同时代的不同区域展示出强盛生命力的原初基因,那便是在传承大学内在逻辑的同时,不断结合本土的创新。1999 年,在巴黎召开的世界高等教育大会强调:“尊重多样性,并且避免使用一个统一的尺度来衡量高等教育质量。”[①]一味“拿来”、复制国际上先进的高等教育办学经验,而不是“借鉴”,是难以走上“一流大学”之路的。

陈平原教授说过,今天的大学改革者“缺的不是‘国际视野’,而是对‘传统中国’以及‘现代中国’的理解与尊重”[②];事实确实如此。我国现代大学的百余年历史,究其根源就是“西学东渐”的产物,一方面是以利玛窦为代表的传教士,另一方面则是以詹天佑、蔡元培为代表的留洋学生,分别将西方的实业和教育制度带入中国。1949 年前的旧中国高等教育,因为一大批学者留洋归国的原因,更多地沿袭了德国、日本等的大学体制和文化;新中国成立之后,因为政治方面的原因,我国教育思想和体制基本

① 蔡克勇:《办出中国特色的高等教育》,载《高教发展与评估》2005 年第 1 期。

② 陈平原:《阅读大学的六种方式》,载《探索与争鸣》2012 年第 10 期。

复制了苏联的模板;改革开放之后,美国的教育思想开始植入我国。从这个意义上讲,中国真正意义上的现代大学自创办伊始就具备了“混血基因”,譬如我们的大学从蔡元培和梅贻琦时代,大学的校长、院长等行政人员就不是完全由选举产生。这里既有美国的痕迹,也有欧洲大陆的墨渍,但是在教师的选聘上有着明显的欧洲的痕迹。梅贻琦在《大学一解》中有言:“今日中国之大学教育,溯其源流,实自西洋移植而来。”

尽管蔡元培先生一再强调“大学者,研究高深学问者也”①,“循‘思想自由’原则,取兼容并包主义”②,甚至新中国首任教育部长马叙伦在1949年的全国教育工作会议上就批评旧式教育“是旧政治旧经济的一种反映,是旧政治旧经济借以持续的一种工具”③,但是,中国教育还是在复制别人的制度和模式框架下“再生”,没有走出异域文化和制度的场域,以至于左冲右突、上下求索,也终究没能找到一条通往“一流大学”之路。

2014年5月,习近平总书记在北京大学师生座谈会上指出,“办好中国的世界一流大学,必须有中国特色”,他强调:“世界上不会有第二个哈佛、牛津、斯坦福、麻省理工、剑桥,但会有第一个北大、清华、浙大、复旦、南大等中国著名学府。”中国大学的发展必须是在符合中国经济社会发展需求的大学发展观指导下,必须是在广泛吸纳世界先进高等教育理念,并同化融合到中国大学的办学实践中,必须坚持“四个服务”,扎根中国大地办大学。

五、中国大学应该滋润中国文化,扎根中国大地

梳理中国高等教育史,不难发现,我们有着千年的大学基因,春秋的

---

① 蔡元培:《蔡元培全集(第3卷)》,中华书局1984年版,第5页。

② 蔡元培:《蔡元培全集(第3卷)》,中华书局1984年版,第271页。

③ 马叙伦:《在第一次全国教育工作会议上的开幕词》,载《中央人民政府教育部办公厅教育文献法令汇编(1949—1952年)》1958年版,第5页。

稷下学宫、西周的“太学”、东汉的“鸿都门学”、明朝的“国子监”等在教学方法或者组织方式上都有现代大学的模样，虽然这些都不能简单地等同于现代意义上的大学，但其中不乏众多的有利于我国大学异军突起的优秀文化“元素”。在我国大众化高等教育起步之后，大批新建本科院校应运而生，这些中国的“新大学”纷纷定位于“应用型”，不少校(院)长开口必谈“德国应用科学大学”，对“三明治”人才培养方式津津乐道，却对我国始于唐代的书院“教学与研究相结合、‘聚四方俊秀’的开放性、自主学习与自由研讨的教学模式、分斋教学(苏湖教学法)和讲会制度等”鲜有听闻，更谈不上在应用型大学延用书院里的“经义”“治事”“分斋”教学方式了，而这些完全可能成为“中国特色”大学制度的优秀基因[①]。

《大学》开宗明义：大学之道，在明明德，在新民，在止于至善。《大学》将“伦理道德”视为出发点和本位思想，对孔儒教育理想展开了系统表达。中国有着五千年的灿烂文明，“化民成俗，其必由学”“建国君民，教学为先”“教学相长”等都是育人兴邦的文化遗产。中国大学应该充分运用“尚学”“师表”等独特的、具有解释力和建构力的本土话语，秉承主体性、原创性的“中国特色”本土教育概念体系。大学“崇尚人文”就是要“把‘人的发展’作为教育活动永恒的主题，体现出一种对于作为‘个体’的人和作为‘整体’的人类社会全面、协调、可持续发展的终极关怀”[②]，使大学真正成为人类文明的精神家园和人才养成的重要基地。

凡此种种，与西方的文明不可能重合如一，正如梁漱溟所言，中国人传统教育的本质是明“人之理”，西方教育本质则在于明“物之理”。大学所植根的社会文化差异，必然影响大学的发展活力。只有因势利导，因地制宜，秉持自己的文化脉络，中国大学方能焕发活力。中国特色的创新须基于现实的中国问题、中国现象，通过自己的教育话语表达和诠释，生成

① 柳友荣：《新时代中国特色现代大学制度的学理阐释与实践理路》，载《复旦高教论坛》2018年第4期。

② 王冀生：《追寻大学之魂》，载《高教发展与评估》2008年第3期。

和发展自身话语体系。

赫尔巴特说过,“任何教育都具有教育性”。这充分说明教育从来就不是一个纯粹的道德中立、价值无涉的活动。教育活动是一种社会活动,在具有大学普适性的规律、制度的前提下,也存在着契合特定区域、民族、社会的不一样的价值批判和意义解读;与此同时,教育还是一个历史的范畴,既有一脉相承、放之四海而皆准的内在准则,也有不同时代历史背景下的意义重构、价值诠释。

六、“中国特色”高等教育的实践理路

习近平同志在党的十九大报告中明确指出,中国特色社会主义道路、理论、制度、文化不断发展,拓展了发展中国家走向现代化的途径,给世界上那些既希望加快发展又希望保持自身独立性的国家和民族提供了全新选择,为解决人类问题贡献了中国智慧和中国方案。中国方案是对近代以来西方文明中心论的一种超越,是发展方式的新选择。中国方案蕴含着自身的改革发展经验和方法论,旨在探索建立适合中国国情的现代大学制度,满足经济社会快速发展对高层次人才的需求。只有这样,才能扎根“中国大地”,办出“人民满意”的高等教育。

(一)“党委领导下的校长负责制”是“中国特色”之魂

中国的大学就必须具备中国大学的基本样态,而中国大学的基本样态就是“党委领导下的校长负责制”。“党委领导下的校长负责制”是中国高等教育的创举,是中国人办出有自己话语权的高等教育体系的标识,也是最大体制特色,这也是我们对近70年新中国高等教育发展史梳理后的结论。[①] 习近平总书记在2016年的全国高校思政工作会议上指出,“我

① 柳友荣:《新时代中国特色现代大学制度的学理阐释与实践理路》,载《复旦高教论坛》2018年第4期。

们的高校是党领导下的高校，是中国特色社会主义高校”，“办好我们的高校，必须坚持以马克思主义为指导，全面贯彻党的教育方针。高校党委对学校工作实行全面领导，承担管党治党、办学治校主体责任，把方向、管大局、作决策、保落实”。这一高瞻远瞩既是马克思主义中国化在新时代的我国高等教育事业中的进一步推进，也是对我国高等教育发展的历史经验与教训的总结与凝练。

在新中国成立初期，因为学校中缺少健全的党组织和借鉴苏联改造知识分子的经验，我们在高校采用了“军管会领导下的校务委员会负责制”和“校长负责制”。而之后包括“文化大革命”时期和《中共中央关于教育体制改革的决定》(1985 年)到 1989 年这一阶段，采用“革命委员会负责制”和“校长负责制”，淡化了党对高校的领导权，延滞了高等教育的发展，给我们的高等教育事业发展造成了重大损失。历史经验清晰地显示：在社会主义中国办大学，坚持了“党委领导”，我们高等教育事业快速成长；反之，高等教育事业发展遭受损失。

特别是在《中共中央关于教育体制改革的决定》(1985 年)颁行后，一些人想借“学术自由”之名，检讨政府对大学束缚过多的现实，简单地将改革开放后在经济领域方兴未艾的“厂长负责制”形式移植到高等教育领域，忽视教育领域特殊性。在原国家教委颁行《关于高等学校逐步实行校长负责制意见》(1988 年)之后 1 年内，由北大、清华带头，100 多所大学实行“校长负责制”，党的领导被弱化，党委书记的作用被忽略(一般由学校一位副校长兼任)，其结果可想而知。很快，这项试点工作戛然而止，后来通过的《高等教育法》将“党的领导”作为一项法律规定确定下来。

随着现代大学的发展越来越与社会相互交融，不断卷入社会事务，布鲁贝克的大学存在的政治论的规制作用就会越发显著。“就像战争意义太重大，不能完全交给将军们决定一样，高等教育也相当重要，不能完全由教授们决定。”[①]我国现代大学制度建设把“党的领导”作为基本遵循，把“党委领导下的校长负责制”作为创建世界一流大学的基本制度优势。准确理解“党委领导下的校长负责制”，辨识“党委领导”与“校长负责”在逻辑上的偏正关系，这一“中国特色”是宪法和我国的社会主义教育方针所固有的规定性。

（二）“分类发展”是中国体量的高等教育快速发展的特色之路

我国各类高等教育在学总规模为全球高等教育在学人数的20%，达到3833万人，全球规模最大；毛入学率也已接近普及化水平，达到48.1%。如此体量的高等教育规模按一个模式和一条路径去发展，既不是一种切实可行的发展方式，也不符合我国经济社会发展的客观需求。分类评价，并以此进行经费供给，是新型大学获得国家地位的途径[②]。世界各国都在研究如何利用有效的大学拨款方式的变革，来刺激大学的办学主动性和效益。比较一致的看法就是，按照社会经济发展的需求，通过对大学的分类评价，作为大学拨款的主要依凭。这种方式抓住了高等教育多样化、教学质量多元化的本质，保证了不同类型的大学在相互各异的评价指标面前，得到几乎一致的公平拨款机制。那种单向一元评价、等级主导的拨款方式使绝大多数非精英型大学面临严重的身份危机。这些大学有时候不得不颠覆自己的办学定位，趋同地参与到“千校一面”的竞争中。

从2014年的新建本科院校达成的《驻马店共识》，到2015年教育部的《关于深化职业教育教学改革，全面提高人才培养质量的若干意见》，再到2017年国务院的《关于深化产教融合的若干意见》，这三个文件层层推进。首先是基层联合发声，然后是主管部门响应，最后是国家强力推动。应该说在深化产教融合，促进行业企业成为新的育人“主体”，参与到应用

---

① 布鲁贝克：《高等教育哲学》，浙江教育出版社1998年版，第32页。

② Chris Duke, “Changing Identity in an Ambiguous Environment”, *Higher Education Management and Policy* 3(2003): 51—67.

型大学的转型发展，从地方到中央，从大学到政府，在短短3年的时间里，在世界高等教育最大体量的国家里，掀起了声势浩大的改革浪潮。2017年底，国务院办公厅颁布了《关于深化产教融合的若干意见》，计划用10年的时间，实现教育与产业的统筹融合、良性互动的发展总格局。现代社会里，大学是一个重要而又复杂的组织，完善大学的治理结构，优化大学内外部治理过程，是大学科学定位、分类指导、多元发展的题中之义。

“十三五”期间将是我国高等教育由大众化走向普及化的关键过渡期。克拉克指出：“对各高等院校进行分工已经变得越来越有必要，因为这有利于不同单位全力投入不同的工作。不同层次的专业培训，不同类型的、适合于不同学生的一般教育，复杂程度不等的专业研究，所有这一切都可以因院校分工后产生了各类相应的组织结构而得到承担。”[①]毫无疑问，我们在制定高等教育政策时，必须把“分类发展”，作为政策性引导的依据，不能顾此失彼、厚此薄彼，挫伤一部分大学的积极性，延滞了一类大学的发展。

柳友荣

2019年10月于平天湖畔

① 伯顿·克拉克：《高等教育系统》，人民教育出版社1983年版，第291页。

目录

第一章　导论

第一节　研究背景与研究意义

在普遍联系的现代社会里，人们已经很难如鲁滨逊一般独自在“孤岛”上生活。任何一个社会组成，包括经济、教育、法律等都是社会生活的有机组成部分。它们彼此交织，互为依凭，任何一个“牵一发”的动作都能引起整个社会系统的“动全身”。1831年英国出版的《机器成绩》中写道：两百多年前，一千个人当中恐怕没有一个人穿过袜子。时至今日，一切都颠倒过来了，一千个人中几乎没有人会不穿袜子。究其原因，当然是人们的生活毫不例外地受到物质世界的发展浸润。我们在农业社会—工业社会—信息社会的变革与演进中，许许多多习以为常的行为，包括高等教育行为，尤其是高等教育管理制度与方式，都在悄无声息地发生着演变。毫不夸张地说，现代社会里没有世外桃源，任何一项活动都不可能脱离社会纯粹孤立地存在，它必然是社会生活的一部分。那么，当下中国高等教育的改革与发展也莫不如此，冲击“双一流”和向“应用型”转型会给中国高等教育带来什么样的震颤呢？这一点，在未来相当长的一段时间里，毫无疑问将成为中国高等教育理论界和实践领域密切关注、共同探索的热点话题。

一、问题的提出

（一）我国大学管理体制现代化的需求

高等教育管理体制一直被视为大学生命力与活力的源泉，综观全球大学管理制度，不难看出，好的大学一定既有普适、高效的大学制度，又有民族性、区域性的制度选择与安排。真正属于新中国的高等教育管理制度体系是从苏联那里习得的，这些大学制度“舶来品”从 20 世纪 50 年代开始沿用至今，形成了一定的大学制度文化，推动了我国大学半个多世纪的发展。党的十八大号召转变政府职能，改变以往“统得过死”“管得过紧”的局面，推进公共服务体系的建立，完善市场机制，发挥市场在资源配置中的作用。这一举措归根结底就是要解决“政府与大学的关系”问题，界定与厘清政府与大学各自“应为”“可为”的领域与事务，确立与界分它们的职责职能，引导它们在自己的领域内做正确的事，正确地做事，保证府学双方各自站位准确，定位清晰，走位谨慎，有效地行使职权，发挥功效，而不越位行使职权，缺位放弃职责。只有当政府成为“有限”政府，而让渡原本属于社会和大学自身的权力，使得政府、社会、大学在各自的权力与利益格局中，各安其位，各就其职，各显其能，权力与职责的边界清晰，才能真正实现权力管控。让“权力在阳光下运行”，释放整个社会的活力，使政府与学校相得益彰。

政府与学校的关系（以下简称府学关系）是我国高等教育管理体制改革中必须面对的一对“主要矛盾”，它不仅关涉大学外部的政府制度供给环境，也直接影响到大学内部管理中的权力配给。《国家中长期教育改革和发展规划纲要（2010－2020 年）》明确提出要“深化高校内部管理体制改革”。党的十八大号召“深化教育领域综合改革”，党的十九大更是号召全党“加快教育现代化”“深化产教融合、校企合作”，从体制机制上释放办学活力，推进中国特色的现代大学制度建设。曾任剑桥大学校长的英国高等教育家阿什比(Eric Ashby)教授称：大学是一个巨大的组织，与社会广泛联系，必须让大学之外的人参与管理，将学术之外的人的经验融入管理。其原因是，大学的各种学术活动如同医生的临床一般，对专业性和技术性要求非常高。虽然不懂得其专业性的局外人对专业活动提出要求是可以的，但如果其具体指导学术活动，那么就显得荒唐滑稽。这一观点对于我们今天讨论大学“去行政化”颇有启发意义。有人狭隘地理解“去行政化”就是简单地取消大学行政级别，甚至取消作为复杂社会组织的科层制的管理。而事实上，大学的“去行政化”是针对“泛行政化”而言的，是对大学内部治理上的行政权力的规制和学术权力的恢复，是对现代大学制度的追求。

新建应用型本科院校作为一种定位为“新型”大学的高等教育组织，作为一种新型大学，“新”在何处，“型在哪里”，“其核心价值与本质特征是什么”都是我们应该高度关注的问题。与此同时，无论从国家兴办此类院校的制度措施来看，还是从此类院校自身在管理理念、制度、体制等方面的嬗变与积累来看，由于其自身发展的特点，都不能满足对外部制度环境和内部制度建设、文化培植等方面新的需求；特别是，府学关系在此类院校上的体现，更加难以满足从传统大学衣钵中脱胎换骨的“新型”大学的需求。改革势在必行。

（二）不同类型的大学管理模式探索的需求

科学家泰勒(Taylor F. W.)说过，管理就是“准确地了解需要别人干什么、怎么干，同时督促其高效率地干好”。泰勒先生的这句话的意思可分为两个部分，前一句话说的是认识论问题，后一句话说的是方法论问题。大学管理不仅仅是大学内部的事，也不应仅局限于大学或者教授们本身，即便大学是以“高深学问”(布鲁贝克语)作为逻辑起点的。在大学的内部治理上，其专业性必须得到体现，大学的本体价值实现也必然需要大学在自身层面上的那种纯粹意义上的学术权力与学术管理。然而，今天的大学是一个具有重要社会意义和现实意义的学术组织，实现其社会价值，就必须要有来自大学外部的力量，告诉大学该做什么、怎么做，这也是现代大学的“应有之义”。

泰勒后一句话说明了一个方法论问题。“普遍联系”和“永恒运动”是辩证唯物主义的基本原理之一。“普遍联系”要求大学必须与其置身其中的社会互动共生，“永恒运动”要求大学必须依其内在逻辑发展。曾经担任加州大学校长的著名高等教育家科尔(Clark Kerr)的一项统计结果表明，1520 年以来，全球创办的组织机构，至今依然存续并坚守初心，一直承担同样的社会责任的机构只有 85 个，其中 70 个是大学。这是因为大学以传播“高深知识”为逻辑起点的人才培养职能至今仍具有不可替代性和唯一性。从这个意义上讲，大学行使自己的学术权力，从专业的角度管理自身的事务是天经地义的。

新建应用型本科院校的建立是大学社会使命使然，是大学功能拓展后的使命追求。它不同于传统意义上的“象牙塔”式大学，它走出“香帏闺阁”，展现了大学全新的一面。对“新”的内涵的理解和定位，决定了我们举办此类院校的社会价值能否实现。我们不能简单地理解这个“新”字，不能仅仅狭隘地把新办的大学就称为“新型大学”，也不能不顾办学历史，无视办学规律，简单地、行政化地要求某类院校统一办成“新型”大学。新建应用型本科院校是“完全不同的类型，是人才培养上一种新的规格，是在办学理念上对传统的一种突破和挑战，更多地表现为对‘社会需求’，而非‘学术需求’的响应”。[①] 然而，大学始终是新建应用型本科院校的本质特征，克拉克(Burton R. Clark)在研究高等教育与社会关系时指出，如果社会不能从已经存在的社会机构中得之所需，就必然地催生新的机构，来替代原有的旧组织[②]。钱颖一曾经坦言，最近 20 年，我们的大学在办学、人才培养方式等方面取得了令人瞩目的发展，但在大学管理体制，特别是大学治理等方面，仍然还存在困扰。特别是新建应用型本科院校在不断求索的办学过程中，还明显存在着办学历史短、办学经验不足、理论引领作用苍白等问题，特色化发展愿景与同质化发展现状之间存在显而易见的矛盾。学科发展贪大求全具有一定的普遍性，学科发展水平与层次低，低水平重复建设现象突出等问题在很大程度上影响着这一类大学的可持续发展，没有对此类院校的问题开展深入细致的系统研究，在实践探索上急于事功和功利主义情结非常明显。无论政府主管部门，还是应用型大学内部，在应用型大学管理方面都显得经验不足，缺乏理性，客观上影响了我国应用型大学的办学水平和高等教育的国际话语权。当我们在“办不办”的问题上有了明确的结论后，在“怎么办”的问

① 柳友荣:《中国“新大学”的崛起》，教育科学出版社 2013 年版，第 14 页。

② 伯顿·克拉克:《高等教育新论:多学科的研究》，浙江教育出版社 2001 年版，第 35 页。

题上必须做出科学而理性的探索。

(三)应用型大学发展的现实需求

库恩(T. S. Kuhn)说：范式革命就是“从一个陷入危机、几近没落的范式(Paradigm)向另一个充满生命力的新范式变革”。当今世界，大学的职能正在悄然发生改变，面对越来越多的社会需求，大学须丰富自身的功用，调整自我，革新自我，适应迅速变化的世界。作为现代社会的重要组织，现代大学改变社会和适应社会的能力显而易见，而且总能牵动人心。“高等教育的危机已经出现，我们有必要重建大学，也不惜彻底改造大学。”杜德斯达(J. J. Dudersdadt)在总结历史上大学完成变革的经验和路径时，认为大学变革基本分两步。完成大学变革的第一步——外延发展，变革要靠争取大学以外更多的资源、赢得社会对变革的支持、培养和引进不同的关键人才等；但是即便如此，大学这么一个庞大机构的转变不可能是简单的、直线形的推动过程。杜德斯达关于大学变革的第二步——内涵提升，包括了大学的使命与任务、财政体制改革、大学的组织与管理、大学与社会的关系、大学的利益相关者共同治理、大学文化等多个方面的内涵。①

2016年3月10日，教育部部长袁贵仁在十二届人大四次会议记者会上说，转型发展究其本质来说，是中国高等教育供给侧的结构性改革。转型的关键是调整专业设置，核心是改革人才培养模式，方法是试点推动、典型示范。袁部长非常准确地画出了我国应用型本科院校转型发展从办学定位到专业设置、人才培养精准路线图。但是，路线图的真正付诸实践，绝对不是纸上写出来这么简单，路线图关涉的外部制度环境、社会支持、内部动力都将直接影响其可操作程度。

截至2015年，我国在校大学生已有3 559万人，居全球第一；拥有2 824所高校，数量也仅次于美国，位列世界第二。2015年大学毕业生人数达到749

---

① James J, *Dudersdadt*: *A University for the 21st Century* (Michigan: The University of Michigan Press, 2000), PP. 261—270.

万，就业压力仅次于 2009 年。与此同时，大量的企业“用工荒”现象又令人费解。很多资料显示：一方面企业用工需求大量存在，缺口难以填补；另一方面，高校毕业生就业困难，就业专业对口率低、就业压力大、毕业生知识结构难以满足用人单位需求、教育过剩等诸多现象存在。因此，要破解高等教育的“产能过剩”问题，解决大学生结构性失业的问题，政府对高等学校进行政策性引导，以产教融合、校企合作为突破口，积极主动走出“象牙塔”，对接新产业、新业态、新技术，服务区域，贴近行业，调整学科专业，重构课程体系，更新课程内容，重视能力培养。于是，反映经济社会需求的应用型大学“应时”而生。

毋庸讳言，时下高等教育“供给侧”现状，特别是应用型大学转型的社会整体环境是不能令人满意的。就高校外部治理环境来看，“婆婆”太多，各管一块。发展规划、财政、人事编制、教育等政府部门表面上看彼此协调，共同管理，实际上是条块分割，常常“自说自话”。加上政府部门之间政策不够融通协调，又时有越位或缺位现象，弄得高校陷入无所适从的境地。学术权力边缘化、隐身化现象相当严重；教师教学精力与学生学习精力投入不足，课堂教学质量总体状况堪忧；毕业生就业难与企业用工荒的双重压力同时存在；有悖于教育公平的央属高校属地化招生现象存在等。这些都影响广大人民群众的满意度与幸福感，都呼唤着高等教育的“供给侧”改革，呼唤着建立与应用型大学相适应的生存发展条件和外部制度环境。

二、研究的理论价值与实践价值

（一）基本观点

（1）新建应用型本科院校成立晚，一般在 2000 年以后建立，规模体量相对较小，学校历史文化沉淀不够丰富，文化累积的负面效应不够显著，因而比较容易接纳新观念、新思想、新机制。此类院校“转身”较快，适应能力较强，应该成为中国高等教育建立现代大学制度的“助推器”。

（2）新建应用型本科院校应该成为传统大学制度的改革者、突破者。这类院校在坚守大学本质、秉持大学的内在逻辑的同时，更需要在大学与社会关系、大学内部制度、大学的组织形式、教学模式等方面摆脱传统大学制度惯性的掣肘，成为真正意义上的“新型大学”。

(3)新建应用型本科院校从目前的发展态势来看，定位于应用型院校已经形成了共识。潘懋元教授对此给予了高度的称赞。新建应用型本科院校只有满足经济社会发展的需求，作为经济社会发展的“引擎”“动力”，才能增强其生命力、彰显价值。

(4)新建应用型本科院校作为“新型”大学，应该可以从两个层面上去理解它的办学特征。首先，它同样是“大学”，拥有大学共有的禀赋和特质，复演大学发展的内在逻辑；其次，它是“新型”大学，至少应该在师资队伍建设、人才培养模式、教学模式和方法上区别于传统大学，并有根本性突破。

(二)理论价值

(1)理论上有所创新。当前在我国实践领域如火如荼开展的“新型”大学运动，相对缺乏系统的理论研究，理论研究明显滞后于实践领域探索。我们第一次基于国内外比较研究，系统提出新建应用型本科院校外部管理诉求和内部管理应然的变革，并讨论分析“新型”大学府学关系变革的特性，以及大学内部管理在传统模式上应有的突破，借此为占我国本科院校“半壁江山”的新建应用型本科院校的后续发展提供理论支持。

(2)研究方法上有所创新。本研究在研究以现有文献为主的基本研究态势的基础上，对多个发达国家的应用型高等教育的实践探索进行比较研究。特别是首次采用实证方法，对新建应用型本科院校的管理现状和存在的问题进行问卷调查，并开展定量分析，为新建应用型本科院校更好地适应“应用型”办学需求而“应然”地选择管理变革的路径。

(三)实践价值

比较研究应用型大学发展的国际经验，结合新建应用型本科院校外部制度环境和内部制度建设需求，探索应用型大学的发展路径，引导此类大学建立更加合适的内部管理制度，尤其是在突出应用型上做文章。在大学“外部”，推进“放管服”改革，促进管办分离，寻找中国特色应用型大学管理体制改革的着力点；在大学"内部"，着力在大学利益相关者共同治理、"双能"型师资队伍建设、应用型大学课堂教学组织与教学模式变革、教学改革等方面寻找管理的着力点，推动应用型大学发展。

第二节　核心概念界定

2013年，2000年以后升格为本科院校的高校一般被统称为"新建应用型本科院校"。这类大学不愿走传统大学的"寻常路"，在学科与专业建设思路、课程体系的构建、人才培养的方式、课堂教学的改革等方面谋求变革、追求创新。正因为如此，目前有些学者也将这类院校直接称为"新型大学"。笔者认为，"新型大学"的外延比"新建应用型本科院校"要丰富，它还涵盖了一些没有博士学位授予权的转型学校。但是，作为中国高等教育大众化背景下的一种新类型的大学统称，"新型应用型本科院校"的诞生不仅有助于后续的府学关系制度上的整体谋划，还方便学者的研究。

一、新建应用型本科院校

"新建应用型本科院校"包含三个重要的概念，即"新建""应用型"和"大学"。现在我们来分析这三个概念的内涵。

所谓"新建"，显而易见是指以这类院校建立的时间作为考察维度的。1998年，我国政府开启高等教育大众化进程，1999年正式扩大招生规模，并开始利用已有的专科、中专教育资源，建立了一批本科层次办学的"新建"本科院校。"新建"作为一个流变的时间概念，作为一类院校的统称，多少有些不够严谨，而用它来标识我国高等教育大众化过程中出现的一种类型高校，主要出于三个方面的原因：其一，从院校建立的时间看，此类院校都是在2000年以后建立的，此时我国高等教育大众化尚处于起步阶段；其二，都定位于一个共同的人才培养目标——培养应用型人才；其三，作为一种分类，其有利于本研究工作的展开。

所谓“应用型”，重在“应用”上。在大众化高等教育多元质量观的观照下一类新型大学诞生，不仅在学科发展方向的选择、专业课程体系的建构、人才知识结构的重构、教学模式的创新等方面需要探究与构建，还要在大学与区域社会、行业产业的关系等方面着力寻求融合。有学者认为“应用型”大学就是从事“专才”教育的院校，实施技术型教育模式；在人才培养类型上有别于传统本科院校，注重突出应用性、技能性人才培养；在人才培养规格上有别于专科层次的职业教育，是“灰领”与“蓝领”之别，“应用型”与“技能型”之分；这类院校是培养本科层次应用型人才的大学，需要探讨本科层次应用型人才培养的路径和模式。[①]

所谓“大学”，阿什比(Eric Ashby)用高等教育的“内在逻辑”作出了说明，大学人的信念不是“总要与社会需求相对应，这是高等教育的内在的约束力或者生存原动力，更是高等教育的内在逻辑”[②]。英国“新大学”运动产生的现实前提就是社会需求在像牛津大学、剑桥大学这样传统的大学里得不到满足，这些大学秉持并推崇科学技术的应用。然而事实上，综观高等教育发展史，我们不难发现，“大学之所以成为大学，是因为其有着颠扑不破的内在逻辑，任何标新立异地‘背叛’只能是一种即时的选择、暂时的冲动。”[③]因此，英国的“新大学”运动在经历了创建之初的非理性追求应用技术的传播之后，为了提升自己在高等教育圈内的生存能力，它们逐步开始向以牛津大学、剑桥大学为代表的传统大学妥协，开始逐步青睐注重促进人的发展、发掘人的潜能的博雅教育，从单一地注重实务，发展到增设人文类课程。实质上，这一举措是对大学“内在逻辑”的尊重。大学不可能止步于“知识超市”，即便是高等教育新生力量也往往需要借助于社会的“需求约束”，并借此获得更多的支持。但是就长远发展而言，任何大学的建立，无论有什么样

① 马树杉：《应用型本科教育：地方本科院校在21世纪的新任务》，载《常州工学院学报》2001年第1期。

② 王承绪、徐辉：《战后英国教育研究》，江西教育出版社1992年版，第273—274页。

③ 柳友荣：《中国“新大学”的崛起》，教育科学出版社2013年版，第70页。

的组织形式、工具目标，都必须遵循大学的“内在逻辑”，遵从“价值约束”。

据此我们认为，新建应用型本科院校应界定为以本科教育为主，面向区域经济、社会，以学科为依托，以应用型专业教育为基础，以社会人才需求为导向，培养高层次应用型人才的院校。①

二、新型大学

可以说，“新型大学”只是一个相对概念。在高等教育职能不断丰富的过程中，“新型”只是针对大学发展相对较早的范式而言的。在博洛尼亚大学时代，包括后来的巴黎大学、牛津大学、剑桥大学，都在“大学的理想”里“享受”着博雅教育的氤氲。当柏林大学在洪堡大学理念的影响下生机勃发之时，集博雅教育与知识发现于一体的“新型”大学也就应运而生了；再到美国威斯康星大学的横空出世，让弗莱克希纳的“无用知识的有用性”理念得到高度张扬，另一种以服务社会为己任的“新型”大学也就产生了。当下我国的“新型大学”，也是对我国传统大学办学思想、人才培养理念、教学模式的一种突破，是一种全新的高等教育形式，与国外曾有过的“新型大学”有异曲同工之妙，譬如英国的“新大学”、美国的“赠地学院”“密涅瓦大学”(21 世纪初在美国出现的“民办”新式大学)。

无独有偶，最早被我国学者称为“新型”大学的叫作“新大学”。20 世纪 80 年代的珠三角地区，为了满足改革开放后经济社会飞速发展的需要，推动人才培养，广东省整合高等教育资源，在 11 座城市相继建立了“大学”。这些大学在招生、就业上有着区别于传统大学的一般性，具有明显的“地域性”特征。11 所“新大学”主要服务于当地经济社会的发展，满足经济发展对高层次人才的急迫需求。这些大学被我国学者秦国柱称为中国的“新大学”②。柳友荣教授是目前国内第一个对“新型大学”开展系统研究的高等教育学

---

① 柳友荣:《中国“新大学”:概念、延承与发展》，载《教育研究》2012 年第 1 期。

② 秦国柱:《中国新大学运动:广东中心城市新办院校研究》，福建教育出版社 1996 年版，第 8 页。

者，并在《教育研究》上发表了《中国"新大学"：概念、延承与发展》一文，厘清了中国"新型大学"的概念，以及中国"新型大学"的发展脉络，指出了中国"新型大学"发展过程中存在的问题与障碍。但是，考虑到我国21世纪高等教育办学实践，从"新建应用型本科院校"到"新型大学"，在理论层面上有一个认识上的转变，在实践层面上有一个时间上的更迭，2012年柳友荣就提出了"新大学"的概念。《教育研究》主编高宝立先生曾评价说："柳友荣教授的这一创造性概念预示着……一种从传统学术型大学'转变'而来的另一种高等本科教育'型态'必将展现活力。"[①]笔者认为，"新大学"之"新"首先指时间上的"新"。"新大学"是1999年我国高等教育大众化之后"新建"的一大批本科院校。其次，"新"指一种全新的类型。"作为一种全新的本科教育类型，'新大学'势必在本科教育的办学形式、人才培养、课程设置、教学模式等方面做出创造性的探索，赋予其革命性的特征。"[②]

笔者把新建应用型本科院校作为"新型大学"的同义抑或近义词，出于这样三点考虑。

一是把2000年左右一直延续至今天，在我国涌现出的一批新兴的高等教育本科办学力量，作为大众化号角吹响之后，面向社会经济发展而产生的一项高等教育改革的成果。其具有巨大的规模效应和整体影响力，而不是零打碎敲的高等教育领域里的局部试验结果。

二是这些新建本科院校在办学伊始，就集体不走寻常路，放弃"复制"精英教育之路，定位于"应用型"院校，开启了我国新"型"大学的求索之路。

三是从外延上看，"新型大学"不仅包括全部"新建应用型本科院校"，还包括一些传统大学。换句话说，"新型大学"的内涵不能与"新建应用型本科院校"一一对应。"新建应用型本科院校"更强调建校"时间"，侧重关注高等教育大众化以来建立起来的本科院校；"新型大学"则以"应用型"办学定位，

① 高宝立：《解读新型大学》，载《中国教育报》2016年4月7日。

② 柳友荣、廖文秋：《新型大学："型"在何处》，载《重庆高教研究》2017年第4期。

追求人才培养的目标、规格而进行的一种类型上的操作分类。但是，两者具有鲜明的共性，即在大众化高等教育背景下，以“应用型”人才培养为追求，在办学形式、课程体系、教学内容、教学模式等方面开展顺应高等教育大众化需求的系统变革的一类大学。这既是对高等教育大众化的回应，又是对我国经济社会的现实需求的回应。

第三节　国内外相关研究综述

本课题研究非常重视对已有文献资源的检索和利用，不仅通过 ProQuest 和 EBSCO 对与“新型大学”相似的国际高等教育发展形式的相关研究成果进行了严格检索，还利用中国知网(CNKI)对国内的相关研究文献进行了查阅。

一、国外应用型大学管理制度研究新进展

在近千年的大学发展史中，作为社会组织的大学已经发生了深刻而广泛的变化。大学变革历史可以追溯到欧洲中世纪，大学经历了从博洛尼亚时期到洪堡时期，再到威斯康星时期的最重要的变迁，也完成了从培养精英教育到培养大众化教育的嬗变。无论精英教育阶段，还是大众化高等教育阶段，或者高等教育普及化阶段，大学都需要在大学治理方式方法，甚至组织运行上对不同高等教育发展阶段进行适切性调整，以适应外部环境的变化，促使高等教育自身更加有效地发展，增强大学的生命力。从这一层面来说，大学文化在决定大学成员的行为、大学的治理和决策过程中具有决定性的作用。[①] 因为高等教育职能随着社会需求的增加不断产生突破，作为一种新类型的大学(new universities)便不断在产生。这里只是将二次转变，即从洪堡到威斯康星时期的变革后，大学化茧成蝶，称为历史意义上的一种新型

---

① José－Ginés More,“Governance and Management in the New University: the “new maturality” in Australian Higer education— a national case study”, *Tertiary Education and Management* 7(2001): 95－110.

大学的研究突破。

那些迄今为止几乎被奉为金科玉律的原则，比如大学自治权、大学民主、教职工的地位和研究工作的重要性等，并非像我们希望的那样被大家广为接受。如今，不乏卓越的大学体制和学院存在，很多人并没有认为它们是不可或缺的单一标准。换句话说，不同国家的办学环境是不一样的，没有一个固定的模式适用于所有的大学。但是，从一些研究或者实践中得到管理新型应用型大学的启示，对大众化乃至普及化的高等教育来说尤为重要。

在办学定位以及与区域的社会关系上，国外大学中有类似于我国新建应用型本科院校性质的高校，其研究成果主要集中于此类学校的内涵，以及高等教育管理体制改革的背景、类型和权能（powers and functions）。关于新建应用型本科院校的内涵，研究者分别从英国的新大学（New University）、新美国大学（New American University）、德国的应用科学大学等国际高等教育发展史上出现的"新型"大学在"应用型"办学实践探索和理论积淀中，归纳应用型大学的内外管理制度模式：在外部制度安排上尽可能地扩大大学办学自主权，在内部管理制度选择上尽可能平衡利益相关者的权益，在人才培养的规格和模式上尽可能融入经济社会发展的需求（H. C. Barnad，1961；W. Ruegg，2004；J. G. More，1998；M. Crow，2002）。关于大学的组织特性，学者们认为作为社会组织的大学又区别于其他社会组织形式，具有相对的独特性，任何国家的大学都有自己的组织模式，不同国家的大学体制受制于其不同的体制背景，没有完全统一的大学组织模式（B. Clark，1970；J. Vandegraaff，1974）。关于管理体制改革的背景，可分为内部和外部两个方面，大学应该适应 21 世纪的变革，改革的提案和控制策略是"自上而下"和"自下而上"的统一（M. Fullan，1993；J. J. Duderstad，2000；B. Levin，2004）。关于高等教育管理体制类型和权能分配，学者们认为，集权和分权是矛盾的，不同国体对其有自己的选择。适度集权强调统一意志，有利于高等教育国家目标的实现；适度分权有利于调动办学主体的积极性，有利于发挥利益相关者的作用，有利于管理效率的提升。政府要转变管理角色，市场体制下政府在大学中的职能主要是制定政策以支持权力下放、重视地方能力建设、推动地方能力建设、鼓励改革和创新四个方面(R. Birnbaum,1988; J. Mercllallt,1997;J. Enders,2004;A. Fusk,2005)。国外关于新型大学的管理体制研究主要包括以下内容。

第一,分类评价,并以此进行经费供给,是新型大学获得国家地位的途径。[①] 世界各国都在研究如何利用有效的大学拨款方式的变革,来催生大学的办学主动性和效益。比较一致的看法就是,按照社会经济发展的需求,对大学进行分类评价,以此作为大学拨款的主要依凭。这种方式抓住了高等教育多样化、教学质量多元化的本质,保障了不同类型的大学在相互各异的评价指标面前,得到几乎一致的公平的拨款机制。这些评价指标中也有效地包含了"新大学"的完整身份,如教学的完美程度,通过广泛参与对促进社会平等做出的贡献,通过延伸与合作促使社区发展。通过这种方式,根据不同的指标获得奖励。那种加强一元评价、等级主导的拨款方式使绝大多数非精英型大学面临严重的身份危机。这些大学有时候不得不颠覆自己的办学定位,趋同地参与到"千校一面"的竞争中。

第二,现代大学应充分发挥职能服务于经济社会。现代大学的社会价值越发显现,服务于经济社会的形式不可谓不多种多样。德雷克·博克提出,现代大学社会价值与社会作用的发挥与否,取决于大学是否意识到自己"应然"的社会责任和社会义务。[②] 应该说,大学研究成果的技术转让就是大学承担社会责任的一种很好的形式。一直以来,大学都非常重视知识的教学与发现,对知识产权的保护意识强,期望通过转让知识产权获得利益。澳大利亚的一项历时 30 年的调查结果显示,以新南威尔士大学为例,在它拥有的知识产权中,只有不到 1%的技术转让给大学带来了超过 100 万澳元的

---

① Chris Duke,"Changing Identity in an Ambiguous Environment",*Higher Education Management and Policy* 3(2003):51—67.

② 德里克·博克:《走出象牙塔——现代大学的社会责任》,浙江教育出版社 2001 年版,第 11 页。

收入。而大部分知识产权转让是不能令人满意的，其中有85%的转让存在亏损的现象。据统计，在大学里，只有5%～10%的知识产权有着比较明确的商业价值，另外超过90%的知识产权只能用于与企业建立长期的科研伙伴关系，来间接显示价值。新南威尔士大学通过“产权直通车”(Easy Access IP)来处理90%的剩余知识产权，将其免费让渡给企业。企业因为得到这些免费的潜在资本，而确定并稳固了与大学的积极伙伴关系，在设立基金、赞助经费、咨询服务、人员培训、学生培养等诸多方面给予大学回报；企业因此还不断与大学就有关科研合作、产品研发等方面进行会商、咨询，充分显现了大学对业内思想的领导能力。

第三，新的公共管理意义上的自治措施被广泛采纳。从19世纪80年代开始，欧洲国家开始意识到，面对不断变化的世界，如果继续对大学实行严格的控制，那么事情不仅难办，而且可能会适得其反。欧洲大学因此逐步获得了更大的自治空间与自治权。提高自治能力是事业单位一种新的管理方法（即新的公共管理），该方法目前正被许多国家采纳(Dill 1997)。在盎格鲁—撒克逊模式的大学体制下，大学拥有很大的权力，在其自身的学术和财政政策上拥有决定权。政府职能仅局限于提供资金和建立通用标准。这些标准是高等教育政策的组成部分。在所有对大学具有掌控历史的欧洲国家中存在一种趋势：大学一直在追求更大的自治权。大多数欧洲政府(英国除外)已经实施了一些政策，旨在解除对高等教育的控制。另外，在英国、澳大利亚和美国等传统上大学拥有自治权的国家，政府则采取更多的干预政策。这样大学的治理模式明显有一种趋同的趋势。政府在充当大学支持者的同时，并没有放弃对高等教育的控制权。相反，政府已经开始采取更多的间接方法，鼓励大学在自己拥有的主动权范围内有所作为(Goedegebuure et al. 1994)。这样一来，国家放弃了“主管者”身份，担当起“引导者”(Neave & Van Vught 1991)。其任务在于尽力鼓励大学提高功效和效率，以适应社会需求。这一点既可以解释国家对大学态度的变化，又可以解释大学治理措施与管理体制的融合，其原因是我们正在见证一种新类型大学的诞生，这种大学又被称之为通用大学。通用有两层含义：一是大学覆盖了人口的绝大多数；二是大学是全球性的，即与世界各地的其他社会组织紧密相连，在全球市场上争夺生源和教职员工，使其为大学提供服务。

第四，大学教师作为"国家公务员"手捧"铁饭碗"已经开始钳制大学的发展脚步。19 世纪早期，自由国家发明了大学教授即公务员这一做法，此前的大学一直采取自治方式（尽管现在的盎格鲁—撒克逊式大学也是独立的）。应该强调的是，大学自治依据的原则在欧洲大陆已行不通。这一点与其落后地聘用学者作为教师，教师同时享有公务员身份有关。关于建立享有公务员身份的大学教授队伍行为已被事实证明是错误的。相反，大学教授的公务员身份不适合现代大学体制。如果教师队伍是政府雇员，要受到外部规章制度的管制，那么大学就无法做到自治。仅受聘于大学的独立的教师队伍是大学自治的先决条件。

众所周知，发达国家的高等教育教师既有作为"国家公务员"存在的，又有具有"国家公务员"性质的，更多的则没有这样的身份。随着大学的开放性越来越高，大学与社会交流融通也越来越广泛，大学里的"象牙塔"不再神秘高深。享有公务员身份的大学教师习惯性地认为自己是"在大学工作的专业人士，而不是为大学工作的专业人士"(work at a university rather than for it)。教师队伍如果是政府雇员，就要受到校园之外太多的规章制度的管制，而不适合现代大学体制，大学就难以做到自治。大学教师享有国家公务员身份的观念根深蒂固，造成了教师对学校、学生、教学往往缺乏责任意识。有一点不可否认，那就是世界上最好的公立大学并没有为其雇员提供公务员身份。①

第五，大学的管理文化规定着学者的行为。新型大学一个重要的表征就是文化的异同和变迁越来越明显，因为大学体制的不同产生了不同的治理方法。这些方法有些成为一种文化，成为我们今天治理与管理大学的基础。一

---

① José-Ginés More, "Governance and Management in the New University", *Tertiary Education and Management* 7(2001): 95—110.

项对英国、德国、法国、西班牙等国的大学领导的调查结果说明，欧洲存在三种不同的大学文化。调查结果显示，大学治理观点在国家的历史和建设中形成，而非当前发展的产物。当被问及大学是否有可能在2010年获得更大的自治权时，在英国这个大学有着自治权传统的国家，大多数受访者给予了否定的回答；在德国这个大学有着学术传统但缺乏财政自治权的国家，27％的校长作出了肯定的回答；而在法国和西班牙等具有大学中心文化的国家，41％的受访者作出了肯定的回答。关于大学领导是否应该由专业学者推选的问题，各国受访者的看法差别很大，且大学体制受国家掌控越多，学者反对大学领导由外部选举的声音越大。在英国，45％的受访者赞同由专业学者选举大学领导，而在法国和西班牙这些对大学掌控较强、有着深厚传统的国家，多达97％的受访者赞同内部选举。[①] 大学自治是大学从产生伊始就存在并长期坚守的一种基础性方法。它不能被片面理解成仅仅是一种管理原则，也不能简单地看作大学学术自由的延伸。应该说，支持大学自治的言论不绝于耳，但是教育组织作为国家机器，按照国家意志办事似乎天经地义。国家高等教育采取干预的态度，甚至有些强制的意味，也有许多不言而喻的充分理由。一般认为，大学自治是管理大学的最优化的方案，最理想的方案是国家采取与大学自治兼容的间接方法来干预大学。

第六，组织变革需要综合协调的手段与方法。处理变革问题，却无视其中各个部分的相互作用，极有可能导致失败。变革管理必须有效处理组织变革的多样性及其相互关系。在现代社会组织中，变革现象司空见惯，不仅有组织管理过程的变革，还有管理结构、管理文化等方面的变革。每一个维度都与组织变革相关，在组织变革中起作用。组织变革的不同类型密切相关，需要整体管理。如果能够成功发挥组织变革不同类型的作用，需要综合使用各种方法

① José-Ginés More, "Governance and Management in the New University," *Tertiary Education and Management* 7(2001): 95－110.

和手段。[1] 在组织文化对大学管理的影响上，哈顿（Elizabeth J. Hatton，2002）指出，新建大学获得成功的最重要的一点是大胆创新。他根据自己创办新建大学的经验，主张整合高等教育资源、创办新型大学，必须在合并高等教育资源过程中，处理好“去中心化”问题。大学的合并、联合常常是大学走向衰败的开始，一些大学在整合过程中，始终貌合神离，形聚神散。简单的整合模式表现为寻求高等教育资源在物理空间上的聚合，“去中心化”则是采用有效措施，消解中心，注重文化融合，扩大分校的融合度等，从而缓解简单合并带来的后遗症症状，建立真正的文化融合的新型大学。[2]

第七，企管主义思潮进入大学的管理应适可而止。经营主义（managerialism）与企管主义（enterpreneurialism）思想在不断地向大学渗透，尤其是新型应用型大学。虽然大家普遍认为大学应该更多地使用管理技术，然而也有共识认为管理大学不应该像管理公司那样。采用管理技术应该有个度，超过这个度可能会对大学产生致命的影响。我们不能将学校培养人的品质与企业重现产品的品质等而视之，把企业质量管理制度和标准引入大学的管理中，显然是不太合适的。对每一个生产单位的行为实施管控，确实有助于企业生产效率和产品质量的提升，但是经营主义与企管主义思潮在教育中的沿用涉及一个适度的问题。连凯洛夫的“普通教育学”中对教师的“劳动”特点阐释为创造性、复杂性和艺术性，教师的劳动对象是“有血有肉”的人，教育教学过程不可能是简单的机械操作过程。其劳动“产品”——学生的主观能动性决定了教师劳动的复杂性和反思性，决定了培养人的教学过程只能是“非线性”的复杂场域，与制造普通产品的“线性”生产流程有着本质的差别。简单套用企业生产过程中的管理方式，而无视育人的复杂性，只能降低人才培养的质量。

---

① Guangming Cao，“Steve Clarke，ect，“The Need for a Systemic Approach to Change Management—A Case Study”，*Systemic Practice and Action Research* 17(2004)：103－126.

② Elizabeth J. Hatton，“Charles Sturt University：A Case Study of Institutional Amalgamation”，*Higher Education* 44(2002)：5－27.

二、国内应用型大学管理研究综述

刘延东在一次全国人大专题执法检查询问会上，针对我国应用型高等教育发展态势指出，必须依据国家需要和区域经济社会的发展需求，对地方高等教育资源进行结构性调整，并且要不断加大调整力度，鼓励并促进一大批地方本科教育资源向应用型高等教育转移。通过采取院校管理体制改革的模式，推进高等院校教育实践工作重点的转变和转移，最终实现新建本科院校的转型。因此，需要始终坚持带着问题加强管理体制改革的方法，及时将存在于新建本科院校管理体制改革方面的阻碍因素找出来。[①] 可见，应用型大学管理体制方面的问题，已经受到了诸多研究者的关注。

以 CNKI 为数据统计来源搜索期刊，分别以篇名“应用型本科＋制度”“应用型本科＋管理”“应用型本科＋体制”“新建本科院校＋制度”“新建本科院校＋管理”“新建本科院校＋体制”进行检索；检索时间不限；来源期刊类别为“核心期刊＋CSSCI”，共获得相关文献 108 篇。经过逐篇筛选，剔除部分重复文献和会议综述等非学术文章后，得到有效样本文献 100 篇。

可以说，国内关于应用型高等教育的理论研究明显滞后于如火如荼的应用型大学办学实践的探索。已有研究多数还停留在应用型高等教育改革的不足、管理体制改革的价值、产教融合的范式等主题上。关于新型大学的管理体制，学者们认为新型大学是一种新生本科教学力量，体量小、转身快，在率先确立现代大学制度上，具有显而易见的“后发优势”，应有不同于传统大学的管理体系（范文曜等，2005；韩延明，2009）。关于高等教育管理体制已有改革的缺失，表现为目标偏移、对象模糊、主体缺位、路径不明等（胡建华，2005；周川，2009；刘剑文，2005）。关于新型大学的权力结构问题，研究者认为新型大学必须处理好资源和权力的配置问题，这也是高等教育发展过程中的两大难题。有效处理这两大难题必须有赖于新型大学宏观的外部

① 沈莉芳：《新建本科院校教学管理体制改革创新》，载《教育与职业》2015 年第 16 期。

制度环境和微观的内部治理模式的变革，以及纵向的政府—地方—学校的“条条”和横向的政府各部门间的“块块”关系等多方面的全面改革(胡仁东，2005;涂端午，2006;杨德广，2009)。关于我国高等教育管理改革，学者们认为应从学术、市场、组织三个视角来进行。要建构大学有效治理结构，在大学外部关系上，必须建构新型大学适切的制度环境，在政府职能转变上下工夫，在“放管服”上做文章，充分调动社会“第三方”参与大学治理，进一步扩大高校作为办学主体的自主权;在大学内部，需要在建构利益相关方的有效治理结构上下工夫，在建立高效率的行政权力、学术权力等运行机制上做文章(马陆亭，2009;康宁，2010;曹卫星，2011)。

(一)文献的研究方法分析

根据徐辉等的高等教育研究方法的分类标准①，对检索到的文献采用的研究方法进行了分析(详见表1.1)。

表1.1　我国应用型本科院校管理体制研究的研究方法情况

方法类别	文献中含有的方法	文献数量(篇)	占总文献比例(%)
定性与思辨	感悟性思辨	69	97
	历史性思辨	13	
	多学科思辨	9	
	比较性思辨	6	
	哲学性思辨	0	
定量与实证	个案研究	21	38
	调查方法	8	
	数学分析	6	
	观察方法	3	
	实验方法	0	
	多学科方法	0	
多种方法		21	21

注:考虑到每种研究方法存在的真实性，并考察每种研究方法在文献中的使用情况，笔者将每种研究方法出现的次数记为文章篇数。例如:1篇文献如同时使用了感悟

① 徐辉、季诚钧:《高等教育研究方法现状与分析》，载《中国高教研究》2004年第1期。

性思辨、历史性思辨和数学分析的方法，那么这三种方法都各记为1篇。

根据表1.1不难发现，在现有的应用型本科院校管理体制研究中，97%的文献使用了定性的、思辨的研究方法，表明学者们热衷于根据经验对“新型”大学的多方面问题开展思辨性研究。可能由于研究习惯与偏好，或者研究队伍的能力倾向，学者们较少使用定量的、实证的研究方法。这种情况一方面说明我国应用型本科院校管理体制的研究者具有很强的描述性和思辨能力，经验丰富；另一方面也说明，我国“新型大学”研究队伍的能力、结构和研究偏好存在一定的问题，片面地依凭经验研究“新型大学”，会给高等教育发展带来众多的人为的、不可确定的因素。

(二)应用型本科院校管理体制研究文献内容分析

研究者们对我国应用型本科院校管理体制的研究进行了多层次、多角度的探索和分析，统计数据详见表1.2。

表1.2　我国应用型本科院校管理体制研究内容的分析情况

研究视角	具体角度	文献数量(篇)	占总文献比例(%)
指导思想和定位	建设原则	2	2
办学主体	高校与中央政府	2	8
	高校与地方政府	1	
	高校与企业/社会	2	
	高校内部主体	3	
制度创新与制度文化	制度文化内涵与构建	2	2
人才培养体制	实践教学	20	59
	质量管理	8	
	人才培养模式	8	
	学生管理	6	
	学分管理	5	
	证书管理	5	
	课程体系	5	
	创业教育	1	
	专业能力测评	1	
学校管理体制	财务和经费管理	5	12
	档案管理	4	
	学校管理理念	3	

续表

研究视角	具体角度	文献数量(篇)	占总文献比例(%)
基础设施建设	固定资产管理	1	9
	实验室、图书馆	8	
师资队伍建设	师资队伍培养	8	8
合计		100	100

注:每篇文献的内容视角有多个,统计的数据以占总文献比例最大的内容视角为依据。

据表 1.2,我们对已有文献进行归类后,获得“指导思想和定位”“办学主体”“制度创新与制度文化”“人才培养体制”“学校管理体制”“基础设施建设”“师资队伍建设”等七个研究视角,整合后将其分为三大部分进行具体分析。

第一,主要是应用型大学制度建设的指导思想和原则。据统计,100 篇文献中仅有 2 篇文献专门研究了这一方面。朱为鸿(2009)提出,新型大学首先需要考虑办学定位问题,这是大学发展的核心价值。[①] 谢冰松(2003)则认为,新型大学最需关注的问题是“本科意识”的增强,要在本科办学的规范性上狠下工夫,提升本科办学质量。[②] 研究者认为,应用型大学需要进一步明确办学思路,更新教育观念。在我国,因为受传统文化,如“学而优则仕”“劳心者治人”的儒家文化的影响,目前部分社会舆论对“应用型、技术型、职业型”教育存在偏见。尤其在目前提倡部分地方院校向应用或技术型高校转型的新背景下,这种偏见成为院校转型、重新定位重大的阻力。因此,政府引导、社会支持、高校努力培养社会所需的高质量人才,是给予应用型本科院校应有的价值认可和解决办学问题的重要途径。

第二,应用型大学的相关办学主体或主体之间的关系。据统计,共有 8

---

① 朱为鸿:《制度与文化:新建本科院校内涵发展的战略思考》,载《现代教育管理》2009 年第 8 期。

② 谢冰松:《转变观念　加强新建本科院校管理规范化建设》,载《中国高等教育》2003 年第 24 期。

篇文献的视角着眼于此。大学办学主体无非政府、社会和高校自身。就我国目前情况来看，中央政府和省级政府是主要的办学主体，几乎所有的新型应用型大学的管理权限均在省级政府“掌握”之中。根据论文内容侧重点的不同，笔者又归纳出具体研究角度有高校与中央政府的关系（共 2 篇，占 2%）、高校与地方政府的关系（共 1 篇，占 1 %）、高校与社会/企业的关系（共 2 篇，占 2%）、高校内部主体之间的关系（共 3 篇，占 3%）。应用型大学不能只是“象牙塔”，而应当成为当地社会的“服务站”。因此，应用型大学举办成功与否，不仅要看大学内部治理结构，还要看大学外部的制度环境。学者们的研究视角主要有以下几种。办学主体权力之间的不平衡视角，韩延明（2008）认为，新建本科院校的政府化管理现象非常明显，这种“泛行政化”倾向较传统大学更为明显，有些已经严重阻碍学校发展。[①] 盛正发（2012）指出，有效的应用型大学内部治理应该是大学内部政治、行政、学术三种权力的重心适度分离，权力边界应该尽可能清晰。[②] 大学内部管理体制的视角，顾永安、许霆（2009）认为，要实行学院制改革，明确校、院、系三级的权力配置。[③] 张继明、王洪才（2008）则强调充分调动利益相关方参与大学治理的积极性，将问责制引入大学管理，强化共同治理的效果。同时，明确大学内部管理部门和相关人员的“责权利”，增强履职问责的意识，提高行政管理效率。[④]

可见，我国应用型大学相关办学主体的权力分配存在不平衡现象。在一定范围内存在以行政管理代替高校管理的倾向，过分强调高校与政府的关系；就部分企业创办的院校而言，也存在着以企业管理代替高校管理的现

① 韩延明：《创新新建本科院校管理体制探析》，载《高等工程教育研究》2009 年第 4 期。

② 盛正发：《三权重心分离：新建本科院校管理变革新向度》，载《现代教育管理》2012 年第 6 期。

③ 顾永安、许霆：《学院制：新建本科院校制度创新的切入点》，载《黑龙江高教研究》2009 年第 11 期。

④ 张继明、王洪才：《问责制视角下的大学管理制度变革——兼谈新建本科院校管理机制的转变》，载《国家教育行政学院学报》2008 年第 10 期。

象；就高校自身而言，存在着学术权力与行政权力混杂，学术权力遭到行政权力的挤压与贬斥的现象，“泛行政化”倾向在新建应用型本科院校普遍存在。

第三，应用型大学内部管理制度建设方面。首先，人才培养体制视角的相关研究共59篇文章，占文献总数量的59%。其中，关于实践教学、质量管理体系和人才培养模式的文献数量又排在前三位，分别占文献总数量的20%、8%和8%。在教学实践方面，主要有以下两种代表性观点：一是田野教授(2007)提出，新建院校以“和谐管理”的理念为指导，充分调动人的积极性，克服管理中的弊端①；二是兰子霞教授(2009)认为要加强教学管理队伍的建设，改变传统的评价标准，充分调动“主体意识”，多措并举提高教学管理人员素质②。在高校质量管理体系方面，学者张秀琴(2006)和季桂起(2008)，都根据国际标准化组织公布的ISO9000族标准，模拟建构应用型本科教学中的质量标准和质量体系，依照“产品”生产过程来管理和规制教学过程；唐华生(2008)则认为，新建应用型本科院校要在人才培养理念、教学原则、课程内容等方面，进行全面改革，构建应用型人才培养的教学管理体系等③；在高校具体的人才培养模式上，多数学者从具体的某个专业出发进行有针对性的研究，其中的代表是刘元文教授(2008)。他以行政管理专业为例，提出以培养“应用型和复合型”人才为目标，强化实践教学，充分调动多方积极性，在产学研用合作教育上想办法、拓渠道。④ 还有部分学者从学生管理制度、学分制度、证书管理制度、课程体系、专业能力测评等方面着手

① 田野、彭金冶：《关于新建本科院校实施“和谐管理”的思考》，载《中国大学教学》2007年第6期。

② 兰子霞：《论加强新建本科院校教学管理队伍的建设》，载《继续教育研究》，2009年第2期。

③ 唐华生、唐炜：《教学质量管理体系构建：从理念、原则到内容——以新建本科院校为视角》，载《四川师范大学学报(社会科学版)》2008年第3期。

④ 刘元文、岳玲：《新建本科院校应用型人才培养模式探析——以中国劳动关系学院“行政管理专业(企事业行政文化建设方向)”为例》，载《中国劳动关系学院学报》，2014年第3期。

进行人才培养的微观研究。

其次，学校管理体制视角的相关文献共有12篇，占12%。有财务和经费管理体制、档案管理体制和学校管理理念三个角度，分别占5%、4%和3%。在经费管理方面，邱克(2007)认为，应用型高校需按办学标准和办学定位、发展规划等，做好财务预算和经费使用计划。[①] 游兰菊(2007)提出，大学档案管理尤为重要，它与大学管理水平高度相关。[②] 显而易见，由于我国高等教育现行的拨款机制，新型大学不太可能在办学经费方面通过政府渠道获得更多的红利。应用型大学必须敞开门户，多渠道筹措经费，走产教融合、校企合作之路，拓宽办学渠道，提升办学活力。

再次，师资队伍建设的相关文献有8篇，占8%。黄大文(2007)、李立新(2007)等学者认为，教师队伍的建设是保证人才培养质量的基础。事实上，由于新建应用型大学起步晚，学生人数增加快，教师人数不足、教师队伍结构不优、能力不强的问题较为普遍，也比较突出。[③] 应用型大学急需在师资队伍建设上，大力培养引进既能承担理论课、实践课教学任务，培养学生实践能力，又能开展社会服务，进行应用开发研究的“双能型”师资。其主要的方式有聘请实践领域的专家学者或提高原专科教师的理论水平等。值得注意的是，这些方式要本着教师的精神和物质需求同时抓的原则。

三、国内外研究的不足与后续研究方向

(一)国内外研究的不足

(1)在研究取向方面，多数研究局限于在大学内部管理方面探讨管理制

---

① 邱克：《基于多元发展趋势的高校经费管理——新建本科院校经费管理探讨》，载《中国高教研究》2007年第6期。

② 游兰菊：《新建本科院校教学档案建设与管理的思考》，载《中国成人教育》2011年第13期。

③ 黄大文等：《工程管理专业应用型本科人才培养模式探索》，载《高等工程教育研究》2007年第51期。

度的设计，缺少从大学外部制度环境变革角度进行研究。

(2)在研究内容方面，比较单一地从高等教育整体的角度开展研究，缺少对美、英、澳、德、瑞士等国家不同类别大学的不同管理体制的研究，表现在分类管理/分层设计上的阙如。

(3)在研究方法方面，现有研究大多数只是对文本和现有制度进行解读，停留在哲学思辨层面，缺乏对不同类型大学经营的实际需要的实证研究和探索。

(4)在研究工具方面，缺少对高等教育外部制度安排和内部制度设计需求的实证调查问卷，更没有对有关制度建设问卷设计中指标确立的验证。

(二)后续研究方向

第一，在应用型大学外部管理环境方面，正确处理教育利益相关者之间的关系，政府、企业和社会是不可或缺的主体。首先，政府应该转变身份，由“主管者”变为“引导者”。其实，我国高等教育界关于扩大高校办学自主权的呼声一直存在。改革开放初期，时任复旦大学校长的著名科学家苏步青教授就大声疾呼“给大学一点自主权”。在体制上，从“党委领导下的校务委员会负责制”到引进企业改革中的“厂长负责制”、高校形成“校长负责制”，再到“党委领导下的校长负责制”，我们探索体制改革的步伐从未停止。政府应该通过立法，不断完善法律法规，归还大学自主权。其次，高校要加强与企业的合作。国际经验告诉我们，应用型高校的建设离不开企业的主动参与。柳友荣的研究结果表明，整合企业在资金、市场等方面的资源，利用高校在区域人才和人力资源上的优势，通过校企共建研究与产品开发中心、共建实验室等形式的产教融合共建模式是产教融合中较为理想的模式。[①]最后，按照“管、办、评”相分离的理念，由社会承担监督、评价的职能。笔者认为协调各团体间关系的办法之一是设置中介组织，比如高校理事会，让各

① 柳友荣等:《应用型本科院校产教融合模式及其影响因素研究》，载《中国高教研究》2015年第5期。

利益相关者参与其中，建议以高校党委书记作为高校理事会会长。这是因为考虑到高校内部由党委领导，有利于防止双领导或多领导产生冲突，避免董事会流于形式。

第二，在应用型本科院校内部管理生态方面，要在内部管理体制上进行创新、机制上进行变革。以应用型人才培养为突破口，在“以生为本”上做足文章，在个性化培养上下狠功夫，探索“定制式”人才的培养方案，体现应用型本科院校对社会需求的敏感性、时间区间上的机动性、培养方案上的灵活性、教学模式上的多样性。

新型大学的学科与专业建设要根据区域社会经济发展的需求，适时准确地进行调整，避免贪大求全，趋同设置；学期设置、学制要求、教学模式等方面要灵活变更，满足学生的多样化需求；要创新教学策略，注重理论与实践教学的结合，给学生提供更多的提升实践能力的机会；要大力推进“混合式”、慕课等课堂教学改革，大力倡导小组互助式学习、探究式学习、社会参与式体验；关注教师成长，大力引进培养既能承担理论课、实践课教学任务，又能开展社会服务，进行应用开发研究的“双能型”师资力量；关心教师生活待遇，给予其人文关怀。在物质资源建设体制方面，建立健全经费的使用和保障制度，加强办学条件的建设。

第四节　研究设计及创新点

一、研究思路与研究方法

（一）研究思路

本研究结合新建应用型本科院校管理体制问题的已有研究成果，充分汲取包括治理理论、高等教育大众化多元质量观的相关研究成果。以此为分析框架，在借鉴国内外应用型大学管理体制成功经验的基础上，运用调查研究的方法，收集有关我国新建应用型本科院校管理体制机制问题的第一手资料，对其进行分析讨论，并据此提出新建应用型本科院校管理体制改革的框架和路径。

本研究的技术路线可描述如下。

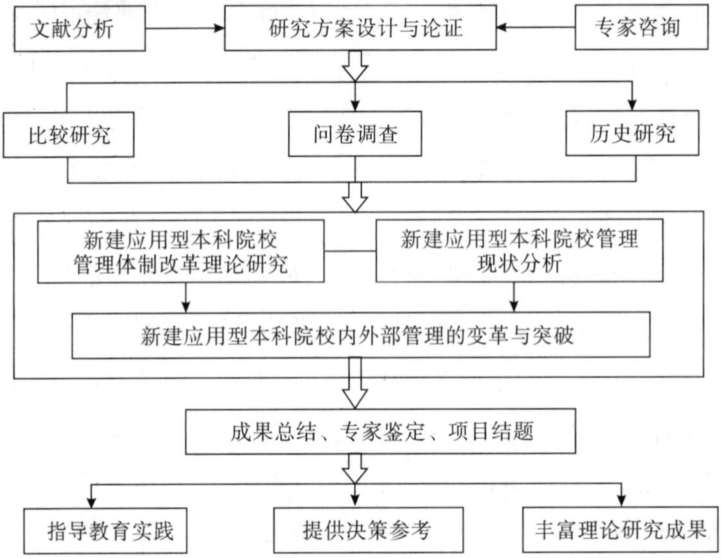

（二）研究方法

本研究运用的主要方法有文献研究、比较研究、历史研究和问卷调查等。对国内外的新型大学管理制度文献和相关制度文本进行解读，对美国、德国、瑞士、澳大利亚、中国香港地区的新型大学进行比较研究，对我国新建应用型本科院校现状展开调查，并结合历史研究的方法展开研究。

1. 文献分析

本研究重视检索和利用已有文献资料，不仅通过 ProQuest 和 EBSCO 对与"新型大学"相似的国际高等教育发展形式的相关研究成果进行了严格检索，也利用中国知网(CNKI)对国内已有的相关研究文献进行了查阅。通过对文献资料的分析综述，了解目前新建应用型本科院校管理体制、机制方面的研究层级和水平，以及存在的问题和不足。

2. 比较研究

根据国际高等教育发展情况，特别是应用型高等教育办学积累的经验，课题组通过对美国州立大学、德国应用科学大学、瑞士应用科学大学、澳大利亚应用科技大学，以及中国香港地区应用型大学外部管理制度环境和内部治理体系问题进行研究，为推动我国新型大学的后续发展寻求可借鉴的治理策略。

3.历史研究

本研究在掌握大量的国内外应用型大学办学历史和发展状况资料的基础上，着力挖掘不同国家应用型大学的设置社会背景、制度文化、管理经验等。特别是通过比较管理行为和管理重心，探索和分析我国新建应用型本科院校在秉持大学内在逻辑的基础上，如何突出“应用型”，找到发展支撑点。

4.问卷调查

现有关于新建应用型本科院校管理现状的研究以理论研究为主，缺乏有效的实证研究工具；已有实证调查研究的对象又往往以一所院校为主，少数为区域内几所学校，调查对象缺乏代表性，效度值不够。本研究在分析国内外相关文献的基础上，确定问卷编制的理论起点与框架；搜集国内已有的相关研究的测量工具，并结合访谈结果确定问卷分量表的构成；正式施测后，又根据正式施测问卷，针对问卷信效度进行验证性分析；运用 SPSS 20.0 完成问卷结构的信效度分析。

二、研究的内容、结构和创新点

(一)主要内容与结构

1.新建应用型本科院校管理制度建设的理论研究

系统分析共同治理理论以及高等教育大众化理论，特别是由此衍生出的大众化高等教育的多元质量观。

2.新建应用型

本科院校发展的历史状态、理想与现实，后大众化时代的表现、新建应用型本科院校的制度分析。

3.发达国家和地区新型大学管理制度比较与借鉴

美国、德国、瑞士、澳大利亚、中国香港地区应用型大学管理体制比较研究;发达国家和地区新型大学管理制度借鉴与启示。

4.新建应用型本科院校管理现状的实证研究

编制管理制度建设的问卷并进行调查研究;调查分析管理制度建设。

5.新建应用型本科院校外部管理的变革

从主体性到主体间性的府学关系角度,分析新型大学的外部制度环境与诉求;探索新型大学的区域协同、产教融合的模式与路径。

6.新建应用型本科院校内部管理制度的创新

应用型大学的内部制度“型态”;应用型大学的权力型变革与创新型态;应用型大学办学运行型态;应用型大学师资队伍结构型态;应用型大学教学型态。

本文概括总结了本研究的创新成果,对国内新建应用型本科院校的理论研究与实践探索进行了总结,介绍了对大学转型进行制度分析的结果,展示了新建应用型本科院校的内部制度“型态”和外部制度环境诉求,呈现了研究的创新点和存在的不足。

(二)创新之处

1.研究视角的创新

选取新建应用型本科院校作为摆脱传统束缚、建立现代大学制度的突破口。

2.研究内容的创新

把新建应用型本科院校的管理体制作为研究对象,分析与探索其特殊性,在国内为者不多。

3.研究方法的创新

注重理论探讨与实证研究的整合,对新建应用型本科院校制度现状和制度需求开展调查,提升制度安排与设计的有效性。

第二章　新建应用型本科院校管理体制变革的理论

我国的高等教育正从大众化走向普及化。了解和学习世界各国高等教育的发展经验和丰富的研究成果，加强本土化研究，形成多元、协调、统一的“善治”氛围，打造“政府统领、社会监管、多元善治、科学发展”的大学治理模式，才能最终实现提升我国高等教育质量的目标，促使获得国家公共利益的最大化。适应和满足大众化高等教育的发展需要，进行多元质量管理，就要重塑利益主体关系，实现政府功能转变，进行宏观统筹，规范立法、建立多元标准；社会全程参与，中观指导，形成多种需求、中介评判；高校以质换治、微观执行，发展质量文化、保障内外。充分运用各利益主体在高等教育中的权力和权利才能实现高等教育的善治。确立多元的质量观，进行多元质量管理，构建内外质量保证和保障体系，才能有效提高和持续改进高等教育质量。

第一节　治理理论

1989 年世界银行提出“治理危机”(crisis in governance)的概念后，“治理”一词被广泛运用于社会各领域。治理理论在公共利益的实现方式上，倡导多元、民主、合作。为了解决可能存在的治理失效问题，善治理论应运而生，并迅速流行起来，缘起于公司治理的利益相关者共同治理理论也在公共治理的实践中发展起来。

一、治理理论的兴起与演变

1989年，世界银行首次使用“治理危机”一词。很快，“治理”伴随着民主化、全球化的浪潮流行起来。治理理论的研究迅速成为西方学术界的热点，并形成了一套系统的治理理论，成为一个具有自己独立逻辑体系的且极具弹性的理论丛林。它可以被广泛运用于多个领域和层面。目前，治理理论被广泛应用于地方、公司、大学甚至国家和全球管理领域。越来越多的国家在政府改革中选择更少的统治。更多的治理。

治理理论内容庞杂，难以用一个准确的定义进行囊括。因应用的空间、范围以及政府在其中发挥的作用不同，治理理论出现了全球治理理论、政府治理理论、国家治理理论、地方治理理论、社会治理理论等分支。中国的国家治理体系由政府治理、社会治理和市场治理三方面组成。全面治理理论、公共治理理论、协同治理理论等随着治理理论在各领域流行或失效。在治理理论的应用过程中，人们发现治理存在失效的风险，世界银行又提出了“善治”的概念，善治指有效的治理。

二、治理理论的内涵

罗伯特·罗茨(R Rhodes)把“治理”的概念归纳为六种：国家治理、公司治理、公共治理、善治、社会治理、网络治理。俞可平教授把治理定义为公共管理领域中的官方或民间组织为了最大化地满足民众需求而开展的以善治为目的的管理(引导、控制和规范)活动或过程。全球治理委员会也把治理定义于公共事务管理领域①，认为其是机构或个人综合利用各种手段、方式和措施而实现公共利益的统一和最大化的方法。治理既含有强制性的官方制度安排，又包含使不同利益群体都能获益的非官方制度规则。但治理本身是一个持续互动的过程，而不仅仅是某种规则本身，涉及多部门和多角度

① 全球治理委员会：《我们的全球伙伴关系》，牛津大学出版社1995年版，第23页。

的协调，而不是单一的控制和垄断。因此，治理有着多元化的权利中心和主体，协调化、网络化的运行方式和结构，持续和互动化的管理方式和过程。英国学者格里·斯托克从五个方面综述了治理理论的特点：治理离不开政府但又不仅限于政府；治理规定了明确的主体责任；治理谋求的是公共利益的平衡和最大化；治理要求利益主体参与治理并相互协调和约束；治理单靠政府管制是不行的，需要协调多方之力。

三、善治理论

20 世纪 90 年代，世界银行将善治作为治理的一类形式而提出，而后善治理论流行起来。善治是治理的理想目标，善治理论是在治理理论的基础上，为了防止治理失效而提出的更完善的理论。实施善治可以有效避免无效治理或治理失效，并通过利益相关者共同治理而实现公共利益最大化。善治理论也已经被广泛应用于政府、社会和企业等公共管理领域中。善治就是好的治理，是通过政府与公民的协调合作，以实现公共利益最大化为目标的社会管理。善治的定义中包含善政的内容，善政指好的政府进行好的国家管理，也包含多元化的管理主体团结协作的良好状态，还包含谋求公共利益实现最大化。因此，善治既是治理的一种形式和一种方式，也是治理的最高目标和最佳状态。善治强调管理主体的多元化和团结协作，突出了治理过程中政府等公共权力的本质作用、社会和公民等民间权力的主体作用，追求各主体间利益的平衡和公共利益的最大化。

燕继荣(2012)根据治理过程中国家与社会的关系提出了善治的三代理论[①]。他认为政府良政、社会自治和协同治理分别是三代善治理论的核心，较好地揭示了善治理论的内涵以及演进过程。

陈广胜从治理的主体、目的、方式和结果四个角度把善治的基本内涵划

① 燕继荣：《善治理论 3.0 版》，载《人民论坛》2012 年第 24 期。

分为四个方面：善人治理，为善而治，善于治理，治而得善[①]。俞可平教授对善治理论的基本要素进行了深入全面的分析，将其归结为十个方面：合法性、法治、透明、责任、回应、有效、参与、稳定、廉洁、公正[②]。其具体内容如下：强调政府的公信力，公民认可和服从社会秩序和公共权力；强调治理中国家法律的重要性和地位，在治理中有法可依，依法治理；强调治理过程的公正和透明，治理信息公开和透明；强调治理主体的责任和权限，治理主体要各司其职，各负其责；强调治理主体和制度对公民的态度，权力主体对公民诉求要反应敏捷；强调治理过程的协调性和有效性，权力主体在治理过程的各项工作中要做到高质高效；强调公民或民间力量的作用和地位，公民要全员参与治理过程；强调治理的有效性，治理效果上要表现为国泰民安；强调治理政府主体自身的自律，政府等公共权力主体（人员）要奉公守法，清明廉洁；强调公民在治理中的权利，各类民众在政治经济权利上人人平等。

四、利益相关者共同治理理论

利益相关者共同治理理论兴起于20世纪90年代，源于利益相关者理论，也被称为共同治理理论。目前该理论已经有效运用于企业管理等公共管理的多个分支领域。根据企业治理领域的利益相关者理论强调的权力主体和其权利地位不同，可将其分为四种治理观：股东治理观、员工治理观、利益相关者共同治理观、关键利益相关者治理观。根据利益相关者在公司治理中地位的不同，可以把利益相关者理论的演进分为三个阶段：利益相关者影响阶段、利益相关者参与阶段和利益相关者共同治理阶段。[③]

对组织目标的实现有影响，或者对组织实现目标的过程有影响的所有

---

① 陈广胜：《走向善治：中国地方政府的模式创新》，浙江大学出版社2007年版，第109—110页。

② 俞可平：《中国公民社会的兴起与治理的变迁》，社会科学文献出版社2002年版，第12页。

③ 王身余：《从“影响”“参与”到“共同治理”——利益相关者理论发展的历史跨越及其启示》，载《湘潭大学学报（哲学社会科学版）》2008年第6期。

个体和群体都是组织的利益相关者。对企业而言，其利益相关者不仅有股东、债权人、职员、顾客、供应商等，还有政府、当地居民、所在社区、媒体等，甚至包含与企业经营有关的自然环境等。利益相关者与企业的生存、经营、发展息息相关，因此应该接受其参与企业的管理和经营决策，允许他们通过各种途径和方式分担企业经营风险，并充分考虑他们的权利和权力。利益相关者共同治理理论认为企业的股东、债权人、雇员甚至消费者等所有有利益关系的主体都应该参与公司治理，并从中获益。利益相关者共同治理理论强调所有的利益相关者都应该平等参与治理，在治理中配给一定的权力，并对等获得相应权利（利益）。各利益主体通过权力分配相互制约，通过权利分配实现利益平衡，并追求共同利益最大化。

第二节　高等教育大众化多元质量观

随着社会和高等教育的发展，世界各国的高等教育正由大众化阶段向普及化阶段逐步推进。我国的高等教育规模自 1999 年大学扩招以来有了巨大的突破。随着西方高等教育大众化理论的传入，本土化的高等教育大众化的研究成果和理论也丰富起来。高等教育大众化理论有着非常丰富的内涵，其研究内容主要集中在质量问题、多样化问题以及公平与效率问题三个方面。多样性、动态发展性以及质与量的辩证统一性是高等教育大众化阶段最主要的特征。因此，高等教育的多元质量和多元质量管理也就成为高等教育发展中不得不关注的一个关键的热点问题，诸多学者从多个角度提出了内容各异的多元质量管理观。

一、高等教育大众化理论

美国学者马丁·特罗教授对第二次世界大战后美国和西欧多个发达国家的高等教育发展历程和状况进行了深入的比较和分析，并于 20 世纪 70 年代提出了高等教育大众化理论。该理论丰富的内容和系统的观点使其很快成为世界各国高等教育发展管理和研究的重要参考，其内容主要包括阶段论、模式论、质量观、就业观和高等教育预警理论。

(一)阶段论与预警理论

马丁·特罗教授提出，参考一个国家高等教育的总体规模，根据毛入学率的高低，可以把高等教育的发展划分为精英教育、大众化教育和普及化教育三个阶段；毛入学率达到15%和50%分别是高等教育进入大众化阶段和普及化阶段的警示标志。

高等教育自精英教育阶段发展到大众化教育阶段，继而发展到普及化教育阶段时，高等教育活动就会实现量变到质变的飞跃。马丁·特罗教授指出，毛入学率是划分高等教育发展阶段的参考标准之一，也是一个“警示牌”。我们需要根据高等教育的发展进程提前做好准备，以迎接质变的挑战，而不能被质变打得措手不及。特罗教授还对高等教育三大阶段在教育规模(毛入学率)、学校规模、教育观、教育功能、课程设置、教学形式、师生关系等11个方面的特征和具体指标进行了详细的阐述，并从规模、结构、质量和效益四个方面对高等教育发展提出了警示。

(二)模式论

马丁·特罗教授根据教师和高等教育管理者对高校规模与高等教育传统功能的态度及主张，将欧美国家高等教育的大众化发展模式分为四种：反对学校规模扩大，支持只接受精英教育的传统精英模式；认为高等教育规模可以有条件地进行扩张，但仍然坚持精英教育理念中的传统扩张模式；认为精英教育应该改革，但反对任意扩张高校规模的精英改革模式；认为应该改革精英教育，并支持扩大高校规模的扩张改革模式。

(三)质量观

马丁·特罗教授指出，多样化是高等教育进入大众化阶段的主要特征之一。因此，应该树立多元化的高等教育质量观。在高等教育大众化阶段，精英教育应该是其中之一的内容而不是唯一内容；教育类型、教学形式、就读方式以及课程设置等都有着多样化的特征，因此高等教育的质量标准也应该多样化。

(四)就业观

马丁·特罗教授提出“改造工作论”的就业观。他认为处在大众化阶段的高等教育不再仅仅培养人的工作技能，其功能应该是提高人们的社会适应能力，最大化地激发个人潜力，因此需要打破高等教育与职业之间的刻板联系。大学生不应该毕业后去找份工作，而应该适应工作、改造工作。

二、高等教育大众化阶段的质量观

(一)高等教育质量观的演进

1.高等教育的质量与质量观

人们主要从内部和外部两个视角评判高等教育的质量。内部的视角基于人才培养，也就是高等教育是否促进了学生全面发展和高校自身发展。外部的视角是基于高等教育各方利益相关者的诉求，也就是高等教育的发展是否满足了利益相关者的各种利益诉求，符合他们的期望。高等教育质量应该是发展预期与利益诉求的辩证统一，既包括高等教育实现自身人才培养、教学、科研和服务社会的基本职能，又包括利益相关者各种利益诉求的满足程度。因此，大众化阶段的高等教育质量具有鲜明的层次性、多样性、发展性和特色性等特点。

如何提高和保证高等教育的质量是世界各国教育主管部门都非常关注的问题。我国的高等教育质量也被新时代赋予了更高的要求和更大的使命。2018 年 1 月，教育部发布了《普通高等学校本科专业类教学质量国家标准》，其内容涵盖我国高等教育全部本科专业类，充分说明了国家对高等教育质量的重视及高标准和严要求。这是我国发布的第一个高等教育的国家质量标准，也是一个基本标准。

高等教育的质量观是利益相关者对高等教育质量和质量标准所持有的价值判断与态度观念，受价值取向和利益诉求的影响。高等教育质量观随着社会和高等教育的发展而不断更新和演进，在大众化高等教育阶段形成了包含精英教育质量观在内的基于不同视角的多元化的质量观。安心教授(1997)将当时我国的高等教育质量观归纳为“不可知观、产品质量观、测量观或达成度观、替代观、实用观或重实效观、绩效观、内适性、准备观”等八类。[①] 各高校应该根据国家、政府和社会的要求结合自身的发展优势和特色，在国家基本质量标准允许的范围内建立个性化的高等教育质量观。

2. 高等教育质量观的演进

为了适应高等教育发展的内外历史环境，高等教育质量观在价值取向、资源配置方式、利益诉求等多种因素的影响下不断演进和丰富，揭示着特定阶段和视角下人们对高等教育质量的选择和要求。

(1)质量观的逻辑

“以产定销”是精英教育阶段生产者质量观的逻辑。既定的培养标准就是人才质量的保证，文凭即精英标签和社会流通符号。社会以高校是不是按国家规定和要求培养人才的逻辑来审定高等教育的质量。

“以销定产”是大众化教育阶段消费者质量观的逻辑。用人单位对人才的认可成为评测高等教育质量的外在尺度，学校培养的人才是不是达到了市场和用人单位的预期是衡量高等教育质量的标准。

“满足需求”是普及化教育阶段服务质量观的逻辑。高等教育利益相关者的差异性需求的满足程度成为衡量高等教育质量的主要标准，个性化的匹配程度成为评测其质量的尺度之一。

(2)质量观的视角

国内外研究者基于不同的视角提出了千差万别的高等教育质量观。唐萌(2011)将这些研究视角归纳为价值实现、人才培养、高校职能和发展等四个方面的内容。虽然不同视角下高等教育的质量观不尽相同，但是视角本身不是绝对对立的，因此多样化的质量观也不是完全冲突和对立的。

---

① 安心：《高等教育质量的界定初探》，载《辽宁高等教育研究》1997 年第 2 期。

适应论质量观是基于价值实现视角提出的。因利益主体的价值取向不同，故其对高等教育质量做出了不同的价值选择。因价值主体的需求不同，又可将适应论质量观细分为内适应、外适应和个适应三种质量观。需要论质量观是基于人才培养视角提出的。利益主体对高等教育的诉求不同，质量评判标准自然也不一样。该质量观认为利益主体差异性需要的满足程度是衡量高等教育质量的主要标准，其包含了知识质量观、能力质量观、全面素质质量观等内容。目标论质量观是基于高校职能视角提出的，强调高等教育的适切性和有效性。根据高校职能可将目标论质量观细分为人才培养质量观、科学研究质量观、社会服务质量观，或者学术需要质量观、社会需要质量观和市场需要质量观。发展性质量观是基于高等教育的整体发展和个性发展视角提出的。它认为高等教育的质量应该随高等教育的发展和高校的特色优势而持续动态发展，其包含阶段论质量观、多样化质量观、整体性质量观和特色化质量观。

(3)质量观的演进

高等教育质量观充分体现了在不同社会历史条件下，人们对高等教育质量及其标准的价值选择和评判态度。我国高等教育的质量观从满足规定的目标质量需求到满足利益相关者的差异需求，从为国家和现代化建设培养人才到为世界和未来培养人才，经历了从合目标规定性的生产者质量观到合需求差异性的消费者质量观，再到合发展多元性的教育服务质量观的演进过程。

(二)高等教育大众化阶段的多元质量观

精英教育已经不能完全满足大众化阶段高等教育质量的要求。在多重动因的推动和影响下，高等教育质量需要以不同的标准来衡量，但是这些标准的差异性和协调性要求高等教育大众化的质量观既要合目的和标准，又要合整体和特色，还要合需要和发展，是多种因素融合共生的多元质量观。

1. 质量观多元化的动因

(1)办学层次多元化

教学、科研和服务社会是高等教育的基本功能，不同的高校在功能实现中扮演的角色不尽相同。因此应该要求各高校各司其职，而不是一刀切地办成同类学校，也不能用同一质量标准评判和约束职能不同的高校。因高校服务能力有限的客观存在，高校的办学定位和人才培养目标及社会服务领域受环境因素(政治环境、地域环境、组织环境、政策环境、文化环境等)的影响很大。为了提升竞争力，各高校往往形成了优势学科专业或特色化发展战略。因此，即使具有同一职能的高校也要树立多元质量观。

(2)办学方式多元化

高等教育的办学方式越来越多样化。远程和网络教育、函授和继续教育等办学形式随时代发展和进步应运而生。随着办学形式和教学方式的日趋灵活化和多样化，针对不同办学方式，高校应树立不同的质量观。

(3)培养目标多元化

当前高等教育的受众越来越多，而不再仅限于适龄青年，学生的结构和就读方式也越来越多样化。目前国内高校多综合办学，内设学科门类众多，即使是专门院校，也设有不同专业，不同专业学生的具体培养目标也逐渐多元化。为满足学生成长成才的多样化需求，高校应树立多元质量观。

(4)办学主体多元化

国家支持社会力量兴办教育。单一的国家办学、政府办学模式已经被打破，已形成公办教育、民办教育、私人办教育等构成的“一主多元”的办学模式。对于以市场为导向的民办高校与以政府为主导的公办高校自然不能以完全一致的质量观进行约束。以正在筹建的西湖大学为例，此类院校的办学定位是小而精、高起点和研究型，设置有限学科，聚焦科学技术，坚持科学研究与人才培养并重。高等教育的质量标准设置应充分考虑高校的特点和职能。

(5)利益需求多元化

政府、市场、社会、学生、用人单位都是高等教育质量的利益相关者。不同的利益主体有不同的利益诉求，学生有发展性需求，委托人有回报性需求，政府有规定性需求，市场有规格和层次多样的人才需求，高校自身也有动态发展的内适性需求。多样化的利益诉求，要求建立多元质量观。

(6)质量评价多元化

随着高等教育的发展，质量评价也趋向多元化。评价主体、评价标准、评价方式都越来越多样和多元，这都要求高校有多元质量观。

(7)高校服务的有限性与特色性

各高校的服务能力是有限的，只能选择性满足某类利益相关者的诉求。各高校为了在竞争中取得胜利，必须明确自己的办学定位和办学特色，从而形成了特质不同的高校群体。因此，特色不同的高校需要有不一样的质量观。

2.多元质量观的基本内涵

大众化高等教育的多元质量观不是一个观点单一的质量观，而是多种观点融合共生的多元质量观，是一元与多元的辩证统一。其对高等教育质量的约束性是保底不封顶，既有规矩又有空间的。“一元”是必需的，是高等教育的基本标准，也是高校的主导标准；“多元”是相对的，不是随意和任性的，不否定和排斥“一元”，是依据高校特色和办学需要而设定的。精英教育是大众化高等教育的教育形式之一，而不再是全部。高等教育和高校管理要善治，保证利益相关者的公共利益最大化。

高等教育多元质量观的基本内涵是，大众化高等教育阶段要有包含精英教育在内的多种高等教育形式和内容；要重视利益相关者，允许他们共同参与高等教育的管理和发展；要建立多元的教育质量标准和质量保证体系；要推进高等教育的可持续发展，实现高等教育的善治和公共利益的最大化；要关注高等教育利益相关者多样性的、个性化的诉求，制定有针对性的多样化的质量标准，并以此为基础履行高等教育的各项职能；要以发展的眼光看待高等教育的发展问题，并不断改进和提升高等教育的质量。高等教育将实现人的自由发展和高校职能这两种质量目标进行整合，要从整体上而不是从某一方面来评价高等教育的质量。

(1)政府和社会宏观视角下的多元质量观

政府和社会视角下的宏观多元质量观以突显高等教育职能为切入点，

主张高等教育的功能实现主要建立在高校职能实现的基础之上。办学层次、办学类型和办学主体又是高校职能实现的重要影响因素。宏观视角下的高等教育质量观具有整体性和具体性。对高等教育质量的评价要树立一种整体的质量观,同时需要根据高校职能和特色不同树立不同层级的具体多元的质量观。党的十九大报告对教育工作的部署体现了系统性、全局性和协调性:既有顶层设计,也有具体安排;既有集中部署,也有协同推进。这必然要求不同层次的大学同时存在,协调发展,并允许办学主体不同的高校采用多元的质量管理与质量保证体系。

(2)高等学校中观视角下的多元质量观

高校视角下的中观多元质量观的内涵主要体现为,同一所高校在对内和对外两个层面上树立的多元质量观。首先,要根据学科专业的性质和招生层次确定不一样的质量标准;其次,面对发展需要不同的学生,设置差异性培养方案,并确立与学生适切性需要相符合的差异性多元质量观;再次,高校要根据自身可持续发展的需要,树立内适性的不同于其他院校的质量观。

(3)高校学生微观视角下的多元质量观

不同学生基于自身条件和成才需要对高等教育质量提出了差异性诉求,在微观视角下学生对高等教育质量有着多元质量需求和质量观。学生对不同的课程、教师和教学过程等有关反映教育质量的具体方面也有着标准不同的多元化的质量要求。

3.多元质量观的基本特征

(1)发展性与前瞻性

质量观总是具有特定历史阶段的时代意义,体现了当时人们对质量标准的要求,是具体和发展的,而不是既定和永恒的。高等教育本身一直处于发展变化之中,多元质量观更是在质量观的不断演进中成熟起来。高等教育质量观中的社会属性、实现手段、评价方式、要实现的利益诉求以及确立基础都是动态发展的。比如,实现教育大国向教育强国的转变,就是国家基于国家发展和全球形势提出的新要求。多元质量观的发展性也充分体现了它的前瞻性。正是基于对高等教育发展形势和发展规律的预判，教育部门才提出了多元质量观，以推动高等教育可持续发展。

(2)多样性与辩证性

多元质量观是统一与多样、适应与超越、精英与大众的辩证统一。多元质量观强调底线和空间并存，要求国家统一标准与高校具体标准辩证统一。允许不同高校在国家标准的范围内确立多样化与个性化相统一的高等教育质量标准。

(3)适应性与特色性

高等教育的职能要适应利益相关者的利益诉求尤其是国家的要求，实现国家和社会的外适应、人才培养的内适应和自身发展的个适应。同时也要办出特色，以发挥自身优势，并在资源配置、市场调控和各类竞争中取胜。

(4)自主性与客观性

高等教育的多元质量观鼓励高校“以质量换自治”，强调高校在发展中充分发挥办学自主性和保证质量的主动性，强调高校内部质量文化的建设。但是这需要借助于第三方评估机构对高等教育质量进行客观的评判。

三、高等教育多元质量管理和质量保障的有效路径

高等教育质量管理有广义和狭义之分。广义的高等教育质量管理主要是指对高等教育质量的判断、决策和行动的整个过程。[①] 狭义的高等教育质量管理是指组织内部确定质量方针、目标和职责，并在质量体系中通过诸如质量策划、质量控制、质量保证和质量改进使其得以实现的全部管理活动。[②]目前，学者们尚未在质量管埋和质量保障等概念上达成一致。质量控制与质量监控、质量保证与质量保障、质量评估与质量认证等概念都没有明确的

① 约翰·布伦南、特拉·沙赫：《高等教育质量管理：一个关于高等院校评估和改革的国际性观点》，华东师范大学出版社 2005 年版，第 7 页。

② 湖南大学教育科学研究院：《高等教育质量省级监控体系研究》，湖南大学出版社 2012 年版，第 27 页。

界限。它们相互渗透,很难截然分开。质量体系是质量管理的核心内容;进行质量保障是为了使利益相关者建立信心,使其获得质量信任。质量管理涉及的发展已经经历了质量检验、质量控制和全面质量管理三个阶段。

高等教育质量管理不仅是高等教育质量保障体系的核心部分,而且是大学管理的核心领域。质量问题是高等教育发展的核心问题。进行质量管理,建立质量保障体系,提高高等教育质量是建设教育强国的基本要求。很多学者和高校曾试图直接在高等教育领域引进全面管理理论、QMS 质量管理体系、ISO9000 质量管理体系、ISO 标准簇质量管理八项原则。虽然这些理论在某种程度或某个方面确实有一定实效,有利于高等教育质量的提升,也适用于高等教育质量管理涉及的某些具体领域,给我国的高等教育质量管理提供了很好的思路,但是在应用过程中生搬硬套造成的明显的弊端也是有目共睹的。高等教育质量管理不同于一般的公共管理、企业质量管理和组织质量管理,有其独有的特征和要求,需要根据其特殊性建立有效的质量管理体系。

雷金火(2006)指出,进行高等教育质量管理要从建立质量保障体系、构建质量监控机制、完善教育评估机制、建立教育认证制度等多个方面同时着手。[①] 进行高等教育的多元质量管理要坚持以人为本的理念,横向上进行利益相关者共同治理,纵向上进行质量保障体系的善治。

(一)以人为本,推动高等教育的内涵式发展

高等教育的多元质量管理应以“以人为本”为基本理念,树立“以人为基本”的质量管理观和“以人为根本”的质量管理目标,推动高等教育的内涵式发展。[②] “以人为本”思想的本质就是要解放人,促进人的全面发展:把人作为教育发展的起点和目标,在教育活动中坚持面向全体教师、面向全体学生

① 雷金火:《新时期高等教育质量建设的几个问题探讨》,载《中州大学学报》2006 年第 3 期。

② 王集:《以人为本视域下高等教育质量管理问题研究》,长春工业大学硕士论文,2016 年。

的基本原则;树立以人为本的教育观、教师观和学生观;关注教师和学生在高等教育质量管理中的地位和作用;注重高等教育的规模、质量和效益等均衡协调发展。高等教育多元质量管理要“以人为基本”“以人为资本”“以人为根本”,从根本上注重教育教学质量管理,提高科研水平,培养更多的实用型、复合型人才,高校才能得到质的发展,也必然会得到社会的认可。

(二)多管齐下,实现高等教育质量的多元管理

高等教育的多元质量管理是效果、效率、效益、效能、效应等目标的多元结合,是培育“全员”参与、“全方位”协同和“全过程”保障的质量文化,以逐步实现高等教育质量改进和质量提升,最终实现善治的过程。

1.实施全面管理,构建规范化的多元质量管理体系

虽然很多研究者对于直接引进企业管理中的“全面管理理论”持有异议,但是“以顾客为导向”和“持续改进”的基本理念对于高等教育质量管理而言,无疑是非常合适的。强调全员、全程和全因素管理,突出过程与目标和谐统一,重视规范化的程序和文件化的体系建设将能很好地提高高等教育质量管理的效果。

2.创新管理制度,创设和谐的多元质量管理环境

充分借助于利益相关者的力量对质量标准、教育认证、教育评估等制度进行完善和创新,以适应高等教育发展的需要。《普通高等学校本科专业类教学质量国家标准》和《师范生专业认证》就是典型的创新型制度。

3.加强意识教育,培育全员全程参与的质量文化

加强质量意识教育,在高校和全社会建立良好的质量文化,是质量管理得以正常进行和获得预期效果的必要手段。“质量是可以管理的,质量与每个人息息相关”的质量管理理念和责任感深入人心,才能保证质量管理的全程性、全员性和发展性,使质量控制和质量监督以及质量保证有效运行。

4.进行循序阶段控制,分流满足利益主体的多元质量诉求

在进入高等教育阶段之前,根据学生自身条件和发展意愿进行分流培养。在准入阶段提前做好教育宣传工作,让各利益相关者根据需要选择合

适的高校、专业和教育形式。进行过程控制和产出导向管理，确保人才培养目标与人才需求和谐统一。社会准入机制包含“精英”人才评价的发展性和多元化要素，以此产出导向为出发点进行高等教育质量管理，帮助社会更合理地配置人才资源，满足社会对人才的需求。

5.兼容共性和个性，建立高等教育评估的多重质量标准

多元化质量管理允许多重质量标准并存，强调满足各利益相关者的质量需求。高等教育的质量标准至少应该有三个：一是基本标准，法律规定的国家基本标准是各高校都应达到的最低标准；二是“社会期望标准”，是政府之外的利益相关者根据利益诉求制定的；三是“个性标准”，是各高校根据自身的特色和个性制定的。

6.结合内外监控，强调高等教育质量成熟度的评价

高等教育质量监控的核心是“监控标准”，监控手段有检查、评估、认证和监测。质量监控的标准也是共性与个性的辩证统一。要加强质量文化建设，强化内部监控的整体性、全程性和全员性；强化外部质量监控，加速政府权力让渡，实现“管评办”分离和“放管服”落实；加强社会和市场监督，更新评价模式，强调外部评价的多元化；强调对高等教育质量成熟度的评价。成熟度评价是审查高校内部建立的质量管理制度和活动机制在多大程度上能够帮助学校实现自定的质量目标。

7.突出全程监控，细化高等教育的多元层级管理

将高等教育的教学、科研和服务社会三大基本职能作为一级质量管理内容，进而可以依次细分为教学质量等二级质量管理内容，以及实践教学质量等三级、四级质量管理内容……在高等教育质量管理过程中，突出全程管理，将管理过程和保障渗透设计到每个环节和程序中，真正实现质量管理效果的全面提升。

8.调动学生，充分发挥学生在质量管理和质量保障中的积极作用

学生作为高等教育的重要利益相关者，拥有质量管理和质量监督的权力。很多高校通过设置教学信息员和校长助理、学生参与教学质量评价等

方式把学生纳入质量管理体系之中，让他们亲自参与质量管理的全过程。调动学生在质量管理中的作用既有利于质量文化的建立，又直接有利于保证质量效果。

（三）多元善治，构建高等教育的多元质量保障体系

党的十九大报告对教育工作的部署，既有顶层设计又有具体安排，既有集中部署又有协同推进，为高等教育多元质量管理提供了良好的政策环境和外部保障。外部质量保障体系的构建要坚持政府主导、整体规划，分工负责、全程保障，立足国情、面向世界的原则。

1. 理顺主体关系，设置多样化的质量保障组织机构

高等教育质量管理的主体组建形成了多样化的质量保障组织机构，并发挥着不同的功能。政府部门是主导力量，宏观引领着高等教育质量管理的走向。中介评估机构是主力，也是桥梁和纽带，密切联系着各主体。高校或专业协会是自主者，应该主动出击。社会与行业是润滑剂，多元参与质量管理和质量保障。

2. 多元协调共治，构建完善的质量保障组织体系

在高等教育多元质量管理中，各主体应该各司其职，协调共治。政府进行主导和宏观管理，做好顶层设计，加强政策建设。市场发挥监督和中观调控职能，推动第三方评估机构的改革和发展。高校主动开展专业认证和自评工作，正确看待大学排名。支持各类机构在国际组织中发挥积极作用，深化教育保障的“全球治理”。

3. 允许多元并存，加强发展性与认证性质量保障的融合与过渡

以发展性教育评价为主要手段的发展性质量保障体系有成本优势，重视学校特色，是目前占主导地位的质量保障体系。国际合作和与国际接轨是高等教育发展的必然趋势，因此，要逐步建成与国际接轨的认证性质量保障体系。

第三章　新建应用型本科院校的发展

第一节　新建应用型本科院校的实践探索

把新建应用型本科院校当作真正意义上的“新型大学”来展开研究的队伍的力量还十分单薄，研究成果也还显得薄弱。这与新建应用型本科院校探索转型发展，不愿复制传统大学的老路，另辟蹊径尝试成为一种新类型大学的办学实践相比，表现乏力。

一、新建应用型本科院校的理论研究

新建应用型本科院校的理论研究显而易见的一个特征便是其明显滞后于实践探索。成果中受高层次基金项目资助的较少，各类省级以上的基金项目只有20篇，整体研究水平不高；排名前五的作者及所在机构分别是常熟理工学院的顾永安(7篇)、池州学院的柳友荣(6篇)、哈尔滨工业大学的李春林(3篇)、安康学院的胡景乾(3篇)、常熟理工学院的许霆(3篇)等。不难看出，作者队伍主要集中在新建应用型本科院校，很少有来自“985”“211”高校的研究人员表示对此类高等教育形式的研究感兴趣。1973年第1期的《福建医大》上发表了一篇题为《新型大学育新人》的文章，但是这篇文章中的“新型大学”是指“文化大革命”期间“工农兵学员上”的“开门办学”型的大学。而王春荣在1984年第5期《高师函授》发文称“一种有广阔前景的新型大学”也只指西班牙的远距离教育。这与2014年9月正式开始招生的美国

西海岸“民办”在线学习的新型大学密涅瓦大学有异曲同工之妙，但这些都不是真正意义上的“新型大学”。

真正以新建应用型本科院校的转型发展为研究主题的成果主要集中在2006年之后的十年，有332篇，占全部研究成果的85%。而1973—2005年，相关研究成果不到全部研究成果的15%。从检索的成果分析，不难得出这样的结论。

首先，通过梳理“新大学”的研究脉络，不难发现，研究者遵循着由研究国外“新大学”向研究国内“新大学”转变、由“新建”向“新型”转变的思路。

最早以“新大学”作为研究主题的文献是徐辉在《高等教育研究》(1986年第10期)上发表的《英国新大学教学体制和课程设置的革新》一文。此后20年间，研究者基本上都是围绕着“英国新大学”“广东中心城市的‘新大学运动’”来开展“新型大学”的研究工作的。即使有人提出了不一样的“新大学”概念，也不是指时下我们讨论的“新型大学”，准确地说是指“新合并的大学”“新建的大学”，譬如说2003年12月6日徐可在《光明日报》撰文《大发展造就新大学》。2001年，江苏理工大学、镇江医学院和镇江师专各自凭借学科特色和地缘相近的优势，合并组建了江苏大学。而更早可以追溯到1990年，当时西安联合大学应时成立，它也是合并专科办学层次上的西安大学、西安高等师范专科学校而建成的。这只是20世纪90年代大学合并潮的发端。1992年，在对原来工科、师范、商科、医学、农学、水利等6所单科性大学和1个培训机构合并之后，“庞大”的扬州大学横空出世，可谓真正掀起了中国高等教育跨世纪的“合并潮”。一时间，高校合并“做大做强”风起云涌，波澜壮阔，直到1998年和2000年新的“巨无霸”浙江大学、武汉大学诞生。之所以得“巨无霸”之名，是因为新“浙大”是在原浙江大学的基础上并入浙江农大、浙江医大和杭州大学而成的；而新“武大”同样是在并入三所大学之后“强身壮骨”的。

一直到2006年，在15年的时间里，大学合并潮方兴未艾。这类“另类”的“新大学”只有431所，合并院校达1057所。在这期间，我国理论界的“新大学”研究基本都是围绕着这一类“新组建”的大学展开的。真正对高等教育大众化背景下的“新型大学”开展研究的，从文献成果上来看应该是学者任玉珊，她在《长春工程学院学报(社科版)》2007 年第一期发表了论文《高等教育转型发展与“新大学”的形成》。

其次，研究成果集中展示了“新型大学”从内涵到新建本科院校的转型，再到摆脱对传统大学发展路径依赖的过程。

柳友荣是国内第一个系统研究“新型大学”的学者，2012 年就提出了新建本科院校应探索走“新大学”之路的主张。“柳友荣教授的这一创造性概念预示着……一种从传统学术型大学‘转变’而来的另一种高等本科教育‘型态’必将展示活力”。[①] “新大学”之“新”不仅指时间概念上的新，更重要的还指一种全新的类型，因而需要在办学形式、人才培养的模式、管理体制等多方面开展创造性的探索，赋予这一类大学革命性的特征。

对于新建本科院校转型的研究，学者们的研究逻辑起点甚至视野都不完全一致。陈新民从“升格”的层面上论述“转型”：新建本科院校转型是由专科从结构到形态、从形式到内涵向本科层次提升的过程[②]。在对转型的方向，或者说“型”的内涵研究上，学者们的观点也不尽一致。王玉丰认为，转型是大学从纯粹的教学功用向教学、服务功能并重转变[③]；柳友荣则侧重于“新大学”的办学模式转型，认为新型大学创新办学模式是高等教育系统内部合理分工的重要表征，“新大学”应依托地方，进行产教融合，服务区域，创新自身的办学模式。[④] 值得注意的是，研究人员几乎都倾向于新型大学应该朝向“应用型”转身，不去“克隆”传统大学业已成型的办学思想与方式，而应大胆探索，摆脱路径依赖，独辟蹊径，建构适合自身发展的新模式。

---

① 高宝立:《解读新型大学》,载《中国教育报》2016 年 4 月 7 日。

② 陈新民等:《教学服务型大学:新建本科院校的重要发展趋向》,载《教育发展研究》2011 年第 17 期。

③ 王玉丰:《常规突破与转型跃迁——新建本科院校转型发展的自组织分析》,华中科技大学博士论文,2008 年。

④ 柳友荣:《中国”新大学”:概念、延承与发展》,载《教育研究》2012 年第 1 期。

二、新建应用型本科院校的实践探索轨迹

作为在现代社会中影响力越来越大的机构，大学正在以前所未有的方式和多样性深入社会生活的方方面面，以保持生命力。“知识社会的到来正把大学转变成服务供应商，为社会提供众多不同的服务，甚至大学已经被大胆地冠名为‘知识和专业能力的经纪商’”。[①] 新大学在转型道路上的探索，究其本质而言，是从一种危机的范式(Paradigm)向另一种全新的革命性的范式转变。因此，新型大学的实践活动也可以说是不断摆脱传统大学桎梏的约束，不断汲取革命性元素“谋生”的过程。杜德斯塔把大学转型概括为两步：一是寻求社会支持，用额外可利用资源换取改革，完成提升，这是外延式发展；二是在办学模式、组织管理、经费筹措、利益共同体关系等方面取得突破，这是内涵式变革[②]。从总体上来考察，笔者根据新型大学成长的过程分析，依据同质分类和重要事件发生的分类逻辑机理，以及 1999 年之后我国“自上而下”地启动高等教育大众化进程，将新型大学在实践领域的探索分成三个阶段，即新建本科院校建设期(1999—2008 年)、应用型本科院校成长期(2009—2015 年)和新型大学确立期(2016 年后)。这种划分做到了与杜德斯塔的外延式、内涵式“两阶段”划分同质契合。

第一阶段——新建本科院校建设期(1999—2008 年)。1999 年，全国第三次全国教育工作会议开启了我国高等教育大众化进程。自此，我国高等教育实现了跨越式大发展，招生规模不断扩大，入学机会不断增加，毛入学率一再提升。为了满足人们日益增长的对接受更高层次教育的需求，各地长时间不断地整合教育资源，一大批新建本科院校应运而生。面对规模不断扩大等多重压力，新建本科院校不得不依靠来自各种渠道的社会支持力

---

① José-Ginés More,“Governance and Management in the New University”,*Tertiary Education and Management* 7(2001):95—110.

② James J. Dudersdadt,*A University for the 21st Century*,(Michigan:The University of Michigan Press, 2000),PP. 261—270.

量展开建设，如政府拨地、校地合作等，完成外延式的发展。在这一阶段，新建本科院校在校学生数、校园占地面积、生均教学用房数等各项办学核心数据均出现了前所未有的快速增长。

第二阶段——应用型本科院校成长期(2009—2015年)。2008年12月26日，安徽省14所新建本科院校在铜陵召开了第五次协作会议，并在这次会议上成立了后来在全国有较大影响力的应用型本科院校联盟——“行知联盟”。在这次会议上，14所具有相同背景和愿景的院校共同发布了著名的“行知宣言”，把优质资源共享、学分互认、教师互派、图书共用等确定为行动纲领。在这一阶段，众多的应用型本科院校将办学重心从外延式建设转入内涵式发展上，作了大量的办学尝试，像合肥学院的“模块化教学”、常熟理工学院的“行业学院”、黄淮学院的“产教融合模式”、池州学院的“特色科研打造科研特色”服务地方发展的模式等。此类院校在这一阶段规模渐趋稳定，专业结构更趋合理，学科应用型特色得到显现。

第三阶段——新型大学确立期(2016年后)。这一阶段有两个标志性事件。一是2016年3月教育部在全球首次发布本科教学质量国家报告，并首次启用《新型大学新成就》对169所新建本科院校合格评估绩效予以深度展现；二是2016年10月在重庆召开了全国新建本科院校联席会暨第16次工作研讨会，教育部高等教育司司长张大良作了大会主题报告，报告第一次正式、官方地提出了“新型大学”转型发展的问题。评估中心主任吴岩在会上更是以《从新建大学走向新型大学》为题作了大会报告，主张“从新建走向新型，是新建院校未来发展的方向”。

那么，“新型大学”究竟应该是个什么“型”？这个“型”的规格如何描述？这引起了众多业界人士的关注。正如顾永安教授所言，在面对教育部“引导部分本科院校向应用型转型”的政策时，不少学校表现得犹豫不决，有“积极参与型”，也有“强烈抵制型”，更有功利型、观望型、畏惧型[①]。究其原因，显而易见的就是院校难以把握“新型大学”的基本轮廓和辨识指标。因此，当下推进我国新型大学不断发展，走向成熟，最为重要的是对“新型大学”进行深刻的制度分析，借鉴国内外成功经验，对“新型大学”的应然样态予以规定性描述。

第二节　新建应用型本科院校：在理想与现实间蹒跚前行

一、转型愿景与现实困境

在《高等教育新论》中，伯顿·克拉克就英国“新大学”运动的背景指出，英国高等教育走出“象牙塔”，开启大众化的序幕，是一些为了满足新兴小资产阶级与工商业主子女对高等教育的需求而出现的全新的、不同于牛津大学及剑桥大学办学宗旨的教学实体推动的。克拉克总结说，社会需要大学不断丰富自己的职能，来满足社会的需求，倘若不能从中获得满足，必然促使有此职能的新机构产生。[②] 在精英教育的制度框架里，建设学术型大学和培养学术型人才既是大学的必然型态要求，又是社会的不二选择。高等教育的发展历史一再告诉我们，大学在一千年的时间里，从人才培养到科学研究，再到服务社会，大学职能不断丰富，也造就了原本被拒之门外的众多学科与专业走进大学课堂。大学从办学形式到师资队伍，从课程结构到教学模式，无不经历了不断创新与变革的过程。因此，准确地说，应用型本科院校是大众化高等教育必然的社会选择。它的存在首先表现出来的并不是国家意志，而是高等学校自身对生存状态和发展路径的规划与定位。

① 顾永安：《新建本科院校转型不能“一刀切”》，载《中国教育报》2015 年 6 月 18 日。

② 伯顿·克拉克：《高等教育新论：多学科的研究》，浙江教育出版社 2001 年版，第 35 页。

相较于不少发达国家大众化高等教育的发端是社会发展的“硬需求”，是一种“自下而上”的社会变革来说，我国大众化高等教育步伐的迈出则明显是“自上而下”的国家行为，是国家治理层面上的统一意志的表现。但令人欣慰的是，一大批新升格院校在经历了升格初的兴奋和本科办学之初的迷茫后，主动寻求突围路径，在高等教育主体的生存竞争中选择了“应用型”发展之路。

钱颖一教授认为，近些年来，我国大学在办学经费的增长、人才培养方式多样化探索等方面取得明显成效，但在大学管理体制，包括大学治理方面进展仍然不够理想。这些问题可能在应用型本科院校的办学过程中表现得尤为突出，应用型本科院校的特色化发展愿景与同质化发展现状之间存在矛盾，学科覆盖比例偏大，学科层次较低，存在低水平重复建设现象。应用型大学办学理想与现实之间产生落差的原因，有些是应用型大学自身不够成熟和内部制度建设缺失，而更多的则是外部管理制度环境不能很好地适应“应用型”办学要求。其根本表现是府学关系上政府行政权力管得过多、统得过死，导致权力寻租和权力越位、缺位现象产生，而高校在法律供给、管理队伍、人事编制、机构设置等方面“人”权、“事”权、“财”权缺失。

我国应用型本科院校以学术资格为主要评价标准的师资队伍、以学科逻辑为纽带的课程体系、以知识习得为基调的课堂教学等现象普遍存在；还缺乏创办应用型本科院校的法律保障，大学组织法、行政法方面还基本处于“立法真空”状态，尤其在保障应用型本科院校与行业企业深度融合、“双主体”育人上缺少有针对性的法律法规；由于应用型本科院校大多数都是2000年以后设置的，此后其很快进入飞速发展期，编制和机构设置存在明显的滞后性，不能满足高校实际办学需求；高校基层业务干部的使用刻板套用《党政领导干部选拔任用工作条例》，行政意味和官僚气息难以适应现代大学的办学需求；专业设置权下放高校已有多年，但实际上是把“备案”变相变成“审批”，不能利用或采信“第三方”评估机制来规范专业设置；理论上说，应用型本科院校招生应该更加强调“实践经验”，但是现行的高考录取制度不区分学术型人才与应用型人才培养的高校，标准混同，“实践经验”只能成为纸上谈兵。

由此可见，应用型本科院校不应固着在精英教育的制度范本上，也不能简单地囿于“应用型”的办学定位里，应该在办学制度、招生制度、应用型教师聘用制度、学籍制度、教学模式等方面取得根本性的突破，才能真正让“应用型”落地。

二、后大众化时代：倾听普及化的声音

我国高等教育大众化进程启动后，在短短的不到20年的时间里，我们实现了高等教育毛入学率42.7%。预计在未来4～5年，或者说“十三五”期间，我国高等教育发展将会迈入普及化阶段。[①] 虽然马丁·特罗的高等教育大众化理论的精英—大众—普及三分法已被大众接受，但当特定社会来到上个阶段末期，下个阶段又还没有到来之时，应该出现一些特定的元素，从而相应地引发一些新的变革。如此看来，我国时下正处在高等教育大众化后期，已经开始感受到高等教育普及化的热浪。我们应该聪明地做好“迎接未来”的准备活动了。“未来的大学将为大多数人提供终身教育。那时大学将不仅是知识产生的中心，也将是为学习型或知识型社会提供培训和技术发展的服务中心”。[②]

最初推动我国高等教育大众化是“自上而下”实行的国家战略。在这一点上，与发达国家的高等教育大众化发端于经济社会发展客观需求的“自下而上”模式相比，存在着先天性、基因型的缺陷。发达国家的高等教育大众化是经济社会发展的阶段性产物，是一种客观存在的需求，是作为一种“衍生物”的现实存在；我们的大众化是为推动经济社会发展的一种国家战略，是一种手段。人们受教育程度的提高，固然能够推动经济的增长，但是不可

① 别敦荣：《普及化高等教育的基本逻辑》，载《中国高教研究》2016年第3期。

② José—Ginés More，“Governance and Management in the New University”，*Tertiary Education and Management* 7(2001)：95—110.

避免地存在着与经济社会需求适应不良、结构性错位的“基因型”不足。尽管我们的高等教育管理体制具有很强大的纠错功能，然而纠错的前提是准确地认识错误、把握错误，特别是面对高等教育在人才培养等诸多功能显效上的滞后性，更加存在着误判或错判的风险。因此，我们必须警惕认识上的两个误区。

误区之一是忽略“高等教育大众化”的过程性，而把它看作一个结果。特罗先生在20世纪中叶，在研判高等教育发展规律之后，更多地着眼于未来研究与描述的方便，用毛入学率达到15％和50％这两个数据“分水岭”，来标识高等教育大众化和普及化的门槛。他把高等教育毛入学率达到15％看作精英教育阶段；处于15％～50％的是大众化高等教育阶段；大于50％的是普及化高等教育阶段。但是，不言而喻，“化”本质上是一个过程，毛入学率从15％到50％都是大众化动态的水平。无论是“自下而上”，还是“自上而下”推动的，大众化进程都需要与技术革新、产业升级、业态变更，特别是与经济社会发展相匹配，都有一个不断调试、调整、对焦、合辙的过程。

误区之二是“以己大众化之躯学人普及化之神”。按照特罗先生的划分方法，处于不同高等教育阶段的国家或地区会表现出不一样的高等教育特征，而这些特征就是这个国家这一阶段的符号。我们只有让符号更清晰，更有代表性，才能有助于我们的发展，才能找准自身的发展节律。就像我们学习别国的政治制度，一定要考察民族文化一样，学习别国的高等教育制度也要对症下药，不能照抄照搬，奉行拿来主义。我们常常听到这样的声音：“看看某国的高等教育都这样了，我们怎么就不这样呢?”人们可能很少考虑不同阶段的特性，不顾我国高等教育尚处在“大众化”阶段，一味地揠苗助长，学习别人“普及化”的做法，其结果只能是作茧自缚，失去自我。只有从我们自身高等教育发展需求出发，选择适合我们的发展路径，才能知止不殆。

时至今日，从国家政策导向上看，一批地方本科院校结合国家战略和区域经济发展需求，成为“新型大学”应是大势所趋。但在现实层面上，多数高校的怀疑观望，原因既有对高等教育本质理解的差异，又有对国际范畴内的技术教育的误读,更有对转型后外部制度环境建构的期待。众所周知,“威斯康星思想”推倒了大学的围墙,催生了大学的社会服务职能。我们的理解是,转型不是政府说、高校演的“双簧”,也不是高校内部的“独角戏”,它需要利益相关方的角色重新定位与调整。[①] “十三五”期间是我国高等教育由大众化走向普及化的关键过渡期,高等教育的功能必将发生新的改变:高等教育的地区结构将逐步均衡,层次结构将更加高效有序,科类结构更加稳定合理,形式结构更加灵活融通。

第三节　新建应用型本科院校转型的制度分析

在我国本科院校中,有678所是2000年以后新建立的。这些新建本科院校而今成了“转型”的生力军。“转型”很多时候被看成是地方本科院校在高等教育越趋紧张的内部竞争中寻求突围的一种生存手段,而在当下的高等教育办学实践中,为什么似乎成了新升格本科院校的“救命稻草”呢?这类院校一般均由老牌专科学校升格而来,因为各自办学历史的原因,而有不同的办学特性。它们目前是什么“型”,或者升格前有没有“型”,有没有继续“塑型”的必要性;如果需要转型,那么新的“型态”是什么?在我国近20年的大众化高等教育探索中,新型大学在办学实践中“实然”的样态是什么?作为某类院校,可描述性特征有哪些?而在对照国外应用型大学的办学经验后,我们的应用型本科院校应该怎样去确定自身的发展愿景,即“应然”的样态是什么?这些问题都需要我们认真思考。

一、转型的哲学思考

从词源学意义看,“型”源自古希腊的“共相/理念”(ideal)或“形式”

① 柳友荣:《转型不是高校自导自演的“独角戏”》,载《中国教育报》2015年6月19日。

(morph/forma)。后来,“型”逐渐演变为“类型”(type)、“典型”(model)、“范型”(paradigm)等。无论古代的“共相”,还是现代的“范型”,它们都具有“型”的共同特征,即现实性(actuality)和客观性(objectivity)。现实性与客观性的关系比较复杂,两者既存在区别,又存在联系。

我们通常把“现实性”视为被主观意识到的客观存在的事物,“凡是按照经验性的法则而与一个知觉相关联的就是现实的”[①]。简单地说,能被我们看到、听到、感知到的事物,真实地出现在我们身边,我们“眼见为实”,“现实性”不言而喻。而“客观性”则完全可能未被人们“此时此地”感知到,却又真实地存在于我们“意识之外”。现实性和客观性虽存在区别,但基本内涵是一致的。在古希腊哲学中,现实性(actualitas)不同于本质或可能,而等同于实存(existentia)。在日常意义上,客观性是与主观性对立的。客观性本质上是一个认识论概念,是一个价值无涉的概念。

哲学家赋予现实性和客观性不同的含义。这些思想对于理解“型”的现实性和客观性的特征具有启发意义:一方面,“型”是真实客观的存在者,是“现实”物;另一方面,“型”又负载着主体的期待、意志和愿望,渗透着理论观察和价值判断,更附有社会、人文、历史要素。因此,“型”既有“实然”的“现实性”,又有“应然”的“客观性”;“型”的内涵中既有对事物发展的事实判断,又有对事物发展的价值判断。

以此来看,“新型大学”不应该是已经成型、结构固定、维度清晰、可以静观的现实存在物。它应该既是被主观认识的客观世界,又是一个不受经验性法则浸染的价值无涉的客观存在。换句话说,“新型大学”首先是被高等教育实践验证的现实存在,它可复制、可推广。例如,常熟理工学院在设置“电梯工程与管理”专业的基础上,结合国家战略与区域产业发展需求,成立了电梯学院。定位于“亲产业、教学型”的高雄应用科技大学是台湾省南部影响力很大的一所科技大学,为整个台湾省培养了大批工商业人才。该校

① 康德:《纯粹理性批判》,邓晓芒译,人民出版社 2004 年版,第 A376 页。

的愿景目标是成为世界一流应用技术大学。“新型大学”又是一个需要我们不断传承创新、富有生命力的范式。它是客观存在,不以现实为规制,不为意识的疆域所限制,反映着一次次对传统大学模式的突破。例如1828年在功利主义思想驱使下创立的伦敦大学应时而生,成为前所未有的无宗教限制、面向中产阶层、传授实用科学的英国新式大学。由此观之,就当下我国应用型高等教育发展状况来看,“新型大学”既是初现雏形的“现实存在物”,又是有待不断发展、有待生成、逐步完形丰满的“客观存在物”;既是应用型高等教育发展的目标,又是过程和结果,是新理念、新道路、新模式、新经验的有机统一。“新型大学”的发展历程一定充满着保守与创新、外部与内部、传统与变革的不断交织的内容。

如此看来,囿于不同地域条件、办学历史、行业背景、学科基础等“先天”因素的近700所新建本科院校,首先该明确的是自己目前究竟是什么“型”,如何转型、该不该转型、往哪儿转都是一个问题。然后,还需要明确是整体转还是部分转,是整个学校办学定位的革命性转变,还是选择部分亲产业的学科专业转型发展。转型不能一概而论,搞“一刀切”。对已经明确应用型办学定位的院校要“定型”;没有明确应用型办学目标,又具有很好的办学基础和区域特征的应该选择“转型”[①];而一些院校尚不具备整体转型条件,也可以尝试让部分学科专业先“吃螃蟹”,先行先试,以点带面,尝试转型。

二、大学转型的制度分析

准确地说,中国高等教育历史其实是一部“移植史”,从办学思想和办学理念到办学形式都在吸收、消化外来的制度。早在1898年,在“师夷长技以制夷”的思想促动下,清朝创办了京师大学堂(北京大学前身)。在新中国成立前,高等教育走的是精英化路线,大学数量不多。在仅有的56所综合性大

① 顾永安:《新建本科院校转型不能“一刀切”》,载《中国教育报》2015年6月18日。

学里，有13所大学是西方教会组织出资兴办的。但是，大学教风严谨，学风很盛，办学水平不输强国。新中国成立后，我们开始学苏联大学，再学美欧大学。毫无疑问，这都在“移植”他国的高等教育发展的经验。笔者以为，真正属于我们自己高等教育制度化、标志性的办学成果，当属“党委领导下的校长负责制”。这也是我们在长期的办学实践中总结提炼出来的中国特色高等教育管理模式。

（一）高等教育转型发展是大学发展史最生动的“脉象”

如果从更宏大的高等教育场域来考察大学的转型的话，便不难理解，从1088年世界上第一所大学意大利的博洛尼亚大学创办之始，大学千年的发展历史，究其本质就是大学的“转型”史。按照布迪厄的理论，当然是因为大学自产生伊始就是一个充满活力和生命力的组织，赋有自我更新的能力和超强的生命弹性。秉持纽曼(J. H. Newman)的“大学的理想”，以牛津、剑桥为代表的英国传统大学一直是“自由教育”的捍卫者，他们以传授普遍知识(universal knowledge)为己任，倡导博雅教育。随着蒸汽机的出现，英国进入工业革命时代，经济社会的快速发展衍生了对接受高等教育的高层次劳动工人的需求。而当时英国仅有的牛津大学和剑桥大学都是培养国教派接受博雅教育的“绅士”，将工业革命所需的经济学、法学、商科、工科等学科与专业视为“雕虫小技”，依然拒之门外。因此，有学者称英国大学在工业革命的快速发展中，只是充当了英国经济社会发展的实实在在的“看客”[①]。但是，也正是由于传统大学远离社会发展，直接聚合了大学“场域”内的新的活力，催生了著名的英国“新大学运动”。即便如此，英国大学依旧是传授知识的场所，而不是发现知识的领域。于是，就有了洪堡(F. Humboldt)在大学“场域”里演绎出的“教学与科研结合”的经典之作——柏林大学，这同样是大学的“转型”。大学的转型没有止步不前。1904年，美国教育家范·海斯(Van Hise)在威斯康星州立大学倡导“踩着牛粪的教授才是好教授”“大学的围墙就是州的边界”的革命性的“威

① 柳友荣:《中国“新大学”的崛起》，教育科学出版社2013年版，第61页。

斯康星思想”(Wisconsin Idea),把服务社会看作大学唯一的理想。这大抵又是大学的华丽“转型”,大学就是在这些“转型”中充盈着自身生命的张力。

(二)向“应用型”转型是高等教育大众化的必然结果

衡量一个国家高等教育的水平,我们应该很容易想到的指标就是“办学水平”或者“国际影响力”。但是,我们也不能疏略另一个显而易见的指标——经济贡献度。由此观之,是否成为高等教育强国不单单要看世界一流大学有多少,还要看高等教育对经济发展的贡献。我国有 1200 多所本科院校,我们不可能需要这么多的学术研究型大学,推动经济社会快速发展需要更多的教学应用型大学的支撑。这给“新型大学”的产生与发展提供了很好的契机。

20 世纪中叶,马丁·特罗依据美国高等教育的发展过程和经验,提出了高等教育大众化理论。发达国家高等教育从精英教育阶段转入普及教育阶段,无一例外地呈现多样化高等教育系统和社会需求主导的基本特征。无论 17 世纪英国工商业发展催生大量的接受“新型”高等教育的需求,还是 18 世纪美国“西部开发”中产生的一大批“赠地学院”,纵观高等教育发展脉络,建设“新型大学”不仅反映了高等教育在个体成长中的价值和意义,也是整个社会寻求转型发展的急迫需求。

(三)新型大学转型的制度条件分析

我国真正意义上的现代高等教育应该是一个多世纪前,西方高教教育以教会学校的形式,完成制度输入的结果。新制度主义理论认为,制度变迁本质上就是社会转型。当蔡元培在北大将德国的“学术自由”思想植入办学实践的时候,必然给当时的北京大学内部管理制度,特别是学术制度、教学制度、教师聘任制度带来一系列变革。一般来说,制度变迁主要是通过路径依赖、路径替代和路径偶然(path contingency)实现的。“路径依赖”是指某种制度一旦产生影响,就会持续发挥作用,即便有更加高效的替代路径,也很难改变;“路径替代”则指通过某种权威力量(如政府)突破原有制度框架,建立一种全新制度;“路径偶然”特指原有的制度框架突然解体,路径突然中断,产生新的制度的路径选择完全出自偶然[①]。从我国新型大学转型发展的高等教育实践看，作为一种制度安排，有对发达国家应用型高等教育制度植入的痕迹，特别是对德国应用科学大学的制度范式的移植，是制度变迁中的“制度依赖”。当然，更不乏国务院、教育部作为政府和政府管理部门近些年来反复倡导的高等教育改革举措，这些具有导向作用的“新建本科院校”应用型转型发展的政府行为，是制度变迁中的“路径替代”。

制度变迁必须由两股能量推动，才能实现制度的转变：来自底层民众的利益驱使是推动制度变迁的一种力量；出自政府层面的制度要求是推动制度变迁的另一种力量。这两种力量分别“自下而上”和“自上而下”地发挥作用，互为补充。相对于我国“自上而下”地启动高等教育大众化进程来说，新型大学的转型发展却有着明显的“自上而下”的国家强制与“自下而上”的利益驱使双重驱动。理由很简单，早在李克强总理的“政府工作报告”要求建立应用型高等教育体系之前，我国新建本科院校已经开始了应用型大学的办学探索，并取得了很多建设性的进展。我国新型大学转型实践无疑契合了新制度主义关于新型制度确立的三个有机统一的基本条件：制度条文、行为规范和社会认知。就新型大学制度而言，“制度条文”显然是“党委领导下的校长负责制”基本体制和相关政策；“行为规范”是新型大学办学的目标型态，也是目前新型大学办学实践者最为关心的属性，涉及建构新型大学的基本维度和基本样态。“社会认知”就是指社会评价和社会认同，它同样影响着新型大学的转型发展是否能落地生根，开花结果。新型大学的改革者突破了计划经济体制下的“教育是社会上层建筑”“教育服务于无产阶级政治”的话语体系，取而代之的是“教育应该服务于社会经济发展”的马克思主义有关教育的话语体系[②]。

---

① 郭忠华：《新制度主义关于制度变迁研究的三大范式》，载《天津社会科学》2004年第4期。

② 罗燕等：《中国高等教育的制度正义：在扩张与平等之间》，载《清华大学教育研究》2011年第12期。

翻开国际应用型高等教育发展历史，我们几乎无法找到两个国家有着完全一样的办学模式。应用型大学在主办权、管理方式、教师聘用、学生招录、教学模式等诸多方面虽然都是具体而微，大体相当，但也存在着本土特色。美国人通过《莫里尔法案》建成了一大批州立的赠地学院，到20世纪初，美国在籍学生数迅速增长，毛入学率超过15%，高等教育进入大众化阶段。赠地学院以服务当地农业生产为主业，逐步向经济社会发展过程中的"知识超市"过渡。20世纪60时代后，在H. A. Foechek的倡导下，简化了本科层次的工程技术类学制，进一步推动了应用型大学的发展。19世纪"教学与科研结合"的洪堡思想让德国的精英高等教育领先全球。而时过境迁，20世纪50年代以后，教育民主化思潮在德国高等教育界兴起，中产阶级子弟要求接受高等教育的需求十分强烈，高级专业学院作为新型高等教育的形式(Fachhochschule，德文缩写FH)应时而生。FH最初学制仅为3年，1982年，德国高等教育总法明确规定改为4年，增加了两个学期的实习期。这类大学的英文译名统一使用University of Applied Sciences，是推动德国在1975年毛入学率基本达到高等教育大众化水准的力量之一。

综上所述，我国新建应用型本科院校的转型发展既有对发达国家应用型大学发展路径的依赖，注意汲取国际经验，又有属于我们的"路径替代"——高等教育大众化以来我国对应用型本科教育的探索。一味移植国外应用型大学的办学方式，可能因为缺乏相应的社会制度与社会文化的浸润，而缺乏生命力，正所谓"橘生淮南则为橘，生于淮北则为枳"。"应用型大学"能不能成为一种类别，或者一种全新的型态，需要看其是否建立了一系列概念或概念体系来标识自己的特质。不能只用通过职业教育嫁接来的概念支撑应用型大学的办学，如校中厂、厂中校、无缝对接、顶岗实习等。

第四章　国外应用型大学治理资鉴

为什么对国外应用型大学要用“治理”(governance)，而不简单地继续使用“管理”(management)一词呢？通俗地说，“管理”强调的是下对上的服从，上对下的规制；“治理”追求的是利益相关者的共同参与。从党的十八大开始，建立现代大学制度、实现大学治理体系现代化已经成为一种共识，是我国高等教育改革与发展的目标。那么，“管理”与“治理”之间究竟有什么关系呢？其实，治理与管理之间从来都不是替代关系，准确地说是一种互补关系。大学治理是协调多元利益主体关系、实现利益相关者利益最大化的制度体系；大学管理是管理者通过组织、协调和控制等手段进行资源配置，以实现办学目标的活动。[①] 我们在追求大学治理体系现代化的时候，并不是简单地放弃管理，二者并行不悖，互为补充。具体到一所大学里，在拟定大学中长期规划、研讨大学的发展战略、进行学校层面上的决策之时，要充分调动各方积极性和参与性，集中智慧进行充分论证，降低决策风险，“治理”是一种更契合的方式。而在一般性的工作任务落实、短期目标的实现、工作纪律的维持等方面，更会彰显“管理”效率。需要说明的是，较之自上而下的管理的单向关系来说，治理既有自上而下的，又有自下而上的关系。

① 李福华等:《论大学治理与大学管理的协同推进》，载《高等教育研究》2015 年第 4 期。

第一节 德国应用科学大学的治理

一、德国应用科学大学溯源

第二次世界大战之后，联邦德国经济迅速崛起，与20世纪中叶德国应用科学大学的产生与发展密不可分。德国应用科学大学的建立促进了教育公平、区域高等教育均衡发展，尤其为德国现代制造业的发展立下了汗马功劳。作为一种年轻的高等学校类型，应用科学大学在短短50年的时间内就得到了社会的广泛认可，成为培养德国应用型人才的主体。截至2015年，德国高等学校总数有427所，其中应用科技大学217所，入学总人数2698910人，应用科技大学学生896187人，占33%。[①] 借鉴德国应用科学大学治理经验，有助于我国新型大学治理的发展。

第二次世界大战之后，联邦德国经济复苏，社会对技术性人才的需求不断增加。而德国传统的大学基本都是以柏林大学为代表的研究型大学。这些大学虽然在精英人才的培养和科学研究等方面，在全球都有显赫的影响力。但是在洪堡思想的影响下，学术性大学始终都是为少数人服务的，与满足社会新兴阶层对推动教育民主化进程的强烈渴求不相适应，更不能满足经济、社会对培养应用技术人才的强烈需求。高等教育结构与社会需求的“脱节”引起了社会各界的强烈关注，有志之士开始思考应如何顺应人才供求关系的现实，培养社会需要的技术性人才。此外，第二次世界大战后的人口高峰和教育民主化思潮的传播，促使接受高等教育机会均等的诉求越发强烈，进一步催生了应用科学大学的产生。为改变不合理的高等教育结构，政府曾努力做过一些尝试：在学术性大学里开设应用性专业；建立一些学术

① Hendrik Lackner:《德国应用科学大学体制——对中国也是一种成功模式?》，载《应用型高等教育研究》2016年第1期。

与应用兼顾的综合高等学校。但是这一努力在传统势力的反对下和教育惯性发展的影响下以失败告终。1968 年，联邦德国的各个州顺应时代需求，整合各自的中等教育资源，创办了无论是教学模式，还是课程体系、师资队伍的构成都完全不同于传统大学的“应用科学大学”，并签署了《各州统一应用科学大学的规定》，为应用科学大学的发展打下了坚实的基础。

二、德国应用科学大学治理模式与启示

（一）联邦与州政府大学治理权的分配——联邦政府削权放权与加强宏观调控相结合，实现整体国家责任与各州利益之间的平衡

德国是实行教育自治的联邦制国家。为了满足应用科学大学协调发展的需求，各州联合签署《各州统一应用科学大学的规定》后，联邦德国政府通过基本法修正案和《高等教育总纲法》（下称“总纲法”）加强了对应用科学大学的治理，治理范围包括财政、人事和学术领域，但是实质管理权仍在州政府手中，联邦政府只能进行指导性管理。[①] 但是，自 20 世纪 90 年代起，联邦政府不断削权放权，州政府不断扩权收权。“总纲法”经过修正，明确了应用科学大学外部治理权限回归各州政府。这些“去国家化”的改革一直持续到今天，德国联邦政府在不断推进应用科学大学治理权限的地方化进程。

联邦政府一方面归还州政府高校治理权，让州政府根据各州的情况灵活办学；另一方面，为实现国家的整体利益，更好地适应全球化，联邦政府宏观把控教育改革方向，强力推进教育改革进程。在欧盟层面，德国联邦政府作为参与制定欧盟教育一体化政策的中间人，通过博洛尼亚进程，改变了传统的二级学位体系，与国际接轨，提高了德国高校的国际兼容度、吸引力和竞争力。当然，为了“欧盟统一进程”在高等教育上的一体化，德国联邦政府通过制订大学之间的联合协议、大学创新计划等措施干预各个高等学校，使

---

① 姚加惠：《浅析德国应用技术大学与政府关系的特点》，载《高等教育研究》2016 年第 5 期。

其保持整体协调和一致性。[①]

(二)德国应用科学大学的治理模式——大学为主、政府参与,重视中介组织的桥梁和纽带作用

德国应用科学大学享有充分的自治权,自治权涉及校长遴选、教授评聘、课程设置、教学活动和教育国际化等方面。洪堡之后,德国大学一直尊崇学术自由,"教授治校"和"学术自由"是其一贯的追求。但是,德国大学也十分关注民主治校路径的不断创新。在坚持"教授治校"的同时,为了完善民主办学、民主治校的路径和方式,很多高校开始考虑引入普通教师、学生和行政人员参与学校决策,推进大学的高效、民主管理进程。[②] 德国应用科学大学为了提高管理效能,提升工作绩效,实行校、院、所三级管理体制。校长对外代表学校,对内负责学校管理;院系主任担当学术委员会主任,负责评审学术著作和学术研究成果,审查和授予博士学衔,为聘任教授拟定候选人;德国的研究所(教研室)一般只由一名教授负责,研究所里的其他教师就不能再晋升为教授,只能协助教授做好各项工作。

政府作为高等教育的投资者和承办者,对高校的决策和管理应发挥重要和关键作用。德国政府通过建立高效的质量管理委员会来评估大学工作,质量评估也是政府为了回应民众对高等教育质量和大学办学效率的质疑而实施的举措。质量评估委员会成员由政府从各个大学中遴选出的一些"同行专家"担任,每年要对大学实行质量评估,系统考察学校的教学、科研、服务等各项职能的履行情况,并形成书面的年度质量报告。该报告需要提交给政府,政府根据各校的质量情况,安排国家对高校的财政拨款工作。[③]

为避免政府垄断决策权力,民间学术团体和受教育者的建议在决策中

① 姜锋、Erich Thies:《当代德国高等教育改革研究》,上海外语教育出版社 2015 年版,第 69 页。

② 张新科:《德国高等教育管理及大学治理》,南京大学出版社 2014 年版,第 9 页。

③ 姜锋、Erich Thies:《当代德国高等教育改革研究》,上海外语教育出版社 2015 年版,第 12 页。

得不到重视，权益得不到维护，影响决策的民主、公正和科学，德国的中介组织也参与制定大学的决策。这些组织工作涉及教学、研究、学术性的继续教育等，对内协调高等学校间的共性问题以达成共识，对外代表高等学校维护群体利益。政府更多的是从国家调控和监督的层面审度高等教育的改革，从而制定政策和采取措施。

为了使各利益相关者更好地参与大学的治理，高校委员会或者管理委员会得以设立。这些机构主要由经济界、政界或者其他大学的成员组成。但是也有学者认为，这些委员会不能胜任大学治理工作，因为每年大约四次的会面不可能让人完全掌握一个大学众多复杂的问题，更不用说做出负责任的决策。此外，他们在信息获取与决策草案制定方面依赖于高校领导班子和行政管理部门，他们没有自己的机构来获取信息，为决策做准备工作。①

(三)德国应用科学大学的师资队伍建设制度——准入严格、应用导向、培训系统严密

德国的大学教师享受国家公职人员待遇，应用科学大学的教师招录程序严格。要想成为应用科技大学的教师，必须参加两次国家考试，以及 3 年左右的行业企业实习和教师预备实习，通过应聘大学的面试和试讲，由州文化部确定最终入选者。整个招聘流程大概要用 1.5 年至 3 年的时间。② 也就是说，德国应用科学大学的教师必须既要有教师资质，又要有一线工作经历，并拥有工程师资质。应用科学大学的教授除具博士文凭之外，还需要参加过 3 年以上的非学术型实践工作。长年的工作经历能够保证教授们与经济市场、产品研发保持紧密的联系，也能够确保他们确实拥有必要的教学资质——实践转化能力可以使理论知识得以丰富和完善。德国应用科学大学中也有为数不少的兼职教师，但这些教师一般为行业企业的一线技术人员。

---

① 张新科:《德国高等教育管理及大学治理》，南京大学出版社 2014 年版，第 25 页。

② 韩伏彬、董建梅:《德国应用科技大学教师队伍的特点及启示》，载《当代教育科学》2015 年第 11 期。

他们不仅能弥补应用型大学教师数量不足的缺陷，更能将企业最新的工艺流程和技术带进学校，教授给学生，还能为学生的技术研发、课程设计、实习实训，甚至就业提供更多的机会和宝贵的一线经验。

严格的教师准入制度保证了德国应用科学大学的人才培养质量，也使得德国应用型大学的办学水平在全球无人能及。为了使应用型师资队伍保持活力，而不至于被快速发展的业界淘汰，或者落后于行业企业的发展，德国应用科学大学还特别关注入职教师的职后培训工作。“4－4制”成了教师入职后接受培训的制度保障：教授每4年可享有半年的研究假期；教师必须拿出4%的工作时间接受职后教育。“4－4制”要求教师必须与行业企业保持经常性、长久性的接触与联系，教师每年需要利用带薪脱产的法定时间，参加在职培训或者研究。

（四）德国应用科学大学的教学模式——产教融合、工学兼顾、能力导向

我们常说的“德国应用技术大学”实质上是对德国应用型大学模式的一种误读。德国的应用型大学是为了职业实践而开展科学教育的，不止于开展职业教育。德国应用科学大学的教学模式基本上是“双元制”，企业与学校一起构成应用型人才培养的“双主体”：学生在学习期间很多时候像“三明治”一样，在学校与企业间不断“游走”；学校与企业深度融合，教师与工程师广泛交流；企业作为应用型人才培养的主体之一，要为学生的职业培训提供培训费和实训场地。

德国应用科学大学围绕“能力导向”设计教学工作，在招生条件上就开始强调学生的企业经历。要求申请入学的学生必须提供半年以上的企业工作经历证明，否则不能申请进入应用科学大学学习；入学后的第二年便进入企业实习一学期，以深化理论学习，提高技能，为未来进入职业生涯做准备；入学第四年必须到企业顶岗实习，参与企业生产，并把自己的毕业设计与解决企业实践问题结合在一起。除此之外，德国应用科学大学每学年还安排1周或2周的项目学习时间，学生可以外出考察，在专家、教授指导下进行专题学习。这种全

程式、“三明治”式、“双主体”式的应用型人才培养方式值得我们借鉴。

(五)德国大学生就业服务体系——政府主导、大学参与、多方协同

毕业生就业问题一向反映着学校的人才培养质量,对学校的排名、办学声誉等都存在着非常显著的影响。虽然德国应用科学大学毕业生自主择业和就业,高校并不负责其就业,但是各州政府、大学和社会都重视对大学毕业生进行就业指导。在这其中,政府起着主导作用,企业和大学积极参与,为大学毕业生提供就业服务。[①] 在德国大学生就业服务体系中,政府占主导地位,是各要素间的领导和协调者;企业提供主要就业岗位,大学为毕业生提供就业信息和服务。多方协同,主动参与。

第二节　瑞士应用科学大学的治理

瑞士应用科学大学是应用型大学中的新兴力量,起步较晚,但发展水平十分了得。瑞士用 20 年左右的时间建成了 9 所应用科学大学,除了在中部、东部、西北和意大利语区各建成 1 所应用科学大学外,还有苏黎世应用科学大学、伯尔尼应用科学大学、卡理多斯应用科学大学、西部应用科学大学、里诺士一格鲁耶应用科学大学等 5 所应用科学大学,都用来培养应用技术和应用研究型人才,来满足本国对应用型人才的需求。

瑞士应用科学大学的发展与壮大与欧洲一体化进程和全球化背景分不开。一方面,瑞士资源有限,发展空间受限,瑞士人与生俱来地有着一种变革的内生动力;另一方面,受瑞士传统的、发达的制造业发展对应用型人才需求的影响,瑞士应用科学大学与产业结合得十分紧密。

在政策和法律支持方面,从联邦法到瑞士地方州议会、州教育机构的会议文件等对应用科学大学的办学宗旨、发展方向、招生标准、师资力量、管理

① 张新科:《德国高等教育管理及大学治理》,南京大学出版社 2014 年版,第 201 页。

模式等都有明确的规定与指导。瑞士应用科学大学的管理制度最初是以法律的形式确定下来的。根据联邦法的规定,所有应用科学大学的设立、管理与教育教学体系都由联邦负责。在具体实施中,国家、地方、学校和企业等共同合作,所有专业学院必须经政府审定批准后才可以办学,甚至课程的设置也需要达到国家标准。

一、瑞士应用科学大学治理模式

瑞士应用科学大学在学校管理方面经过几十年的经验积累,已经建立起比较完善的制度体系和管理模式。

(一)联邦分权,协同管理

一般而言,联邦政府对高校采取联邦分权的管理,对学校进行宏观指导;地方政府负责对学校的设立、评价、检查、指导等工作;学校有较大的办学自主权,负责专业设置、课程安排、实习培训、校企合作、校际合作和国际交流等。以苏黎世应用科学大学为例,其在管理模式上实行三级组织二级管理模式。第一级为联邦政府层,为财政支持与统一管理部门(Tr gerschaft),主要由两级组成,即瑞士州议院(Kantonsrat)和州政府联席会(Regierungsrat)。第二级为战略决策层(Strategische Leitung),主要由学校委员会(Fachhochschulrat)负责。第三级是具体执行机构(Operative Leitung),分为两个部门,首先是大学校长会议机制(Rektorenkonferenz),主要负责制定学校重大决策,处理学校重大事务,其成员通常由各个学院代表组成,共同协商制定出适应学校发展的政策与措施。其次是各个具体学院,负责专业建设、人才培养、继续教育、网络学习、实习实训、校企合作、国际交流等。需要指出的是,每个学院都有相对的独立性,办学自主,自由灵活。

应用科学大学通常由多所学院整合而成,为“多校区大学”[①],在管理模

① 朱洵、舒时光:《国内外多校区大学管理模式的比较研究》,载《教育与职业》2012年第5期。

式上有别于一校一套行政机构的模式。这些大学往往地处一个州的不同地方，甚至跨州，因此每所学院都有一个行政管理中心。行政管理中心的主要功能是规划协调、组织执行、管理监督，促使下属各个院部实现教育教学目标。

瑞士应用科学大学管理职能的实现需要瑞士联邦政府、地方州政府、校务委员会以及下属学院等机构协同合作。以联邦法为基础，瑞士联邦政府规范管理制度，通常站在战略发展高度对应用科学大学进行战略决策指导，并投入一定的财政资金，通过协调合作，对应用科学大学的产学研进行调节。政府往往在宏观层面上从教育政策、经费拨付和监督管理等方面来检验科学大学的实际教育成效，以此形成大学管理的内驱力，并以文件法规的形式指导科学大学的发展，提高学校的责任意识和服务质量。

（二）二元体制，特色办学

自《博洛尼亚宣言》颁行以来，瑞士高等教育采取二元体制办学，一部分偏向科研，一部分偏向职业技能教育。[①] 瑞士应用科学大学在办学方面，以突出特色为先，每一所大学及下属二级学院都有特色专业和特色教育。一般要求学生来源渠道多元化，根据办学特色选取学校；强调实践性教学和职业培养；注重师资队伍培养，聘任标准要求高；积极开展国际合作交流，注重国际化。此外，联邦及地方政府对这类大学的支持力度大，其资金来源渠道广；专业设置与地方经济发展需求接轨，培养企业所需人才。瑞士政府通过出台一系列举措，以政策引导的方式，对教育模式、教育方针、师资队伍、学科专业整合、学位制度改革、实践教学与学生素质等方面进行革新，并为学校的应用型转向发展提供政策支持。

瑞士联邦政府与各州都非常看重应用科学大学在产学研用方面的引领与推动作用，制定各种政策予以扶持。因为州一级政府也是应用大学的财

① 韩静、张力跃：《欧洲共同高等教育空间下的瑞士——瑞士应用科学大学的发展与特色》，载《中国职业技术教育》2016 年第 15 期。

政支持单位，所以通常也会通过安排资金流向，减免税收，提供项目基金、企业培训、实习实训等措施，落实联邦法中对高校的规定，使其融入地方经济，为区域经济发展做出贡献。在此之下是学校委员会，通常根据法律组成，由政府聘任，成员主要由来自社会各个层面（教育、科学、经济和文化等）的精英人士组成，主要在宏观层面对应用科学大学的发展提供具体政策与组织指导，并通过校务会议具体监管下属各个学院，听取各方意见，并以此协调大学发展规划与落实相关教育政策，履行实施具体行政措施与政府宏观监管的中间人职责。苏黎世州的学校委员会章程里，共有 15 条款对学校委员会的职责要求、活动开展、人员选择、权利决议等有着明确的规定，目的是要协调应用科学大学下属各个学院与区域经济文化发展之间的关系，服务于当地社会与中小企业。

大学校长会议通常是学校委员会根据联邦政府与地方州法律批准设立的机构，成员多来自下属各个学院。根据各州法律不同，通常下设六个机构，分别为全体大会、特设机构、董事、正副校长、代表团、网际协调机构等，并规定各自的权利与义务。其成员来自不同的部门，甚至也有学生，共同对学校事务进行指导监控，并承担相应义务，代表整个学校。大学校长会议需处理与教育教学有关的事务，如教学事务、实践创新、实习培训、学术交流、大学管理等诸多方面，其中主要处理三个方面的事务，即代表官方与引导舆论，根据需要革新大学体系中的原则与标准，为下属院校和公众提供相关指导和服务。需要指出的是，应用科学大学并不是单纯地从事职业培训工作，而是在实习实训基础上也进行学术科研活动。

与大学校长会议并存的是下属学院，即教学管理的具体执行者。这些二级学院通常是联邦法的执行者，严格按照政府要求进行教学与管理工作，充分享有学校事务自治权。在管理措施和实施效果上，二级学院通常按部就班，通过绩效管理来提升教育教学质量。他们通过学校管理章程与二级学院的实际规定和准则来完成教育教学目标。更多的时候，二级学院执行的是一种程序性要求，即在政府、学校委员会、大学校长会议等的指导下，依规合理管理学院。由于政府对应用科学大学实行分类多元管理，这些程序性要求与规定通常都能发挥出极佳的功用。学院通常积极响应，通过执行这些指令，在具体操作上不断创新，增加新型服务，满足政府、社会对大学的要求。

(三)自主办学，提高效率

二级学院独立办学，在具体办学上具有一定的自由度；在整体上受制于学校委员会与大学校长会议，严格执行应用科学大学办学规定；在管理上规范严格，在管理模式、办学定位、招生就业、课程设置、实习实训、校园文化、校企合作、对外交流等方面呈现出自主性特征。

总体而言，这种管理模式采用了“联邦分权”的模式，即学校总体规划由政府把控；学校层级负责整体决策与指导；日常办学则由各个学院自主负责，在某种程度上，这些学院独自经营，承载着不同的教育职能，完成专业教育分工。瑞士应用科学大学的管理模式实际上采取了三级组织二级管理的欧洲通行的办学模式，最大程度地提高了联邦政府、地方州议会与学校委员会的办事效率，将管理职能下放到大学校长委员会与承担教育教学职能的下属学院。从一定意义上看，前三者执行了指导监管学校的职能，后二者则是承担了行政管理与服务的具体职能，从而形成了关系明晰的二级管理体系。由于大学下属的学院可以根据办学特色引导办学，发挥协调与服务作用，即应用科学大学的具体行政管理落实到下属的二级学院，因此在一定程度上提高了学院的自主地位，保证各项工作按照学院特色、专业方向、应用合作等教育目标与标准健康有序地开展，也提高了行政管理效率。不可否认，应用科学大学的下属学院在财政经费、科研经费、教育管理等方面一定程度上还受制于地方一级的行政或教育主管部门[①]，但整体上这种管理模式的运行并不受影响。

---

① 邢媛、陈士俊：《瑞士应用科学大学改革探析》，载《中国职业技术教育》2008 年第 17 期。

二、瑞士应用科学大学教学质量管理

(一)面向地方,应用为先

因为区域性和应用型办学与人才培养的定位明确,瑞士应用科学大学在教学质量管理方面呈现出应用科学大学独有的特征。目前,此类大学办学层次多限于本科与硕士教育,对教学质量的追求是教学工作的核心,对其管理也必然成为重中之重。

应用大学主要面向地方与企业,以应用研究为主,因此在教学质量管理方式上其不断调整教育与其他社会领域之间的关系,以使教育规定与质量管理体系设置适合外部需要。随着教育理念更新与互联网技术的日新月异,教育环境、教育对象、教育模式和教育需求都产生巨大变化。对应用科学大学而言,需突破精英教育框架下的育人模式,增强教育应用性、职业性功用。这些改变必然对新建应用型本科院校管理体制提出新的要求与挑战。

早在《博洛尼亚宣言》中,瑞士应用科学大学人才培养目标就定位于运用科学知识和方法来解决问题,其教学模式与德国应用科学大学有异曲同工之处。瑞士应用科学大学的质量管理体系通常施行动态过程管理,甚至根据社会对人才的需要、就业形势的变化和企业的发展趋势,不断调整课程设置,并从高等教育学制和学位改革两个方面展开具体体系建设与评价工作。其具体表现是学生学习与实习受到严格的管制,并有具体的评价标准;其模块化的学习特色与实践方式对教育目标的完成有着统一的规定;在质量管理体系的设计、组织与管理等方面,注重整体考量与系统推进。

(二)注重实践,专注过程

从制度上看,联邦政府对于应用科学大学的人才培养质量要求与规格有着明确的规定,如教学必须要落实应用科学大学的教育理念,完成实用性的培养目标,对招生对象、培养模式、师资保障等都有严格的考评。联邦法第二条款就规定应用科学大学是高等教育机构,以职业培训为基础,所有的质量管理都要依据此条款进行。

在质量考评上,采取分级管理、宽进严出的办法。为此联邦政府设立专门的教育质量评测机构,负责制定教学质量评估体系,对应用科学大学作常规化、制度化考核。联邦法明确规定政府要对大学教学质量负责,使学生的学历能被社会认可。

教学条件、实验教学、实习学期、企业项目教学、技能掌握、实习质量等各主要教学环节都必须有一系列的评价标准。大学下属学院通常通过自主招生、师资培养、优化教学过程等管理方式来提高教学质量,从而推进教学质量管理。质量评价体系多以数据统计为基础,以此形成批判性依据。通过对瑞士教育部关于应用科学大学的教学评估的考察和研究,人们会发现所有教育质量的最终效果都要通过可信度和可比度高的数据来说明,为今后的教育调整与改进提供依据。由此形成的自下而上的反馈,既能推进整体教育政策的实施与系统推进,又能通过具体的数据获得检验制度的途径,确保教学质量的稳步提高和获得显著的教学成效。

总之,这种质量管理体制重在保障应用科学大学的教学质量,使得所培养的人才具有一定的科研与实践能力,具备适应社会的竞争力。通过这种评分体制塑造教育质量的可比性,进而改进应用型科学大学的教育,实现完成教学目标与提升教学效果的统一。

(三)制度保障,内外兼顾

在内部管理机制上,三级组织二级管理模式保证了应用科学大学的教学质量。通常情形下,瑞士应用科学大学往往首先从教学管理内部开始着手,以确保教育目标的达成。每个学校都有依据联邦政府与地方州政府的法律规定而制定的保证教育质量的政策与程序。大学下属学院往往有很大的办学自主权,但教学管理上依然严格执行学校的管理规定,通过对师资、学生和教学过程进行监控,提高对教学质量的自我把控意识,建立起相应的数据信息系统,以此检验教学目标是否达成,以及其是否真正符合社会的需求。

在外部管理上，根据《欧洲高等教育区质量保证标准与准则》，瑞士应用科学大学往往根据联邦政府发布的决议文件，以立法的方式对二元制下的应用科学大学进行认识，向第三方认证代理机构提出认证评估申请，以此加强教学质量管控；政府与社会从外部着手，对大学内部进行考察认定，并以此来对应用科学大学做出公开合理的评价，将结果与意见反馈给政府教育机构与学校，以促进学校对教育质量进行管理与改进。①

三、瑞士应用科技大学治理的启示

根据2017年国务院《关于落实〈政府工作报告〉重点工作部门分工的意见》(国发[2017]22号)的文件精神，政府大力倡导一些有条件和有基础的高校向应用型学校转型。在我国，一场应用型大学的管理变革随之来临。当然，改革不能总是"摸着石头过河"，好的国际经验是我们可借鉴的良方，不妨"拿来"。

(一)改革放权，自主发展

综观瑞士模式，国家教育主管部门和地方高校可以从不同层次入手，在办学理念、人才培养和组织管理等层面进行诸多探索，以此推进地方高校的转型发展。政府要在管理策略、市场力量、经费补贴、程序性要求和实际规定等方面考虑学校的实际，尽量给予大学更多的自治权，避免不合理的干涉，通过增加服务的方式来提高学校的管理能力，真正实现高校自治，以应对机遇与挑战。

首先，教育主管部门要在"放管服"上做文章，还权于学校，还权于地方，在政策引领和制度保障上，给新型大学创设良好的环境。其次，设置更为合理的教学评估方式，通过第三方机构对新建应用型本科院校进行定期评估，宏观上监督、考核高校。重视对应用型专业的职业考察，通过大数据对职业

① Guidelines of the Higher Education Council for accreditation within the higher education sector [EB/OL]. https://www. admin. ch/opc/en/classified - compilation/20151363/201507010000/414. 205. 3. pdf，2017-05-11.

结构进行分析，以满足社会对人才的结构性需要。充分发挥学校自主办学的能动性，加强产业与专业教育的联系，促进学校的发展。最后，在教科研上要加大资金投入，并施以有效的管理，以此促进新建应用型本科院校的转型发展。总之，根据高校特色办学的内在规律，落实并扩大办学自主权、改变管理方式、创新人才培养模式是高校办出特色的内驱力，以此来增强高校的社会责任意识和社会服务功能。

（二）二级管理，独立办学

二级学院是大学制度建设与管理模式的重要实践者，在发展过程中并未得到充分的尊重。[①] 因此在管理过程中，首先，要不断调整学校与二级学院之间的关系，不断完善管治模式，提高二级学院的自主办学水平，要使行政权力与学术权力在配置上实现平衡。其次，要科学决策，敢于分权，充分发挥二级学院的积极性。充分发挥二级学院的自主性，建立起新型的院校关系，甚至可引入市场导向机制，注重实践管理，将内部行政管理与外部反馈相结合，创新地方高校教学质量管理模式。

要把握应用主导方向，创新教学质量管理，开放各类学习资源，满足实际教学需要。革新管理手段与方法，传承学院办学思想，加强学科之间联系，不断改革管理结构，根据社会需求进行灵活调整。同时有必要借助于现代人文方法与科技手段对地方高校的管理实施动态质量监控，以此推进学校的转型，实现跨越式发展。

（三）宏观管理，立足地方

应用型大学一般都具有明确的地域性，是地方经济发展的潜在引擎。政府要利用第三方评估机构和市场的作用，给这类院校提供更广阔的发展空间；要立足学校特色、专业特色和地方特色，构建新型管理模式；还必须理清我国新建应用型本科院校的内部管理现状，理清学院与二级学院的管理

---

① 张德祥、李洋帆：《二级学院治理：大学治理的重要课题》，载《中国高教研究》2017 年第 3 期。

体制和模式,以及责任、权利的关系,全方位了解高校人财物状况,在整体上把握学校管理架构。

瑞士应用科学大学是联邦分权下的三级组织二级管理模式办学思路的成功体现,实现了高等教育二元分类发展,构建了比较系统的应用型人才培养体制,通过与欧洲教育的融合,越来越体现其独特的办学特色。其管理模式对推动我国新建应用型本科院校的转型发展有着重要的参考价值,尤其是其管理架构更值得我们学习借鉴。

第三节　澳大利亚应用型大学的治理

一、澳大利亚应用型大学的治理经验

(一)大学权力制衡:政府强势管控到大学利益相关者共同治理

20 世纪末,在新自由主义思想的影响下,澳大利亚政府开始重新思考和定位高等教育,把大学从单纯的公益事业中剥离,减少对大学的拨款,积极推行成本分担机制。然而,高等教育在现代社会中的地位越来越重要,任何政府都不会轻而易举地放弃对高等教育的控制权。减少对大学的拨款,目的只是缓解政府的财政压力,政府还是会通过一些补充手段继续对大学施加自己的影响力。首先,从全球经验看,大学立法、质量评估、政策咨询等是政府管控高校普遍采用的方法;其次,政府加大了“有条件拨款”的竞争性,通过“购买”毕业生、科研成果等方式实现对大学的调控。“政府对高等教育投资是‘软性投资’,也就是说,高校得到政府资金以及资金额度,取决于它对于政府需求的满足程度”。这样,联邦政府很好地转换了自己的角色,从高等教育“公共产品”的“提供者”转变为“监督者”。

政府在行政角色上的转变,就把原本干预大学的权力归还或者让渡给了大学,大学内部因此有了更多的自己管理事务的空间。澳大利亚大学拥有相对独立的自主权主要表现为,其可以根据市场需求,根据自身资源的占

有情况，自主确定招生指标；大学在对外交流、课程设置、人员选聘等事务上均有着独立的决定权。大学从国家政策层面赢得更大空间、更多资源，但与此同时也不得不承受来自社会和市场的影响与约束。凡此种种，对大学内部治理都会产生深刻影响。“经费渠道的多元化、受益者付出学费、教学质量与办学绩效等重要的经济指标和概念成为大学领导人首要考虑的法则。”①

赋予大学更多的自主权，会不会令国家高等教育处于无序或者混乱的状态呢？澳大利亚联邦政府很少干预大学内部的具体事务，各州政府由于对大学基本没有真正地投入经费，因而也基本没有对大学内部施加影响的资格。由此观之，澳大利亚大学确实秉持了英式大学相对独立的传统衣钵。大学外部制度环境保障了大学拥有高度的自治权，使得大学更快地学会了如何管理好自己的内部事务，更加聪明有效地从利益相关者那里获取更多的支持。以阿德莱德大学为例，校董会是阿德莱德大学的最高权力机构。校董事会的重要职责就是提名和任命校长，并总体审议和监督大学运行中的重大事项。校董会成员中会保有一定比例的在校学生和校友，学生董事会委员每年换届一次，董事会中的普通教师和行政人员每两年换届一次，最多连任 12 年；当然委员不需要换届，只要在任就可以连任。董事的遴选必须从学校整体利益出发，校外董事要是那些与学校利益直接关联的人。阿德莱德大学的教学、科研、行政方面的重大事务均需经董事会议定通过，方能在校长的统一安排下施行。从董事会人员构成开始学校就非常注重利益相关方的参与，大学的日常事务运行过程中，民主的氛围很浓厚。但是，一旦做出决定，大学上下必须凝心聚力，步调一致。

校长为大学的首席执行官，是共同治理的核心要素，有着更加重要的责任，但他们必须在董事会的管控下开展工作。校长对于一所大学来说是至

---

① David Mahony,“Government and the University: the‘new mutuality’ in Australian higher education —— a national case study”, *Journal of Higher Education* 3－4 (1994):123.

关重要的。阿德莱德大学现任校长 W. Bebbington 说:“大学校长必须要成为乐于‘倾听’(Listen)、懂得‘梳理’(Reframe)、需要‘自知’(Know yourself)、描绘‘愿景’(Construct vision)、精于‘沟通’(Communicate)、保持健康(Sustain your health)的人。”他认为,大学校长做得不好,一般有两点原因:没有可令人信服的想法,没有办法引领全体教职员工。一个好的大学校长,必须乐于倾听多方意见;善于从各种意见中梳理出有利于学校发展的元素;并且能够在此基础上,建立大学新的目标和愿景,以激发教职工的工作热情,还需要通过沟通,让董事会成员、广大教职员工接受这一美好愿景,增强行为动力。

(二)战略规划:利益相关者的行动准则

考察澳大利亚大学,人们很快便会对战略规划有一个极其深刻的印象。对于澳大利亚大学来说,学校的战略规划就是大学的行动号角,是口口相传的愿景和目标。一所大学不能没有战略规划,一所大学的员工不能不知晓大学的规划。然而,我们的大学对待自己规划的态度在前些年很淡漠,即使制定了规划的大学,往往也只是将其作为一份文件留存,没有真正将其当作学校工作的实际目标。

澳大利亚大学非常重视“战略规划”,向来访者推介其“战略规划”几乎是规定行为。他们还制定了《学生学习体验章程》。按照这个章程要求,学校事务一切以生为本,对教职员工的比例、教师辅导学生的频次、学生在毕业前需要在校习得的价值观和技能等都有相应规定。

澳大利亚应用型大学高度关注大学规划,他们以促进大学发展为制定规划的基本理念,并努力将这一理念通过简洁而灵动的核心词汇展现出来,并渗透于大学的各个领域,知会大学所有的利益相关者。面对篇幅宏大的大学规划,澳大利亚大学领导者总是设法予以概括,归纳出诸如“启迪之光”“发现”“创新”之类的关键词,让大学里的每一个人都能够对之耳熟能详,念念不忘。大学还组织规划与愿景宣讲团,到大学的各个部门、机构宣讲规划的内容,使得大学的利益相关者能够对大学的使命和愿景了然于心,并且将其当作工作和学习的行动指南，让大学战略规划的理念遍及大学的每一个角落。这种全员参与战略规划制定和宣传的做法，不仅增强员工对战略规划的认同感，而且催生了员工的效率意识，培育了员工的责任感，激发了职工的凝聚力。

（三）课程设置：以可受雇性为逻辑起点

澳大利亚在很多方面保有英联邦的痕迹，大学基本学制也是如此。同英国的大学一样，澳大利亚大学本科学制多数是 3 年，第四年对优秀本科生开设“荣誉课程”。通过这样的课程考试的学生可以免试直接攻读博士学位，以尽早发现具有优秀潜质的大学本科生。澳大利亚大学学生课程的设置非常严格，各校都有自己程序规整、审查严格的设定步骤。这种方式可以科学地反映出大学所选的“课程”是不是应该开设，避免教师或者研究人员依据个人兴趣开设课程。课程的设置由专业委员会和专业负责人来负责，有争议的由每个学院的院长最后裁决；具体内容的取舍由课程负责人来确定。在课程教学中，每周为学生设计一个学习反馈；最后，把这些结合在一起报告给学院专业委员会。

大学的课程设置以实现“战略目标”、获得“毕业资格”为中心。大学按照“专业学习目标”和毕业生“可受雇性”(employability)要求，严格按照项目学习结果、课程学习预期成果、课程内容、评估等环节来审查课程开设效果。他们认为现代大学一门好的课程必须具备内容和资源(content & resources)、学习的积极参与(activities & tasks for students to do)、支持(support)、评估(evaluation)等条件。澳大利亚应用型大学不仅重视应用技能的培养，也特别关注通识课程的设置，高度重视培养学生的合作意识、沟通技巧、生涯设计、自我意识和高情商等毕业生应有的技能。悉尼科技大学在课程申请设置过程中，每一门课程都会邀请至少一名校外的行业企业专家参加讨论研究，以保证他们能把自己的工作经验和智慧融入课程的论证与设计之中。为此，悉尼科技大学提出课程设计思维(Design Thinking)的理念。他们首先通过调研，拟定本校毕业生的个人能力框架，并根据这个能力框架来设置本校学生的课程体系。这样的课程设置思路势必有助于大学毕业生获得社会需要的能力素养，以适应未来的职场要求。

(四)体验学习：自主选择的学习方式与自主能动的学习过程

我们已经步入了高等教育全新时代，学生对大学的学习生活有一些期许，需要大学给予支持，以便他们更好地找到理想的工作。教学要面对不同的学生，配合学习步调不一致的学生的学习需求；教师要适应新时代角色的转变，成为学生的合作者(co-creator)和辅助者(facilitator)。学生需要的是能够转化成技能的知识，无论他们在哪个地方就业，都需要在全球化的职场中，和来自世界各地的人合作共事；需要具备良好的个人修养和自我管理能力，并有一定的创业素养；需要富有个性化的生活与学习体验，使得他们在职业生涯中更多地展示与众不同的特质；需要与教职员工、同学之间有更多的接触；需要和参与其中的学生相互交流，在线(digital)和面对面(face-to-face)学习以相互补充。

悉尼科技大学给学生设计了丰富的"学习体验"，包括在线学习结合面对面协作学习；"现实生活"的经验，包括工作实习、社区项目、比赛等；校园学习包括聘用和学习播客，在线阅读材料、在线学习教程、小组合作学习与研究等。

大学注重理解学生不同的需求，为具有不同需求的学生开设富有个性的"辅助课程"。"校园文化向导"(cultural on UNSW campus mentoring programs)就是一门新开设的辅助课程，每学期招聘 70 名学生，其职责主要是负责帮助学生熟悉校园环境，并为需要帮助的人提供咨询服务等。比如，新生入学前，"校园文化向导"就开始主动与他们接触，关注新生的需求，并为他们提供必要的服务；给学生开设创业类项目课程，提供工学交替的学习机会。澳大利亚有一个关于辅助课程的认证机构(the Australian Higher Education Graduation Statement)，负责对此类课程进行审定。

体验学习有效地尊重了学生学习的差异性，增强了学生学习的主动性，还大幅度提升了学校资源的使用效率。

(五)校园支持:在学生事务中"以生为本"

澳大利亚应用型大学把学生的教学、管理与服务工作紧密结合起来,服务于学生的个性化发展。大学一般都设有"学生中心",中心的工作性质既有管理学生事务的一面,又有给学生提供全面服务的一面。

学校的"学生中心"设有数学学习中心、写作中心、同伴帮助学习中心等。该中心积极联系具有"学习危机"问题的学生,帮助指导他们克服学习困难;让每一个学生在课程的学习上都有与教授"面对面"交流的机会;注重引导学生利用信息技术分析问题、解决问题,通过为学生提供学术服务,如提供学术资源、第一年的经验项目、工作坊、导师制、大学准备课程等,让学生与教师、科研人员经常互动交流,培养学生的创新能力。

学校还利用数据来分析学生的学习情况。学生学习管理分析系统可以让学校知道学生看了什么资料、有什么问题、学了多长时间、什么时候上网等,为学生提供诊断性学习支持(diagnostic support)、学术性学习支持(academic support)、个体咨询性学习支持(individual consul-ta tion support),以便给学生提供必要的、高效的、有针对性的服务。

对于学术不端行为,澳大利亚大学不止于简单地给有学术不端行为的学生以严厉的处罚。大学希望学生在学术活动中保持学术诚信,又给有学术不端行为的同学以一定改过的机会。他们首先宣传诚信文化,让学生了解学术不端行为的危害,以及可能遭受的处罚;为学生提供专门的教育支持和服务,鼓励可能存在学习不端行为的学生在"学习中心"做有关学术方面的咨询。

为了保证教职人员将更多的精力投入教学中,以丰富学生的学习体验,不少大学还在校园里创设教学节(teaching festival) 、最后一次课活动(last lecture,由年度最优秀教师执教) 等仪式性活动。通过举办这些活动,来增强教学活动的仪式感,增强教职人员对教学活动的敬畏心,营造良好的教学氛围,激励教师把更多的精力投入教学活动之中,提高学生对课堂学习的敬重感。"教学节"期间,学校会专门拟定活动清单,开展丰富多彩的"教"与"学"活动,并且针对教学问题在师生间开展讨论活动等。

二、澳大利亚应用科技大学的治理启示

首先，大学需制定战略规划并让其成为利益相关者的行动准则。澳大利亚大学高度重视学校的战略规划，使“学校规划”口口相传，条条物化，广大师生员工视“规划”为自己教与学行为的“行动纲领”。应该说，制定规划是我国国民经济和社会发展中的常态，也是我国高等学校常见的治理行为之一。但是，在我国高等教育领域里，制定学校发展规划似乎还没有引起足够的重视。近些年虽然在实际工作中这一状况有所改善，却离每个人都将自己视为学校规划的主体，都用规划要求指导自己的行为，还是有差距的。规划内容的制定要求大学校长必须从专业化的视角，征集大学内外各个层面的意见，提出大学的愿景；各部门应根据学校的战略规划，拟定部门的工作目标；完善考评制和问责制；战略规划一经制定，就必须组织宣讲工作，使其深入人心，成为学校未来一段时间内指导一切行为的纲领，以真正起到凝聚人心的作用。

其次，大学需尊重学生选择权。在制定各种教学制度时，澳大利亚应用科技大学都非常关注学生的自主选择权，围绕学生的“学”来建立学校的教学制度，增强为学生服务的意识，关注学生在读体验，在“以生为本”的基础上不断创新教学制度。中国高等教育学会前会长周远清有着深厚的高等教育情怀。他不无忧虑地说过：“对我国高校存在的教育方法偏死的问题，虽然没有想出得力的办法，但(我)也曾经说过，总有一天要来一次教学方法的大改革。”[①]我国的本科教育问题主要表现在教学方式千篇一律、缺乏生气、“教”与“学”各自为政、课堂缺乏弹性等方面。也就是说，教法不当才是本科生创造力不足的真正原因。

再次，“小班化”教学成为澳大利亚应用科技大学的课堂追求。陈宝生在 2018 年“两会”期间，不仅介绍了 2017 年我国削减“大班额”的成效，而且

① 周远清：《我的教学改革情结》，载《中国高教研究》2015 年第 9 期。

对“大班额”提出了限制令。澳大利亚大学把“小班化教学”写到了学校事业发展规划之中，充分激发学生学习的主体性，让学生充分参与教学，采用小组形式探究学习，吸纳学生参与科研活动。这也应该是我国大学的发展追求。就目前的条件看，我们还很难完全实施“小班化教学”。但是，采用大班传授、小组探究、课后以小组为单位的方式开展课程实践活动，“模拟小班化”教学是完全可以有效实施的教学改革方法。“模拟小班化”教学就是指将每个自然班级每一门课程的学习成员，分成若干个教学小组，一切类似于翻转课堂上的课后学习、讨论、社会实践的环节均在小组内展开；课后辅导工作是教师课堂教学的自然延伸，是教学工作的必要组成部分；在课堂上分享学生的学习结果与感受，这在我国本科教育中已经不乏先行先试的高校了①。

最后，“非工具化”的大学办学思想。新中国建立前，梁思成将大学的工具理性盛行的情形批驳为“半人时代”。然而时至今日，我国高等教育的工具主义、功利主义似乎有愈演愈烈之势。澳大利亚应用科技大学虽然也高度关注学生专业技能的培养，但也高度重视将学生作为“人”的博雅教育对学生合作意识、沟通技巧、生涯设计、自我意识和高情商等应有技能的培养。同时在办学理念上，也并没有让工具理性和功利主义大行其道，而是坚守了大学之道。研究者发现，我国应用型本科院校存有数以万计的专利发明，因为过于考虑眼前利益，追求转让获利，所以大部分专利被大学的研究者或管理者束之高阁。事实上，大学研究成果转让的目的是创造和传播知识，扩大大学的社会影响力，这也是大学的社会责任。澳大利亚大学就非常理性地看到了大学知识产权的“即时”商业价值，着眼于长远，用“产权直通车”形式将产权免费转让给企业，从而与企业建立正面的积极的关系。企业更乐意主动将咨询服务、企业赞助、人员培训、实习等机会提供给大学，大学也借助于这些专利与行业企业加强联系，提升自身的影响力。

---

① 柳友荣：《也论本科生“学习量”》，载《中国高教研究》2015年第12期。

第四节　美国州立大学的治理

与英国和德国的原型大学相比，州立大学是美国高等教育走出"象牙塔"、视学术为服务社会的工具的"新型大学"。美国州立大学实行联邦政府宏观引导，州政府协调指导、统筹治理，大学自主办学，学术界和社会团体广泛参与的治理体制。[①] 2015年，高中毕业生选择在美国公立大学就读的占毕业生总量的72.8%，选择就读4年制大学的占67.6%，选择就读2年制的占32.4%。其两年制社区学院的生命力不仅缘于其技能型就业文化和薪酬，还有一个重要的因素是"转移学分"(transfer credit)的高等教育治理策略。美国州立大学的治理与我国新型大学的治理具有较多的相似性，研究州立大学自治与政府干预的权力边际以及州立大学内部治理模式的高等教育分权(delegation of administration)机制具有较强的借鉴意义。

一、美国州立大学的治理结构

美国联邦教育部比一般大学成立得晚，大学的治理并不都是教育部的职责。私立大学由董事会治理，公立大学由政府管理，但主要由州政府管理。联邦政府教育部的主要职责是资助学费，帮助在读期间有辍学风险的学生完成学业。在美国，衡量一所大学是否是公立大学主要有两个指标：一是学校董事会(governing board)是否为州政府任命，二是州政府是否给学校拨款。校董会、校长、教授分享大学的治理权，但三者也有合作的机会，比如新专业的建设资金额度就可能由三方共同决定。美国大学一般还设1～3名常务副校长，分别负责教学科研、卫生、医院和其他部门财务、人力资源等工作。对这三名副校长的任命，校长有发言权，董事会有裁决权，但其他副校

① 杨文明:《美国州政府对州立大学治理模式的实证研究》，商务印书馆2015年版，第3页。

长的任命就由校长决定。美国大学的竞技体育部长一般由董事会直接任命。这个部门往往能给大学带来丰厚的回报,其运营显得格外重要。法律顾问、首席审计师、公平和民权委员会、办公室主任、体育部部长、公共事务部、校董办都由校长直接管理。大学还常常设有学生事务副校长、多样性事务副校长、技术支持与服务副校长等。

伯顿·克拉克将美国州立大学的组织结构自下而上划分为六个层次,分别是系、学院、大学、州立大学协调机构、州政府和联邦政府。[①] 前三个层次可以理解为大学内部治理结构,后三个层次可以理解为大学外部治理结构。

(一)院系治理

美国州立大学组织中最低的一级是系。系既是一个社团性机构,又是一个官僚单位。系首先是围绕某一学科的共同利益而组织起来的相对统一的社团性机构,权力比较分散,在垂直结构上具有不太严格的等级性。系主任是一个非个人化的职位,不是由一个人固定占有而是由高级人员轮流担任。系层次议事采取的是少数服从多数的原则。系也是一个行政单位,系主任是学术管理体系中最低的一级,对院长和校长负责,经行政部门同系的成员商讨之后,由行政部门任命并按照校本部的旨意工作。

美国大学结构中由上而下的第二级组织是学院。同系一样,学院一级也存在学术权力和行政权力的二元结构,行政人员同学者相互交织在一起。学院是行政机构的一级,接受校级行政机构领导的同时,可以全面干涉各系的事务,并积极推行共同的标准。学院还拥有一个或几个教授会,不定期开会听取院委员会和院长的报告,并通过集体投票的方式进行决策。两者各负其责,协同配合,相互制约。行政机构控制预算,教学人员监督课程教学,两者联合起来负责学生工作。初级教学人员的雇佣、晋升和解雇由系决定,

---

① 约翰·范德格拉夫:《学术权力:七国高等教育管理体制比较》,浙江教育出版社2001年版,第114页。

高级行政官员和教授委员会由行政机构任命。院系层次是大学学术治理的核心,以教授为主体的教授会、课程委员会决定教什么、怎么教、由谁教以及教职工的受雇和晋升等。

(二)校级治理

美国大学组织结构中的第三级是作为整体的大学。在大学,一级董事、校长和教授的权力复杂地交织在一起。董事会在形式上处于控制的节点,董事会中的校外人员以代表广大社会利益相关者的名义负责对院校的长远发展进行指导。尽管校长和教师都对大学的发展负有不可推卸的责任,但大学校长可能更多地受制于具体事务,大学教师可能局限于特定的学科,由校外人士主导的大学董事会就成为社会利益相关者的受托方,对院校的长远发展进行指导,负责制定总政策并掌握最终的权力。美国州立大学董事会的职责主要如下:保持信托的完整,聘任大学校长,筹集与管理学校资源,审批长远规划,制订年度预算以及教育计划、监控学校的运作以及在学校与社会之间发挥缓冲器的作用等。[①] 由于董事会成员“外行”的特点,董事会一般不亲涉大学的细节管理,而是将行政管理托付给以校长为首的行政团队、以教授为主体的学术评议会。董事会作为大学的受托人站在大学的利益立场上为大学提供服务,是推动大学发展的“可爱的批评家”。州立大学以实现全州人民的公共利益为目标,对全州人民或者其相应的政府负责,董事会成员一般由州立法机构或州长任命。这一做法的弊端是,董事会的成员往往视自己为政府官员而非受托人。董事会成了政治的牺牲品,只关注政治选民的利益而置大学的利益于不顾。怎样拥有一个经验丰富、效率高的董事会是美国州立大学治理面临的最大挑战。[②]

作为董事会的代理人,大学校长依据董事会授予的权力成为学校的首

---

① 欧阳光华:《董事、校长与教授:美国大学治理结构研究》,高等教育出版社 2011 年版,第 126—131 页。

② 蒋洪池:《21 世纪美国大学治理面临的挑战及其对中国的启示》,载《比较教育研究》2006 年第 1 页。

席行政者,同时也是学术领导者。他们对外代表学校及其价值取向,对内领导学校运作,是美国大学治理结构的核心。大学校长依据董事会授予的权力,拥有大学行政和学术事务方面的全部权力,承担大学行政和学术事务方面的全部责任。校长集行政者、企业家和政治家三种角色于一身。作为行政者,大学校长由大学董事会任命,是大学科层组织的首席行政者,为实现董事会所确立的政策目标而存在,并根据这些政策目标设立必要的组织结构,配备相应的人员设施,控制与协调机构的运作,对组织运作的绩效进行评估,从而确保董事会政策目标的达成。作为企业家,筹措经费保证大学财政放支平衡,便是大学校长的重要工作。将校长视为企业家的原因还有,大学校长要借助于企业战略管理的理念,将战略规划与战略预算运用到大学的管理中,将有限的资源投入大学优先发展的领域,提高大学的竞争力。作为政治家,大学校长必须平衡校内外的众多利益相关者的关系:政府、社区、捐赠者、董事会、教师、校友、学生的关系,并通过协商或谈判的方式调解分歧与冲突,维持大学的正常运作。

美国大学的治理权最终归属于由校外人士主导的董事会。通过大学董事会的授权或州议会法令,大学教授通过学术评议会(一些学校称学术评议会为 faculty council, faculty senate,全体教师都参与大学的学术治理,并非只有教授)的形式取得学术事务的广泛立法权,并对其他非学术事务施加重要的影响。美国大学评议会的基本结构包括评议会大会、评议会执行委员会以及常设和特殊委员会。评议会大会由大学全体教师组成或由教师代表组成,学术评议会体现了教授治校的传统价值。虽然各所大学的评议会都有高级行政人员参加,但他们只有听取和发表意见的权利,没有投票表决权。由于人数少、权利受限,他们不能够支配评议会的活动和决策。评议会执行委员会是评议会的核心议事和执行机构,成员包括主席、副主席和各分委员会的主席,加州大学伯克利分校学术评议会的执行委员会包括学术规划与资源分配委员会、教育政策委员会、预算与院系关系委员会、人事委员会、研究委员会。加州大学伯克利分校的学术评议会还设立众多的常设委员会，涉及人事、研究、教师福利、终身教职、课程、国际教育、图书馆，几乎涵盖大学治理的所有方面。[①] 由此可以看出，美国州立大学学术评议会是美国大学教师的主要权力机构，是代表和保护大学教师学术自主权的依托及载体，在诸如总体教育政策、有效规划、物质资源、预算、课程、教学内容与方法、教师晋升和聘任等方面都负有重要责任。

（三）州立大学协调机构对大学的治理

美国州立大学治理结构中的第四级是州立大学的协调机构。第二次世界大战后，美国高等教育迅速发展，学生数量急剧增加，各州立大学纷纷设立分校，以满足高等教育发展的需要。在设有多所分校的州立大学中，出现了对几所大学进行协调的机构。美国各州的高等教育协调机构依据各州高等教育的传统、州政府与立法机构的不同、经济发展等社会条件的差异各自产生了独具本州特色的高等教育治理模式。埃姆斯·麦克基尼斯依据功能将美国高等教育协调机构划分为三大模式：统一治理模式、协调模式和规划模式。[②] 统一治理模式下的州立大学治理组织代表所管辖的院校向州长和立法机构直接提出主张，行使法人职权，任命分校校长和行政人员。在协调模式中，州立大学协调机构对各院校不行使治理职能，其主要关注州立大学的规划和协调工作，也负责协调州内其他领导——州长、立法人员、院校治理委员会或多校委员会之间的关系。在规划模式中，规划机构的主要职责是搜集信息或者促使院校、政策制定者以及州内参与高等教育的个人和机构之间发起对话。治理基本是分散进行的，也没有正式的机构或委员会负责协调。[③] 州立大学协调机构是美国高等教育最具特色的制度设计之一。

① 张松、刘志明：《美国加州大学学术评议会的发展历程、组织构架与运行特点》，载《高教探索》2015 年第 11 期。

② Amis C. Mc Guinness Jr，*State Postsecondary Education Structures Handbook* (Denver：The Education Commission of the Stats ，1998)，PP. 3－4.

③ 杨文明：《美国州政府对州立大学治理模式的实证研究》，商务印书馆 2015 年版，第 75—78 页。

高等教育的治理权大部分在州长和州议会手中。州长或州议会委托一个或几个高等教育治理委员会、协调委员会、规划与咨询委员会负责州内的高等教育治理。州内高等教育治理机构主要发挥感应机构的作用，协调社会需求与高等教育内部价值、学术权利等之间的关系。州高等教育管理机构可以减缓外部不适合的力量对州立大学内部的侵犯与干涉，呼吁社会和政府支持大学的发展，把社会的广泛要求传递给大学，保护大众的利益。

（四）政府对大学的治理

美国州立大学治理结构中的第五级和第六级分别是州政府与联邦政府。根据美国宪法，教育是州政府的责任而不是联邦政府的责任。美国州政府在州立大学管理过程中扮演的主要角色是资源提供者、条件创造者、管理协调者以及顾客支持者。美国州政府实际上通过法律和拨款机制干预及影响州立大学的发展。州议会立法和法院判例是美国州政府对州立大学实施治理的重要工具。州议会享有较为充分的高等教育立法权，可以从宏观层面和微观层面就高等教育发展的管理体制、教师聘用与解聘、学生注册与毕业、学术标准与评估体系等多方面、多层次进行立法。地方分权制并不意味着美国联邦政府对教育的发展不管不问，实质上它并没有放弃对高等教育引导、资助和施加影响。美国联邦政府主要通过以下途径影响州立大学的治理与发展：教育立法和配套的经济援助、各种科研投入、评估认证①。联邦的教育立法对于州立大学不具强制性，法律的推行一般辅以经济援助手段。历史上对美国州立大学影响较大的联邦法律主要有《莫雷尔法案》《军人权利法案》《国防教育法》《高等教育设施法》等。各种科研投入是联邦政府调控高等教育的隐性途径，在 2005－2006 学年，加州大学伯克利分校60％的经费来源于联邦政府的投入②。

---

① 樊明成、管弦：《美国联邦政府调控高等教育的途径及其借鉴》，载《教育科学》2005 年第 3 期。

② 黄宇红：《美国州立大学的发展历程》，北京航空航天大学出版社 2013 年版，第 155 页。

美国政府，主要是州政府治理大学的途径除了立法、拨款和参与董事会以外，还允许大量的第三方组织存在。第三方组织是一类介于政府和企业之间的不以营利为目的、代表社会公众利益的社会组织，具有专业性、独立性和中立性。[①] 美国的第三方组织主要有行会协会类、拨款融资类、评估类、服务类，典型的代表有美国高等教育理事会、美国州立大学拨款委员会、美国高等教育评估机构委员会、美国考试服务社。美国第三方组织在政府和高校之间起着桥梁和纽带作用，扮演缓冲器、服务器和交换器的角色，为政府治理大学提供管理、咨询、评估等服务。以认证机构为例，联邦政府无权对高校的教学、科研和服务提出任何直接要求，评估认证起着重要的质量保障作用。美国现有六个区域性认证机构和数十个专业认证机构及一个全国性的认证委员会（CHEA），并形成了一套完备的管理和运行机制。为加强对认证组织的控制，美国还通过《高等教育法》中的《州中学后教育审查方案》对认证机构的组织、运作和标准等提出了要求，以限制这些民间组织的独立性。美国州政府对于区域组织的认证十分重视，多数州都成文或不成文地执行这样一条规定：获得认证的院校可以免除州政府的许可。许多从业许可法规规定，申请从业许可的人员需毕业于经过认证的院校或专业，并且还具体规定得到某一专业组织的认证。通过认证制度这一媒介，州政府加强了对高等教育质量的控制。对新型大学治理更具借鉴意义的是美国大量的职业协会也参与州立大学的治理。美国行业协会参与州立大学治理的方式如下：通过吸引利益相关者参与职业教育，制定行业技能标准，影响政府职业教育决策，组成顾问委员会参与有关专业方向、课程设置以及教学改革决策的制定。

① 史雯婷：《从高等教育的社会治理看第三部门的发展》，载《江苏高教》2004年第3期。

二、美国州立大学治理的启示

(一)共同治理、分权制衡,完善大学内部权力制约机制

美国州立大学实行利益相关者共同治理的原则。以校外人士为主导的董事会、以校长为代表的大学行政系统和以教授为主体的学术评议会各负其责,协同配合又相互制衡。在院系层面存在着学术权力和行政权力的二元结构、学术社团内的横向联系和行政结构的纵向控制。系的社团性机构和官僚人员之间互相监督,就给系内的独裁行为提供了制约力量。在校级层面,董事会在形式上处于控制的定点,作为董事会的代理人,以代表广大社会利益相关者的名义负责对院校的长远发展进行指导。大学校长依据董事会授予的权力成为学校的首席行政者,同时也是学术领导者。大学教授通过学术评议会的形式取得学术事务的广泛立法权,并对其他非学术事务施加重要的影响。董事会负责监视总体和重大事务的裁决,校长负责行政,学术事务由教师评议会负责,实现了权力的分立与制衡。

我国大学目前尚存在教师权力的边缘化和行政权力相对集中的现象。逐渐实行管办分离的管理体制,使大学增强市场意识、自主办学的法人意识尤为重要。通过适当吸纳校外的社会人士进入大学的决策层内部,从而主动、及时、准确地审视和把握社会需要,在多元化的社会需求中找准自己的定位,增强社会适应性。同时,大学也需要一种制度安排,以便在大学和政府之间建立缓冲阀或减压阀,从而既能将政府反映的社会诉求带入大学,又能有效抵御政府过多干预大学事务的冲动。

我国大学是政府的事业单位,隶属政府管理,导致大学在组织设计上照搬政府模式。学校和学院各层级属于上下级关系,由此形成高校行政结构。大学的许多学术决策为行政人员所把控,大学教师在学术决策中逐渐被边缘化。大学行政人员权力得到加强,大学教师的主体地位得不到彰显。部分大学教师置身于大学之中却不再心系学术,要么茫然不知所措,要么转而追逐权力,导致学者官僚化和官僚学术化现象并存。因此,设置大学外部的

管办分离、大学内部的分权治理的权力配置模式，刻不容缓。新建应用型本科院校在组织设计上照搬政府模式，学校和学院各层级属于上下级关系，由此形成科层制的大学行政结构。加之这一类学校由于刚刚放下专科学校的衣钵，自身学术积淀不够，学术文化淡薄，在学术决策中还是存在一些行政权力泛化的现象。

（二）改变政府越级治理现象，实现大学自治和政府调控的有机结合

美国是地方分权制的国家，根据美国宪法，教育不是联邦的责任而是州政府的责任。美国联邦政府主要通过政策法规、法院判例以及拨款实现对大学的治理。作为州立大学最大的出资者，美国州政府还可以以任免董事会成员的方式引导大学发展。虽然美国州立大学由州政府负责出资，但是大学与政府之间是公法人与公法人之间的关系，而不是行政隶属关系。大学与政府分别具有各自的意志，享有法人权利并承担责任。大学法律范围内的办学自主权是大学法人法定的权利，除非基于法律的正当程序，否则政府不得任意剥夺大学的法定权利或者要求大学履行相应的义务。政府的意志主要通过大学的法人机关——董事会在大学得到充分、完整的体现与保障。美国大学与政府以及社会之间能够明晰法律关系，使得大学免于捐赠者和政府的干预与渗透，从而拥有较强的自主权与灵活性。

我国新建应用型本科院校实行中央和省（自治区、直辖市）两级管理，以省级政府为主导的管理体制，和美国政府对于州立大学的治理有一定的相似性。与美国不同的是，新建应用型本科院校是享有一定行政级别的行政事业单位，虽然具有法人地位，但只是民法意义上的私法人，而不是行政法意义上的公法人。政府作为行政主管部门拥有行政事务的决定权，政府既掌舵又划桨。借鉴美国大学的经验，政府要对地方高校进行简政放权，释放地方高校的办学活力。政府由控制者向监督者转变，制定负面清单，以非禁即入为原则进行管理。政府作为主要出资者，一方面可以以董事身份参与高校管理；另一方面，要主动作为，统筹协调各方参与政策制定，打破大学管

理的条块分割现状。

需要强调的是，政府的简政放权是基于对大学的信任，如果大学没有很好的自控自律机制，政府可能会对大学加强控制。按照2014年教育部公布的《高等学校信息公开事项清单》，需及时公布招考招聘、选人用人、财务纪检、学术不端等敏感信息，逐步建立自主办学的自律机制。只有将大学自律自控和政府简政放权进行结合，才能实现大学的善治。另外，在政府放权后，大学承接权力的能力、行使权力的有效性都是需要考虑的。要提升大学的治理能力，既需要完善治理体系，又需要打造本领过硬的大学管理团队和营造以多元共治理念为核心的大学治理文化。通过加强领导班子建设，对干部进行分类管理，实行职员制等，打造一支素质高、能力强、职业化、专业化的管理干部队伍。要在观念层面向所有大学利益相关者宣传和灌输契合大学组织特性的大学治理文化，让所有大学人理解大学的组织特性以及大学治理文化对于保障大学有效、高效治理的特殊价值。

（三）鼓励第三方参与大学治理，提高大学治理的质量与效率

第三方社会组织参与州立大学治理是美国高等教育治理的重要特色。第三方社会组织参与治理缓冲和协调了大学与政府之间的矛盾，维护了大学的合法权益，增强了大学的适应性和服务能力。中国高等教育第三方组织始建于20世纪80年代，是在政府部门的扶持下成长发展起来的，主要包括行业协会类、拨款融资类、评估类和服务类，其中的典型代表有中国高等教育学会、中国教育发展基金会、高等教育评估中心、高校学生信息咨询与就业指导中心。鼓励第三方社会组织参与大学治理，一方面要求政府转变职能，推进管办评分离，为第三方社会组织参与大学治理留有空间；另一方面要加强第三方社会组织的建设，提升专业化水平。在第三方社会组织建设中尤其要加强区域认证组织建设，通过认证组织对高校的专业进行认证，保证高校教育质量，保证从业人员具备执业条件，便于院校之间学分互认和企业对高校人才的选拔。

美国行业协会参加州立大学治理对我国地方高校治理和职业教育发展

有重大借鉴意义。《国务院关于加快发展现代职业教育的决定》首次提出，借助于中介组织参与职业教育治理，是企业发挥办学主体作用的重要途径之一。我们要学习美国的经验，发挥行业协会在制定行业规则、监督行业运行、组织行业培训、协调行业内部事务等方面的优势，实现行业组织发布行业人才需求、推进校企合作、参与指导教育教学、开展质量评价等职能。[①]

美国州立大学治理是传统与体制积淀的结果，与其说它是有意识的思想，不如说它是历史的馈赠。美国州立大学的治理结构是在长期的历史发展中逐步形成，与其政治和经济制度相适应。在借鉴美国州立大学治理经验时，一定要考虑到中国的国情、中国的政治和经济制度与文化土壤，不能照抄照搬。

① 丁晓昌:《提升省域高等教育治理能力的路径选择》，载《中国高教研究》2014年第12期。

第五章　新建应用型本科院校管理现状调查研究

第一节　问卷的编制与检验

一、研究目的

现有关于新建应用型本科院校管理现状的研究以理论研究为主，缺乏有效的实证研究工具；已有实证调查研究对象又往往以一所院校为主，少数为区域内几所学校，调查缺乏代表性，效度值不够。"新建应用型本科院校管理现状调查问卷"的编制旨在解决以下几点问题：

(1)研发本课题研究所需工具，调查问卷的编制为本课题后续有关新建应用型本科院校管理现状的调查研究奠定基础；

(2)明晰新建应用型本科院校管理现状的理论框架，通过制定分量表进一步明确新建应用型本科院校管理现状的分析角度；

(3)实行跨区域大样本调查，增加新建应用型本科院校实证研究的效度；

(4)揭示新建应用型本科院校管理现状的特点与不足。

二、研究方法

研究方法主要包括以下几点。

(1)文献分析法。根据本研究对相关文献进行检索和研读，确立问卷编制的维度和指标，并对分量表容量确定、题项修改进行认真讨论；最后编制出各个分量表的预测项目。

(2)问卷调查法。完成“新建应用型本科院校管理现状调查问卷”初稿编制后，选取一定数量被试进行问卷初测，并根据问卷初测结果进行项目筛选。

(3)数据分析法。主要运用 SPSS 20.0 完成问卷结构的信效度分析。

三、研究步骤

研究步骤主要包括以下几点。

(1)国内外文献分析，确定问卷编制的理论起点与框架。

(2)搜集国内已有相关研究的测量工具，并结合访谈结果确定问卷分量表的构成。

(3)编制问卷项目。

(4)确定被试，完成问卷初测。

(5)完成问卷的整理与筛查，并完成数据的录入、分析以及问卷项目的筛选。

(6)整理数据分析结果，确定问卷最终结构及项目构成。

(7)问卷印制后正式施测，同时再次对问卷信度和效度进行验证性分析。

第二节 问卷实测与结果分析

一、研究假设

问卷编制过程中的研究假设主要包括以下三个方面。

(1)问卷包括规划与大学章程、组织机构与结构、外部制度、人才培养方案、人事管理、招生制度、课堂教学七个分量表，各分量表与总量表之间呈显著性相关，各个分量表之间彼此独立；

(2)总量表与各分量表的信度系数均在0.7以上，可以用于大规模集体施测；

(3)经预测筛选，各分量表均包含三个及以上项目。

二、研究方法

研究方法主要包括量表编制、研究对象和数据处理三个方面。

(一)量表编制

整份问卷共包含45个项目，包括规划与大学章程(包含5个项目)、组织机构与结构(包含7个项目)、外部制度(包含8个项目)、人才培养方案(包含5个项目)、人事管理(包含6个项目)、招生制度(包含4个项目)、课堂教学(包含10个项目)七个分量表，所有项目均是在充分参阅现有研究文献的基础上由课题组成员自己编制。问卷分指导语与问卷题项两个部分；问卷采用三点计分方式，要求被试根据自己的实际情况，从“是”“不清楚”“否”三个选项中选择与自己认识最接近的一个选项；分别对三个选项予以计3分、2分、1分；为了有助于对调查对象配合调查的状态进行了解，并对信度进行检验，在全部45个题项中，设有一个反向计分题项，以检验被调查对象是否根据惯性思维回答问卷，来决定该调查对象问卷回答结果有效与否。

(二)研究对象

选取池州学院的60名教师作为预测被试，回收有效问卷53份，有效率88.3%，所调查的53位被试包括6位学校领导、13位中层干部、34位普通教师。

(三)数据处理

经过对问卷回答结果，包括反向计分题项的答案进行核查后，剔除无效问卷；然后用SPSS 20.0统计软件进行数据处理与检验。

三、研究结果

研究结果包括总体信度分析、各个分量表信度分析、各个分量表与总量表的相关分析三个方面的内容。

（一）总体信度分析

对 45 个项目进行问卷总体信度分析，结果见表 5.1。

表 5.1　问卷总体信度

α 信度系数	标准化后的 α 信度系数	项目数(个)
0.944	0.943	45

表 5.1 显示，问卷总体信度系数为 0.943，满足大规模施测要求。

（二）各个分量表信度分析

各个分量表信度分析的具体内容见表 5.2 和表 5.3。

表 5.2　分量表信度分析结果

分量表	α 信度系数	标准化后的 α 信度系数	项目数(个)
规划与大学章程	0.801	0.804	5
组织机构与结构	0.836	0.836	7
外部制度	0.716	0.701	8
人才培养方案	0.810	0.813	5
人事管理	0.838	0.836	6
招生制度	0.348	0.376	4
课堂教学	0.832	0.829	10

表 5.3　招生制度分量表中各项目与量表得分的关系

题项	量表平均得分	方差	相关系数	R^2	内部一致性(α)
第 32 题	5.132	1.578	0.290	0.360	0.146
第 33 题	5.056	2.670	−0.211	0.117	0.683
第 34 题	5.301	1.676	0.419	0.184	0.042
第 35 题	4.887	1.487	0.407	0.343	−0.002

表 5.2 分析结果显示，规划与大学章程、组织机构与结构、外部制度、人

才培养方案、人事管理、课堂教学这五个分量表的信度指数都比较理想，但招生制度这个分量表的信度指数比较低。表 5.3 分析结果展现了删除某一项目后，招生制度分量表总体各个指标值的变化情况。由表 5.3 的分析结果可以看出，删除第 33 题后，信度指数提高为 0.683，说明第 33 题的干扰较大，则在正式施测问卷中可以删除或更换第 33 题。

(三)各个分量表与总量表的相关分析

分量表与总量表的相关分析结果见表 5.4。

表 5.4　分量表与总量表的相关分析结果

分量表	与总量表的相关系数
规划与大学章程	0.824**
组织机构与结构	0.870**
外部制度	0.763**
人才培养方案	0.778**
人事管理	0.805**
招生制度	0.428**
课堂教学	0.894**

注："*"表示在 0.05 的水平上相关显著；"**"表示在 0.01 的水平上相关显著。

由表 5.4 可知，规划与大学章程、组织结构与结构、外部制度、人才培养方案、人事管理、招生制度、课堂教学等七个分量表与总问卷之间均呈显著性相关，表明新建应用型本科院校管理现状调查问卷结构效度较好。

四、讨论与分析

本部分内容包括结果分析与问卷完善两个方面。

(一)结果分析

"新建应用型本科院校管理现状调查问卷"经过多次研讨分析，最终确定了规划与大学章程、组织机构与结构、外部制度、人才培养方案、人事管理、招生制度、课堂教学七个方面的内容。通过阅览文献可以发现，上述七个方面基本概括了新建应用型本科院校管理现状所涉及的层面和角度。

从数据分析结果来看，问卷总体信度及规划与大学章程、组织机构与结构、外部制度、人才培养方案、人事管理、课堂教学这六个分量表的信度均满足问卷进行大规模施测的基本要求；而“招生制度”分量表在删除第33题后，信度值提高到0.683，基本满足问卷用于大规模施测时对信度水平的要求。上述数据说明“新建应用型本科院校管理现状调查问卷”对于新建应用型本科院校管理现状进行测查的结果比较稳定、可靠。

从整体结构上看，规划与大学章程、组织机构与结构、外部制度、人才培养方案、人事管理、招生制度、课堂教学等七个分量表与总问卷之间均呈显著性相关，说明“新建应用型本科院校管理现状调查问卷”能够对新建应用型本科院校管理现状进行有效的调查研究。

（二）问卷完善

根据预测结果，对问卷题项的数目、表述方式等方面做了进一步调整与完善，主要体现在以下几个方面。

1. 问卷指导语的调整

针对施测过程中被试提出的问题，调整了部分指导语内容，比如，在“职务”这个选项的分类上将原来的“校长”“中层干部”“一般教师”调整为“校领导”“中层干部”“一般教师”。

2. 删除题项

根据问卷信度分析结果，删除了预测问卷中“招生制度”分量表的第33题。

3. 增加题项

在“组织机构与结构”分量表中，根据课题组成员围绕调查内容所进行的讨论，增加了“我校领导具有良好的新建应用型本科院校管理的理论水平和经验”这个题项，从而使得该分量表所测查内容更加全面和完善。

五、问卷信度的验证性分析

为了确保问卷的高信效度，在预测后，研究团队根据预测结果，对问卷少数题项予以相应修改。问卷正式施测后，本团队再次结合采集的数据，对问卷信度、结构进行验证分析，结果如下。

(一)总体信度各个分量表信度分析

总体信度及分量表信度分析结果见表5.5。

表5.5　总体信度及分量表信度分析结果

分量表	α信度系数	标准化后的α信度系数	项目数(个)
总体信度	0.939	0.939	45
规划与大学章程	0.733	0.757	5
组织机构与结构	0.844	0.849	8
外部制度	0.740	0.700	8
人才培养方案	0.772	0.777	5
人事管理	0.792	0.793	6
招生制度	0.647	0.647	3
课堂教学	0.831	0.836	10

由表5.5可知，该量表的总体信度指标以及规划与大学章程、组织机构与结构、外部制度、人才培养方案、人事管理、课堂教学这六个分量表的信度指标都比较理想，招生制度分量表的信度指标基本满足测量的统计学标准的要求。

(二)各个分量表与总量表的相关分析

分量表与总量表的相关分析结果见表5.6。

表5.6　分量表与总量表的相关分析结果

分量表	与总量表的相关系数
规划与大学章程	0.697**
组织机构与结构	0.818**
外部制度	0.745**
人才培养方案	0.745**
人事管理	0.843**

续表

分量表	与总量表的相关系数
招生制度	0.558**
课堂教学	0.847**

注:“*”表示在0.05的水平上相关显著;“**”表示在0.01的水平上相关显著。

由表5.6可知,各个分量表与总量表之间均呈显著性相关,表明问卷整体结构较好。

第六章 新建应用型本科院校管理现状的实证分析

第一节 研究方法

一、研究目的

以来自东部和中西部的20所新建应用型本科院校为研究对象，旨在调查新建应用型本科院校的校领导和教职员工对本校管理现状的认知情况，并针对如何改善新建应用型本科院校的管理现状提出建设性意见和建议，从而进一步促进新建应用型本科院校良好发展。

二、研究假设

1.来自不同地域的学校的研究对象对新建应用型本科院校管理现状的规划与大学章程、组织机构与结构、外部制度、人才培养方案、人事管理、招生制度、课堂教学等七个方面的认识存在显著差异。

2.职务不同的研究对象对新建应用型本科院校管理现状的规划与大学章程、组织机构与结构、外部制度、人才培养方案、人事管理、招生制度、课堂教学等七个方面的认识存在显著差异。

3.职称不同的研究对象对新建应用型本科院校管理现状的规划与大学章程、组织机构与结构、外部制度、人才培养方案、人事管理、招生制度、课堂教学等七个方面的认识存在显著差异。

4. 来自升本前学校类型不同的新建应用型本科院校的研究对象对新建应用型本科院校管理现状的规划与大学章程、组织机构与结构、外部制度、人才培养方案、人事管理、招生制度、课堂教学等七个方面的认识存在显著差异。

5. 来自升本时间不同的新建应用型本科院校的研究对象对新建应用型本科院校管理现状的规划与大学章程、组织机构与结构、外部制度、人才培养方案、人事管理、招生制度、课堂教学等七个方面的认识存在显著差异。

三、研究被试

考虑到新建应用型本科院校的发展情况存在一定的地区差异，课题组在我国东部地区和中西部地区共选取20所院校，分别对校级领导干部、中层干部、普通教师等进行调查。为保证被调查对象回答结果的有效性，课题组对各校校级领导进行调查动员，并请求其提醒调查人配合调查。问卷共发放1000份，回收951份，回收率为95.1%；通过对问卷回答情况进行核查，有效问卷计836份，有效率达到87.9%。被试具体分布见表6.1。

表6.1 被试分布

项目	类别	人数	百分比(%)
学校地域	东部	261	31.2
	中西部	575	68.8
总计		836	100.0
职称	高级	470	56.2
	中级及以下	366	43.8
总计		836	100.0
学校升本时间	2007年及以前	652	78.0
	2008年及以后	184	22.0
总计		836	100.0

续表

项目	类别	人数	百分比(%)
升本前学校类型	师范类	651	77.9
	工科类	105	12.5
	综合类	80	9.6
总计		836	100.0
职务	校领导	101	12.1
	中层干部	370	44.2
	一般教师	365	43.7
总计		836	100.0

四、研究工具

(一)研究问卷

本课题的调查研究采用自编问卷,该问卷共包括规划与大学章程、组织机构与结构、外部制度、人才培养方案、人事管理、招生制度、课堂教学七个分量表,问卷总体信度及各分量表信度均满足大规模施测标准,结构较为合理。整个问卷共45个题项,采用三点式计分,选择“是”计3分,选择“不清楚”计2分,选择“否”计1分。

(二)问卷调查

调查采用个别施测与团体施测相结合的方式进行。课题组对各校校级领导进行了调查动员,每个被调查院校确定一名主要校领导作为负责人,负责调查事项,以提高被调查对象对调查测试活动的配合程度。

(三)数据整理与分析

调查结果在SPSS 20.0统计软件上进行数据处理,分析维度主要包括频数分析、T检验、方差分析、卡方检验等。

第二节　研究结果

整份调查问卷包括规划与大学章程、组织机构与结构、外部制度、人才培养方案、人事管理、招生制度、课堂教学七个分量表，所研究自变量主要包括被试所在院校的学校地域、被试的职称、被试的职务、被试所在院校的升本时间、被试所在院校升本前的学校类型这几个方面，研究结果分别介绍在上述五个因素的影响下，各个分量表的数据分析情况。

一、规划与大学章程

(一)学校地域、职称、学校升本时间三变量的影响

学校地域包括东部院校和中西部院校两个方面，职称包括高级职称和中级及以下职称两个方面，学校升本时间包括2007年及以前和2008年及以后两个方面，以对规划与大学章程的认识为因变量，分别以学校地域、职称、学校升本时间为自变量进行T检验，具体统计分析结果如下表所示。

表6.2　新建应用型本科院校对规划与大学章程的认知差异T检验

因变量	自变量	组别	均值	t 值	自由度(df)	伴随概率(P)
规划与大学章程	学校地域	东部 $N=261$	12.889±2.280	−2.992	422	0.003**
		中西部 $N=575$	13.370±1.854			
	职称	高级职称 $N=470$	13.319±1.993	1.618	834	0.106
		中级及以下职称 $N=366$	13.093±2.022			
	升本时间	2007年及以前 $N=652$	13.267±2.019	1.269	834	0.205
		2008年及以后 $N=184$	13.054±1.963			

注:“*”表示自变量两方面在0.05水平上差异显著,“**”表示自变量两方面在

0.01水平上差异显著,“＊＊＊”表示自变量两水平在0.000水平上差异显著,以下相同。

由表6.2可知,课题组最初的研究假设得到验证,在规划与大学章程的认知上,东部院校与中西部院校之间存在显著的地域差异,中西部院校得分略高于东部院校;但在规划与大学章程认识上,职称差异与学校升格时间差异并不显著。

(二)升本前学校类型、职务两变量的影响

在升本前学校类型、职务两变量不同的影响下,新建应用型本科院校对规划与大学章程的认知差异如以下所示。

1. 非参数检验

在调研过程中,将升本前学校类型分为师范类、工科类和综合类三个方面,将职务分为校领导、中层干部和一般教师三个方面,则针对上述分别包括的三个方面的两个自变量的影响采用F检验进行分析,但在单因素方差分析过程中发现方差不齐。综合考虑多种因素后,针对因升本前学校类型不同、职务不同而引起的对规划与大学章程认识差异的分析,采用非参数检验法,具体结果见下表。

表6.3 新建应用型本科院校对规划与大学章程的认知差异中位数检验

因变量	自变量	中位数	χ^2 值	自由度	伴随概率
规划与大学章程	职务	14.000	45.586***	2	0.000
	升本前学校类型	14.000	38.298***	2	0.000

由表6.3可知,新建应用型本科院校对规划与大学章程的认识在职务变量的三个方面之间、升本前学校类型变量的三个方面之间均存在极其显著差异。

2. 多重比较

为进一步探究类型职务不同、升本前学校类型不同的新建应用型本科院校对学校规划与大学章程的认识差异分布情况,研究者采用了“未假定方差齐性 Tamhane's T2 法”来分析不同组别间的差异,具体结果见下表。

表 6.4　新建应用型本科院校对规划与大学章程认知差异的多重比较

因变量	自变量	(I)自变量水平一	(J)自变量水平二	均差(I—J)	标准误	伴随概率
规划与大学章程	职务	校领导	中层干部	0.792***	0.176	0.000
			一般教师	1.392***	0.180	0.000
		中层干部	一般教师	0.600***	0.149	0.000
	升本前学校类型	师范类	工科类	—0.111	0.232	0.951
			综合类	—1.223***	0.153	0.000
		工科类	综合类	—1.113***	0.255	0.000

由表 6.4 可知，在对规划与大学章程的认识上，校领导与中层干部之间、校领导与一般教师之间、中层干部与一般教师之间均存在显著差异；升本前为师范类院校的新建应用型本科院校与前身是综合类院校的院校之间、前身是工科类院校的院校与前身是综合类院校的院校之间存在显著差异，而前身是师范类院校的院校与前身是工科类院校的院校之间不存在显著差异。

(三)被试作答选项频数分析及卡方检验

分别统计了在规划与大学章程这个分量表的作答中，“是”“不清楚”以及“否”三个选项在自变量不同方面上的次数分布情况。

1. 学校地域不同的新建应用型本科院校被试作答次数分布对比及卡方检验

(1)作答次数分布对比

表 6.5　地域不同的新建应用型本科院校被试作答次数分布

题号	学校地域	$N_{是}$	$P_{是}$(%)	$N_{不清楚}$	$P_{不清楚}$(%)	$N_{否}$	$P_{否}$(%)
1	东部	207	79.3	43	16.5	11	4.2
	中西部	502	87.3	70	12.2	3	0.5
2	东部	161	61.7	60	23.0	40	15.3
	中西部	359	62.4	156	27.1	60	10.4

续表

题号	学校地域	$N_{是}$	$P_{是}$(%)	$N_{不清楚}$	$P_{不清楚}$(%)	$N_{否}$	$P_{否}$(%)
3	东部	221	84.7	26	10.0	14	5.4
	中西部	527	91.7	40	7.0	8	1.4
4	东部	147	56.3	97	37.2	17	6.5
	中西部	346	60.2	205	35.7	24	4.2
5	东部	140	53.6	81	31.0	40	15.3
	中西部	359	62.4	156	27.1	60	10.4

(2)卡方检验结果

表 6.6 不同地域的新建应用型本科院校被试选项作答次数的卡方检验

题号	χ^2 值(Pearson)	自由度	伴随概率
1	18.428***	2	0.000
2	4.798	2	0.091
3	13.796**	2	0.001
4	2.569	2	0.277
5	6.881*	2	0.032

由表 6.6 可知,不同地域的新建应用型本科院校的被试对规划与大学章程认识中所包括的五个题目中的第 1 题、第 3 题及第 5 题的作答中,选项“是”的频数、选项“不清楚”的频数、选项“否”的频数三者之间差异显著;第 2 题及第 4 题的作答结果中,选项“是”的频数、选项“不清楚”的频数、选项“否”的频数三者之间差异不显著。

次数分布差异显著的三个题项的内容分别为:第 1 题,我校的大学章程符合新建应用型本科院校办学实际;第 3 题,我校的发展规划体现了学校应用型办学定位;第 5 题,我校的发展规划对实际的管理和教育行为具有很强的约束性。

2. 职称不同的被试作答选项次数分布的对比

(1)作答次数分布对比

表 6.7　新建应用型本科院校职称不同的被试作答选项次数分布

题号	职称	$N_{是}$	$P_{是}$(%)	$N_{不清楚}$	$P_{不清楚}$(%)	$N_{否}$	$P_{否}$(%)
1	高级	411	87.4	53	11.3	6	1.3
	中级及以下	298	81.4	60	16.4	8	2.2
2	高级	314	66.8	100	21.3	56	11.9
	中级及以下	206	56.3	116	31.7	44	12.0
3	高级	423	90.0	36	7.7	11	2.3
	中级及以下	325	88.8	30	8.2	11	3.0
4	高级	289	61.5	151	32.1	30	6.4
	中级及以下	204	55.7	151	41.3	11	3.0
5	高级	290	61.7	116	24.7	64	13.6
	中级及以下	209	57.1	121	33.1	36	9.8

(2)卡方检验结果

表 6.8　新建应用型本科院校职称不同的被试选项作答次数的卡方检验

题号	χ^2 值(Pearson)	自由度	伴随概率
1	5.882	2	0.053
2	12.309**	2	0.002
3	0.454	2	0.797
4	10.688**	2	0.005
5	8.284*	2	0.016

由表 6.8 可知，新建应用型本科院校职称不同的被试，对规划与大学章程认识所包括的五题中的第 2 题、第 4 题及第 5 题的作答，选项“是”的频数、选项“不清楚”的频数、选项“否”的频数三者之间差异显著；第 1 题及第 3 题的作答结果中，选项“是”的频数、选项“不清楚”的频数、选项“否”的频数三者之间差异不显著。

次数分布差异显著的三个题项的内容分别是：第 2 题，我校在拟定大学章程过程中，教职工参与度较高；第 4 题，我校发展规划编制过程中倾听了行业（企业）人士的意见和建议；第 5 题，我校发展规划对实际的管理和教育行为具有很强的约束性。

3. 升本时间不同的新建应用型本科院校被试作答选项次数分布的对比

(1)作答次数分布对比

表 6.9　升本时间不同的新建应用型本科院校的被试作答选项次数分布

题号	学校升本时间	$N_{是}$	$P_{是}$(%)	$N_{不清楚}$	$P_{不清楚}$(%)	$N_{否}$	$P_{否}$(%)
1	2007 年及以前	552	84.7	90	13.8	10	1.5
	2008 年及以后	157	85.3	23	12.5	4	2.2
2	2007 年及以前	396	60.7	176	27.0	80	12.3
	2008 年及以后	124	67.4	40	21.7	20	10.9
3	2007 年及以前	588	90.2	47	7.2	17	2.6
	2008 年及以后	160	87.0	19	10.3	5	2.7
4	2007 年及以前	406	62.3	219	33.6	27	4.1
	2008 年及以后	87	47.3	83	45.1	14	7.6
5	2007 年及以前	396	60.7	182	27.9	74	11.3
	2008 年及以后	103	56.0	55	29.9	26	14.1

(2)卡方检验结果

表 6.10　升本时间不同的新建应用型本科院校被试选项作答次数的卡方检验

题号	χ^2 值(Pearson)	自由度	伴随概率
1	0.539	2	0.764
2	2.791	2	0.248
3	1.940	2	0.379
4	14.256**	2	0.001
5	1.670	2	0.434

由表 6.10 可知，升本时间不同的新建本科院校的被试对学校规划与大学章程的认识中所包括的五题中的第 4 题的作答中，选项“是”的频数、选项“不清楚”的频数、选项“否”的频数三者之间差异显著；第 1 题、第 2 题、第 3

题及第5题的作答结果中，选项“是”的频数、选项“不清楚”的频数、选项“否”的频数三者之间差异不显著。

次数分布差异显著的题项的内容是：第4题，我校发展规划编制过程中倾听了行业（企业）人士的意见和建议。

4. 职务不同的被试作答选项次数分布对比

(1)作答次数分布对比

表6.11 职务不同的新建应用型本科院校被试作答选项次数分布

题号	职务	$N_{是}$	$P_{是}$(%)	$N_{不清楚}$	$P_{不清楚}$(%)	$N_{否}$	$P_{否}$(%)
1	校领导	99	98.0	1	1.0	1	1.0
	中层干部	333	90.0	30	8.1	7	1.9
	一般教师	277	75.9	82	22.5	6	1.6
2	校领导	88	87.1	7	6.9	6	5.9
	中层干部	260	70.3	70	18.9	40	10.8
	一般教师	172	47.1	139	38.1	54	14.8
3	校领导	100	99.0	1	1.0	0	0
	中层干部	342	92.4	17	4.6	11	3.0
	一般教师	306	83.8	48	13.2	11	3.0
4	校领导	82	81.2	10	9.9	9	8.9
	中层干部	222	60.0	130	35.1	18	4.9
	一般教师	189	51.8	162	44.4	14	3.8
5	校领导	81	80.2	8	7.9	12	11.9
	中层干部	223	60.3	96	25.9	51	13.8
	一般教师	195	53.4	133	36.4	37	10.1

(2)卡方检验结果

表 6.12　职务不同的新建应用型本科院校被试选项作答次数的卡方检验

题号	χ^2 值(Pearson)	自由度	伴随概率
1	48.425***	4	0.000
2	75.232***	4	0.000
3	46.388***	4	0.000
4	42.096***	4	0.000
5	35.628***	4	0.000

由表 6.12 可知,新建本科院校职务不同的被试对规划与大学章程认识所包括的第 1 题、第 2 题、第 3 题、第 4 题及第 5 题的作答中,选项“是”的频数、选项“不清楚”的频数、选项“否”的频数三者之间差异显著。

次数分布差异显著的五个题项的内容分别为:第 1 题,我校的大学章程符合新建应用型本科院校办学实际;第 2 题,我校在拟定大学章程过程中,教职工参与度较高;第 3 题,我校的发展规划体现了学校应用型办学定位;第 4 题,我校发展规划编制过程中倾听了行业(企业)人士的意见和建议;第 5 题,我校的发展规划对实际的管理和教育行为具有很强的约束性。

5.升本前学校类型不同的新建应用型本科院校被试作答选项次数分布对比

(1)作答次数分布对比

表 6.13　升本前学校类型不同的新建应用型本科院校被试作答选项次数分布

题号	升本前学校类型	$N_{是}$	$P_{是}$(%)	$N_{不清楚}$	$P_{不清楚}$(%)	$N_{否}$	$P_{否}$(%)
1	师范类	545	83.7	99	15.2	7	1.1
	工科类	84	80.0	14	13.3	7	6.7
	综合类	80	100	0	0	0	0
2	师范类	388	59.6	175	26.9	88	13.5
	工科类	66	62.9	29	27.6	10	9.5
	综合类	66	82.5	12	15.0	2	2.5

续表

题号	升本前学校类型	$N_{是}$	$P_{是}$(%)	$N_{不清楚}$	$P_{不清楚}$(%)	$N_{否}$	$P_{否}$(%)
3	师范类	573	88.0	61	9.4	17	2.6
	工科类	96	91.4	5	4.8	4	3.8
	综合类	79	98.8	0	0	1	1.3
4	师范类	363	55.8	250	38.4	38	5.8
	工科类	62	59.0	40	38.1	3	2.9
	综合类	68	85.0	12	15.0	0	0
5	师范类	377	57.9	189	29.0	85	13.1
	工科类	62	59.0	33	31.4	10	9.5
	综合类	60	75.0	15	18.8	5	6.3

(2)卡方检验结果

表 6.14 升本前学校类型不同的新建应用型本科院校被试选项作答次数的卡方检验

题号	χ^2 值(Pearson)	自由度	伴随概率
1	33.367***	0.000	1
2	19.178**	0.001	2
3	13.946**	0.005	3
4	29.010***	0.000	4
5	9.683*	0.045	5

由表6.14可知,升本前学校类型不同的新建应用型本科院校的被试,对规划与大学章程认识所包括的五题中第1题、第2题、第3题、第4题及第5题的作答中,选项"是"的频数、选项"不清楚"的频数、选项"否"的频数三者之间差异显著。

次数分布差异显著的五个题项的内容分别为:第1题,我校的大学章程符合新建应用型本科院校办学实际;第2题,我校在拟定大学章程过程中,教职工参与度较高;第3题,我校的发展规划体现了学校应用型办学定位;第4题,我校发展规划编制过程中倾听了行业(企业)人士的意见和建议;第5题,我校的发展规划对实际的管理和教育行为具有很强的约束性。

二、组织机构与结构

(一)学校地域、职称、学校升本时间三个变量的影响

学校地域包括东部和中西部两个方面,职称包括高级职称和中级及以下职称两个方面,学校升本时间包括2007年及以前和2008年及以后两个水平。以对学校组织机构与结构的认识为因变量,分别以学校地域、职称、学校升本时间为自变量进行T检验,具体统计分析结果如下表所示。

表6.15　新建应用型本科院校对组织机构与结构的认知差异T检验

因变量	自变量	组别	均值	t值	自由度(df)	伴随概率(P)
组织机构与结构	学校地域	东部 N=261	20.103±3.852	−0.723	834	0.470
		中西部 N=575	20.306±3.708			
	职称	高级职称 N=470	20.304±3.719	0.536	834	0.592
		中级及以下职称 N=366	20.164±3.799			
	升本时间	2007年及以前 N=652	20.334±3.848	1.427	329	0.154
		2008年及以后 N=184	19.919±3.383			

由表6.15可知,新建应用型本科院校被试对组织机构与结构的认识在学校地域变量的两个方面之间、职称变量的两个方面、学校升本时间变量的两个方面之间均不存在显著差异。

(二)升本前学校类型、职务两变量的影响

在升本前学校类型、职务两变量不同方面的影响下,新建应用型本科院校对组织机构与结构的认知差异如下所示。

1. 非参数检验

调研过程中,将升本前学校类型区分为师范类、工科类和综合类三个方

面，将职务区分为校领导、中层干部和一般教师三个方面。针对上述分别包括三方面的两个自变量的影响采用F检验进行分析，但在单因素方差分析过程中发现方差不齐。综合考虑多种因素后，针对因升本前学校类型不同、职务不同而引起的对学校组织机构与结构认识差异的分析，采用非参数检验法，具体结果见下表。

表6.16　新建应用型本科院校对组织机构与结构的认知差异中位数检验

因变量	自变量	中位数	χ^2 值	自由度	伴随概率
组织机构与结构	职务	21.000	29.881***	2	0.000
	升本前学校类型	21.000	27.754***	2	0.000

由表6.16可知，新建应用型本科院校对组织机构与结构的认识在职务变量的三个方面之间、升本前学校类型的三个方面之间均存在极其显著差异。

2. 多重比较

为进一步探究职务类型不同、升本前学校类型不同的新建应用型本科院校有关学校学校组织机构与结构认识差异的分布情况，研究者采用了“未假定方差齐性Tamhane’s T2法”来分析不同组别间的差异，具体结果见下表。

表6.17　新建应用型本科院校对组织机构与结构认知差异的多重比较

因变量	自变量	(I)自变量水平一	(J)自变量水平二	均差(I—J)	标准误	伴随概率
组织机构与机构	职务	校领导	中层干部	1.713***	0.312	0.000
			一般教师	2.492***	0.180	0.000
		中层干部	一般教师	0.778*	0.281	0.017
	升本前学校类型	师范类	工科类	—0.911	0.394	0.065
			综合类	—2.000***	0.355	0.000
		工科类	综合类	—1.090	0.487	0.077

由表6.17可知，在对组织机构与结构的认识中，校领导与中层干部之

间、校领导与一般教师之间、中层干部与一般教师之间均存在显著差异;前身为师范类院校的学校与前身为综合类院校的学校之间存在显著差异,前身为师范类院校的院校与前身为工科类院校的院校之间、前身为工科类院校与前身为综合类院校的院校之间不存在显著差异。

(三)被试作答选项频数分析及卡方检验

分别统计了在组织机构与结构这个分量表的作答中,“是”“不清楚”以及“否”三个选项在自变量不同方面的次数分布情况。

1. 学校地域不同的新建应用型本科院校被试作答次数分布对比及卡方检验

(1)作答次数分布对比

表 6.18 学校地域不同的新建应用型本科院校被试作答选项次数分布

题号	学校地域	$N_{是}$	$P_{是}$(%)	$N_{不清楚}$	$P_{不清楚}$(%)	$N_{否}$	$P_{否}$(%)
6	东部	230	88.1	24	9.2	7	2.7
	中西部	504	87.7	58	10.1	13	2.3
7	东部	144	55.2	57	21.8	60	23.0
	中西部	320	55.7	134	23.3	121	21.0
8	东部	159	60.9	76	29.1	26	10.0
	中西部	343	59.7	161	28.0	71	12.3
9	东部	171	65.5	54	20.7	36	13.8
	中西部	378	65.7	115	20.0	82	14.3
10	东部	145	55.6	80	30.7	36	13.8
	中西部	378	65.7	116	20.2	81	14.1
11	东部	116	44.4	112	42.9	33	12.6
	中西部	284	49.4	223	38.8	68	11.8
12	东部	166	63.6	60	23.0	35	13.4
	中西部	374	65.0	137	23.8	64	11.1
13	东部	190	72.8	54	20.7	17	6.5
	中西部	430	74.8	110	19.1	35	6.1

(2)卡方检验结果

表 6.19　地域不同的新建应用型本科院校被试选项作答次数的卡方检验

题号	χ^2 值(Pearson)	自由度	伴随概率
6	0.283	2	0.868
7	0.271	2	0.873
8	1.008	2	0.604
9	0.071	2	0.965
10	11.392**	2	0.003
11	1.781	2	0.410
12	0.899	2	0.638
13	0.370	2	0.831

由表 6.19 可知,地域不同的新建应用型本科院校的被试,对组织机构与结构认识中所包括的八题,只有在第 6 题的作答中,选项“是”的频数、选项“不清楚”的频数、选项“否”的频数三者之间差异显著;其余七题的作答结果中,选项“是”的频数、选项“不清楚”的频数、选项“否”的频数三者之间差异不显著。

次数分布差异显著的一个题项的内容为:第 6 题,学校是否能够有效地落实党委领导下的校长负责制。

2. 职称不同的被试作答选项次数分布的对比

(1)作答次数分布对比

表 6.20　职称不同的新建应用型本科院校被试作答选项次数分布

题号	职称	$N_{是}$	$P_{是}$(%)	$N_{不清楚}$	$P_{不清楚}$(%)	$N_{否}$	$P_{否}$(%)
6	高级	419	89.1	39	8.3	12	2.6
	中级及以下	315	86.1	43	11.7	8	2.2
7	高级	247	52.6	93	19.8	130	27.7
	中级及以下	217	59.3	98	26.8	51	13.9
8	高级	294	62.6	114	24.3	62	13.2
	中级及以下	208	56.8	123	33.6	35	9.6

续表

题号	职称	$N_{是}$	$P_{是}$(%)	$N_{不清楚}$	$P_{不清楚}$(%)	$N_{否}$	$P_{否}$(%)
9	高级	324	68.9	88	18.7	58	12.3
	中级及以下	225	61.5	81	22.1	60	16.4
10	高级	305	64.9	106	22.6	59	12.6
	中级及以下	218	59.6	90	24.6	58	15.8
11	高级	235	50.0	176	37.4	59	12.6
	中级及以下	165	45.1	159	43.4	42	11.5
12	高级	311	66.2	101	21.5	58	12.3
	中级及以下	229	62.6	96	26.2	41	11.2
13	高级	359	76.4	78	16.6	33	7.0
	中级及以下	261	71.3	86	23.5	19	5.2

(2)卡方检验结果

表 6.21　职称不同的新建应用型本科院校被试选项作答次数的卡方检验

题号	χ^2 值(Pearson)	自由度	伴随概率
6	2.837	2	0.242
7	23.985***	2	0.000
8	9.804**	2	0.007
9	0.297	2	0.862
10	1.002	2	0.606
11	2.452	2	0.294
12	2.520	2	0.284
13	4.121	2	0.127

由表 6.21 可知,新建应用型本科院校不同职称被试对组织机构与结构认识所包括的八题中的第 7 题、第 8 题的作答中,选项“是”的频数、选项“不清楚”的频数、选项“否”的频数三者之间差异显著;其余六题的作答结果中,选项“是”的频数、选项“不清楚”的频数、选项“否”的频数三者之间差异不显著。

次数分布差异显著的两个题项的内容分别是:第 7 题,我校院系管理自主权得到有效落实;第 8 题,我校拥有较好的学术权力保障机制。

3. 升本时间不同的新建应用型本科院校的被试作答选项次数分布的对比

(1)作答次数分布对比

表 6.22　升本时间不同的新建应用型本科院校的被试作答选项次数分布

题号	学校升本时间	$N_{是}$	$P_{是}$(%)	$N_{不清楚}$	$P_{不清楚}$(%)	$N_{否}$	$P_{否}$(%)
6	2007 年及以前	588	87.1	65	10.0	19	2.9
	2008 年及以后	166	90.2	17	9.2	1	0.5
7	2007 年及以前	379	58.1	147	22.5	126	19.3
	2008 年及以后	85	46.2	44	23.9	55	29.9
8	2007 年及以前	394	60.4	180	27.6	78	12.0
	2008 年及以后	108	58.7	57	31.0	19	10.3
9	2007 年及以前	432	66.3	133	20.4	87	13.3
	2008 年及以后	117	63.6	36	19.6	31	16.8
10	2007 年及以前	405	62.1	158	24.2	89	13.7
	2008 年及以后	118	64.1	38	20.7	28	15.2
11	2007 年及以前	328	50.3	254	39.0	70	10.7
	2008 年及以后	72	39.1	81	44.0	31	16.8
12	2007 年及以前	420	64.4	152	23.3	80	12.3
	2008 年及以后	120	65.2	45	24.5	19	10.3
13	2007 年及以前	489	75.0	123	18.9	40	6.1
	2008 年及以后	131	71.2	41	22.3	12	6.5

(2)卡方检验结果

表 6.23　升本时间不同的新建应用型本科院校的被试选项作答次数的卡方检验

题号	χ^2 值(Pearson)	自由度	伴随概率
6	3.606	2	0.165

续表

题号	χ^2 值(Pearson)	自由度	伴随概率
7	11.199**	2	0.004
8	0.978	2	0.613
9	1.454	2	0.483
10	1.130	2	0.568
11	9.102*	2	0.011
12	0.552	2	0.759
13	1.169	2	0.557

由表6.23可知，升本时间不同的新建本科院校被试，对学校组织机构与结构的认识中所包括的八题中的第7题、第11题的作答中，选项“是”的频数、选项“不清楚”的频数、选项“否”的频数三者之间差异显著；其余六题作答结果中，选项“是”的频数、选项“不清楚”的频数、选项“否”的频数三者之间差异不显著。

次数分布差异显著的两个题项的内容是：第7题，我校院系管理自主权得到有效落实；第11题，我校建立了采纳社会精英有关教育教学的建议和意见的机制。

4. 职务不同的被试作答选项次数分布对比

(1)作答次数分布对比

表6.24 职务不同的新建应用型本科院校被试作答选项次数分布

题号	职务	$N_{是}$	$P_{是}$(%)	$N_{不清楚}$	$P_{不清楚}$(%)	$N_{否}$	$P_{否}$(%)
6	校领导	99	98.0	2	2.0	0	0
	中层干部	340	91.9	23	6.2	7	1.9
	一般教师	295	80.8	57	15.6	13	3.6
7	校领导	68	67.3	9	8.9	24	23.8
	中层干部	196	53.0	81	21.9	93	25.1
	一般教师	200	54.8	101	27.7	64	17.5

续表

题号	职务	$N_{是}$	$P_{是}$(%)	$N_{不清楚}$	$P_{不清楚}$(%)	$N_{否}$	$P_{否}$(%)
8	校领导	91	90.1	6	5.9	4	4.0
	中层干部	221	59.7	100	27.0	49	13.2
	一般教师	190	52.1	131	35.9	44	12.1
9	校领导	95	94.1	4	4.0	2	2.0
	中层干部	268	72.4	61	16.5	41	11.1
	一般教师	186	51.0	104	28.5	75	20.5
10	校领导	85	84.2	9	8.9	7	6.9
	中层干部	242	65.4	71	19.2	57	15.4
	一般教师	196	53.7	116	31.8	53	14.5
11	校领导	67	66.3	17	16.8	17	16.8
	中层干部	168	45.4	159	43.0	43	11.6
	一般教师	165	45.2	159	43.6	41	11.2
12	校领导	88	87.1	5	7.9	5	5.0
	中层干部	243	65.7	84	22.7	43	11.6
	一般教师	209	57.3	105	28.8	51	14.0
13	校领导	88	87.1	6	5.9	7	6.9
	中层干部	294	79.5	56	15.1	20	5.4
	一般教师	238	65.2	102	27.9	25	6.8

(2)卡方检验结果

表 6.25　职务不同的新建应用型本科院校被试选项作答次数的卡方检验

题号	χ^2 值(Fisher 精确概率法)	伴随概率
6	32.674***	0.000
7	22.317***	0.000
8	56.490***	0.000
9	85.574***	0.000

续表

题号	χ^2 值(Fisher 精确概率法)	伴随概率
10	40.612***	0.000
11	212.886***	0.000
12	64.808***	0.000
13	36.298***	0.000

由于在第 6 题的作答中，产生了选项次数为 0 的情况，故采用 Fisher 精确概率法对其进行检验。由表 6.25 可知，新建本科院校职务不同的被试，对组织机构与结构认识所包括的八题每一题的作答中，选项"是"的频数、选项"不清楚"的频数、选项"否"的频数三者之间均差异显著。

次数分布差异显著的八个题项内容分别为：第 6 题，我校能够有效地落实党委领导下的校长负责制；第 7 题，我校院系管理自主权得到有效落实；第 8 题，我校拥有较好的学术权力保障机制；第 9 题，我校有较好的民主管理氛围，教职工参与学校重大事项的决策路径通畅；第 10 题，我校注意调动学生参与学校管理的积极性；第 11 题，我校建立了采纳社会精英有关教育教学的建议和意见的机制；第 12 题，我校管理部门的设置有利于学校行政权力与学术权力的有效运行；第 13 题，学校领导具有良好的新建应用型本科院校管理的理论水平和经验。

5. 升本前学校类型不同的新建应用型本科院校的被试作答选项次数分布对比

(1)作答次数分布对比

表 6.26　升本前学校类型不同的新建应用型本科院校的被试作答选项次数分布

题号	升本前学校类型	$N_{是}$	$P_{是}$(%)	$N_{不清楚}$	$P_{不清楚}$(%)	$N_{否}$	$P_{否}$(%)
6	师范类	561	86.2	72	11.1	18	2.8
	工科类	95	90.5	8	7.6	2	1.9
	综合类	78	97.5	2	2.5	0	0

续表

题号	升本前学校类型	$N_{是}$	$P_{是}$(%)	$N_{不清楚}$	$P_{不清楚}$(%)	$N_{否}$	$P_{否}$(%)
7	师范类	347	53.3	145	22.3	159	24.4
	工科类	64	61.0	22	21.0	19	18.1
	综合类	53	66.3	24	30.0	3	3.8
8	师范类	377	57.9	193	29.6	81	12.4
	工科类	71	67.6	24	22.9	10	9.5
	综合类	54	67.5	20	25.0	6	7.5
9	师范类	401	61.6	141	21.7	109	16.7
	工科类	82	78.1	17	16.2	6	5.7
	综合类	66	82.5	11	13.8	3	3.8
10	师范类	394	60.5	161	24.7	96	14.7
	工科类	69	65.7	22	21.0	14	13.3
	综合类	60	75.0	13	16.3	7	8.8
11	师范类	289	44.4	276	42.4	86	13.2
	工科类	53	50.5	40	38.1	12	11.4
	综合类	58	72.5	19	23.8	3	3.8
12	师范类	403	61.9	164	25.2	84	12.9
	工科类	79	75.2	14	13.3	12	11.4
	综合类	58	72.5	19	23.8	3	3.8
12	师范类	467	71.7	141	21.7	43	6.6
	工科类	79	75.2	18	17.1	8	7.6
	综合类	74	92.5	5	6.3	1	1.3

(2)卡方检验结果

表 6.27 升本前学校类型不同的新建应用型本科院校被试选项作答次数的卡方检验

题号	χ^2 值(Fisher 精确概率法)	伴随概率
6	9.423*	0.040
7	24.230***	0.000
8	5.615	0.227
9	26.895***	0.000
10	6.654	0.153
11	23.618***	0.000
12	14.876**	0.005
13	18.640**	0.001

由于在第 6 题的作答中，发生了选项次数为 0 的情况，故采用 Fisher 精确概率法对其进行检验。由表 6.27 可知，升本前学校类型不同的新建应用型本科院校被试对组织机构与结构认识所包括的八题中的第 6 题、第 7 题、第 9 题、第 11 题、第 12 题及第 13 题的作答中，选项“是”的频数、选项“不清楚”的频数、选项“否”的频数三者之间差异显著；第 8 题、第 10 题的作答结果中，选项“是”的频数、选项“不清楚”的频数、选项“否”的频数三者之间差异不显著。

次数分布差异显著的六个题项内容分别为：第 6 题，我校能够有效地落实党委领导下的校长负责制；第 7 题，我校院系管理自主权得到有效落实；第 9 题，我校有较好的民主管理氛围，教职工参与学校重大事项的决策路径通畅；第 11 题，我校建立了采纳社会精英有关教育教学的建议和意见的机制；第 12 题，我校管理部门的设置有利于学校行政权力与学术权力的有效运行；第 13 题，学校领导具有良好的新建应用型本科院校管理的理论水平和经验。

三、外部制度

(一)学校地域、职称、学校升本时间三变量的影响

学校地域包括东部院校和中西部院校两个方面，职称包括高级职称和中级及以下职称两个方面，学校升本时间包括2007年及以前和2008年及以后两个方面。以对学校外部制度的认识为因变量，分别以学校地域、职称、学校升本时间为自变量进行T检验，具体统计分析结果如下表所示.

表6.28　新建应用型本科院校对外部制度的认知差异T检验

因变量	自变量	组别	均值	t值	自由度(df)	伴随概率(P)
外部制度	学校地域	东部 $N=261$	16.812±3.465	0.578	834	0.563
		中西部 $N=575$	16.661±3.529			
	职称	高级职称 $N=470$	16.340±3.556	−3.457	834	0.001**
		中级及以下职称 $N=366$	17.180±3.391			
	升本时间	2007年及以前 $N=652$	16.722±3.506	0.221	834	0.825
		2008年及以后 $N=184$	16.658±3.525			

由表6.28可知，新建应用型本科院校被试对外部制度的认识在职称变量的两个方面之间存在显著差异，在学校地域变量的两个方面之间、学校升本时间变量的两个方面之间均不存在显著差异。

(二)升本前学校类型、职务两变量的影响

在升本前学校类型、职务两变量不同方面的影响下，新建应用型本科院校对外部制度的认知差异如以下表格所示。

1.单因素方差分析

升本前学校的类型包括师范类、工科类、综合类三个方面，以对外部制

度的认识为因变量、以升本前学校类型为自变量进行单因素方差分析，方差齐性，满足方差分析的前提条件。具体单因素方差分析结果如下表所示。

(1)方差齐性检验结果

表 6.29　升本前类型不同的学校差异的方差齐性检验结果

因变量	Levene 值	df1	df2	伴随概率 sig
外部制度	1.111	2	833	0.330

由表 6.29 可知，升本前类型不同的学校在对外部制度认识上差异的方差齐性检验结果中，其伴随概率为 $0.330>0.05$，故方差齐性，则满足方差分析的前提条件。

(2)单因素方差分析结果

表 6.30　不同类型学校差异的单因素方差分析结果

因变量	变异来源	平方和	自由度	均方	F 值	伴随概率
外部制度	组间	191.908	2	95.954	7.927***	0.000
	组内	10082.876	833	12.104		
	总变异	10274.785	835			

由表 6.30 可知，在对外部制度的认识上，升本前学校类型不同的新建应用型本科院校之间存在极其显著差异。

(3)事后检验

为进一步了解升本前学校类型不同的新建应用型本科院校对外部制度认识的差异，则进行事后多重比较，具体结果见下表。

表 6.31　升本前学校类型不同的新建应用型本科院校的多重比较

因变量	(I)升本前学校类型	(J)升本前学校类型	均差(I—J)	标准误	伴随概率
外部制度	师范类	工科类	—0.230	0.366	0.530
		综合类	—1.640***	0.412	0.000
	工科类	综合类	—1.410**	0.516	0.006

由表6.31可知，在对外部制度的认识上，前身为师范类院校的院校与前身为综合类院校的院校之间、前身为工科类院校的院校与前身为综合类院校的院校之间均存在显著差异。

2. 非参数检验

在调研过程中，将职务区分为校领导、中层干部和一般教师三个方面，针对该自变量的影响采用F检验进行分析，但在单因素方差分析过程中发现方差不齐。综合考虑多种因素后，针对因职务不同而引起的外部制度认识差异的分析，采用非参数检验法，具体结果见下表。

表6.32 新建应用型本科院校对外部制度的认知差异中位数检验

因变量	自变量	中位数	χ^2 值	自由度	伴随概率
外部制度	职务	17.000	11.899**	2	0.003

由表6.32可知，新建应用型本科院校对外部制度的认识在职务变量的三个方面之间存在非常显著的差异。

3. 多重比较

为进一步探究职务类型不同的新建应用型本科院校被试对学校外部制度认识差异的分布情况，研究者采用了"未假定方差齐性Tamhane's T2法"来分析不同组别间的差异，具体结果见下表。

表6.33 新建应用型本科院校对外部制度认知差异的多重比较

因变量	自变量	(I)自变量水平一	(J)自变量水平二	均差(I-J)	标准误	伴随概率
外部制度	职务	校领导	中层干部	−0.317	0.430	0.844
			一般教师	−1.210*	0.426	0.015
		中层干部	一般教师	−0.893**	0.252	0.001

由表6.33可知，在对外部制度的认识中，校领导与一般教师之间、中层干部与一般教师之间均存在显著差异，而校领导与中层干部之间不存在显著差异。

（三）被试作答选项频数分析及卡方检验

分别统计了在外部制度这个分量表的作答中，“是”“不清楚”以及“否”三个选项在自变量不同方面上的次数分布情况。

1. 学校地域不同的新建应用型本科院校被试作答次数分布对比及卡方检验

（1）作答次数分布对比

表 6.34 处于不同地域的新建应用型本科院校被试作答次数分布

题号	学校地域	$N_{是}$	$P_{是}$（%）	$N_{不清楚}$	$P_{不清楚}$（%）	$N_{否}$	$P_{否}$（%）
14	东部	112	42.9	100	38.3	49	18.8
	中西部	300	52.2	158	27.5	117	20.3
15	东部	4	1.5	31	11.9	226	86.6
	中西部	15	2.6	53	9.2	507	88.2
16	东部	129	49.4	85	32.6	47	18.0
	中西部	248	43.1	199	34.6	128	22.3
17	东部	141	54.0	101	38.7	19	7.3
	中西部	312	54.3	215	37.4	48	8.3
18	东部	87	33.3	100	38.3	74	28.4
	中西部	165	28.7	173	30.1	237	41.2
19	东部	122	46.7	84	32.2	55	21.1
	中西部	268	46.6	172	29.9	135	23.5
20	东部	128	49.0	73	28.0	60	23.0
	中西部	344	59.8	128	22.3	103	17.9
21	东部	82	31.4	116	44.4	63	24.1
	中西部	190	33.0	198	34.4	187	32.5

（2）卡方检验结果

表 6.35　处于不同地域的新建应用型本科院校被试选项作答次数的卡方检验

题号	χ^2 值(Pearson)	自由度	伴随概率
14	10.179**	2	0.006
15	2.230	2	0.328
16	3.349	2	0.187
17	0.338	2	0.844
18	12.988**	2	0.002
19	0.760	2	0.684
20	8.502*	2	0.014
21	9.154*	2	0.010

由表 6.35 可知，不同地域的新建应用型本科院校的被试，对外部制度认识所包括的八题中的第 14 题、第 18 题、第 20 题及第 21 题的作答中，选项“是”的频数、选项“不清楚”的频数、选项“否”的频数三者之间差异显著；在第 15 题、第 16 题、第 17 题及第 19 题的作答结果中，选项“是”的频数、选项“不清楚”的频数、选项“否”的频数三者之间差异不显著。

次数分布差异显著的四个题项内容分别为：第 14 题，政府对新建应用型本科院校的支持力度较大；第 18 题，政府主管部门的编制审核和岗位设置制度符合学校持续发展的需求；第 20 题，行业（企业）能够积极参与学校的人才培养过程；第 21 题，政府主管部门对办学经费的管理适合新建应用型本科院校的办学需求。

2. 职称不同的被试作答选项次数分布的对比

(1)作答次数分布对比

表 6.36　职称不同的新建应用型本科院校被试作答选项次数分布

题号	职称	$N_{是}$	$P_{是}$(%)	$N_{不清楚}$	$P_{不清楚}$(%)	$N_{否}$	$P_{否}$(%)
14	高级	240	51.1	128	27.2	102	21.7
	中级及以下	172	47.0	130	35.5	64	17.5

续表

题号	职称	$N_{是}$	$P_{是}$(%)	$N_{不清楚}$	$P_{不清楚}$(%)	$N_{否}$	$P_{否}$(%)
15	高级	12	2.6	34	7.2	424	90.2
	中级及以下	7	1.9	50	13.7	309	84.4
16	高级	205	43.6	141	30.0	124	26.4
	中级及以下	172	47.0	143	39.1	51	13.9
17	高级	265	56.4	161	34.3	44	9.4
	中级及以下	188	51.4	155	42.3	23	6.3
18	高级	124	26.4	134	28.5	212	45.1
	中级及以下	128	35.0	139	38.0	99	27.0
19	高级	211	44.9	131	27.9	128	27.2
	中级及以下	179	48.9	125	34.2	62	16.9
20	高级	264	56.2	114	24.3	92	19.6
	中级及以下	208	56.8	87	23.8	71	19.4
21	高级	141	30.0	153	32.6	176	37.4
	中级及以下	131	35.8	161	44.0	74	20.2

(2)卡方检验结果

表 6.37　职称不同的新建应用型本科院校被试选项作答次数的卡方检验

题号	χ^2 值(Pearson)	自由度	伴随概率
14	7.292*	2	0.026
15	9.617**	2	0.008
16	20.737***	2	0.000
17	6.954*	2	0.031
18	28.720***	2	0.000
19	12.955**	2	0.002
20	0.039	2	0.981
21	29.709***	2	0.000

由表 6.37 可知，新建应用型本科院校职称不同的被试，对外部制度认识所包括的八题中的第 14 题、第 15 题、第 16 题、第 17 题、第 18 题、第 19 题及第 21 题的作答中，选项“是”的频数、选项“不清楚”的频数、选项“否”的频数三者之间差异显著；第 20 题的作答结果中，选项“是”的频数、选项“不清楚”的频数、选项“否”的频数三者之间差异不显著。

次数分布差异显著的七个题项内容分别是：第 14 题，政府对新建应用型本科院校的支持力度较大；第 15 题，学校转型发展应该相应调整学校内外部管理制度；第 16 题，政府主管部门积极下放高校办学自主权；第 17 题，学校已经做好了承接政府主管部门下放权力的准备，并有能力使其有序运转；第 18 题，政府主管部门的编制审核和岗位设置制度符合学校持续发展的需求；第 19 题，新建应用型本科院校有较好的外部制度环境；第 21 题，政府主管部门对办学经费的管理适合新建应用型本科院校的办学需求。

3. 升本时间不同的新建应用型本科院校被试作答选项次数分布的对比

(1)作答次数分布对比

表 6.38　升本时间不同的新建应用型本科院校被试作答选项次数分布

题号	学校升本时间	$N_{是}$	$P_{是}$(%)	$N_{不清楚}$	$P_{不清楚}$(%)	$N_{否}$	$P_{否}$(%)
14	2007 年及以前	305	46.8	212	32.5	135	20.7
	2008 年及以后	107	58.2	46	25.0	31	16.8
15	2007 年及以前	17	2.6	71	10.9	564	86.5
	2008 年及以后	2	1.1	13	7.1	169	91.8
16	2007 年及以前	297	45.6	228	35.0	127	19.5
	2008 年及以后	80	43.5	56	30.4	48	26.1
17	2007 年及以前	347	53.2	252	38.7	53	8.1
	2008 年及以后	106	57.6	64	24.8	14	7.6
18	2007 年及以前	196	30.1	217	33.3	239	36.7
	2008 年及以后	56	30.4	56	30.4	72	39.1

续表

题号	学校升本时间	$N_{是}$	$P_{是}$(%)	$N_{不清楚}$	$P_{不清楚}$(%)	$N_{否}$	$P_{否}$(%)
19	2007 年及以前	298	45.7	207	31.7	147	22.5
	2008 年及以后	92	50.0	49	26.6	43	23.4
20	2007 年及以前	383	58.7	140	21.5	129	19.8
	2008 年及以后	89	48.4	61	33.2	34	18.5
21	2007 年及以前	215	33.0	244	37.4	193	29.6
	2008 年及以后	57	31.0	70	38.0	57	31.0

(2)卡方检验结果

表 6.39　升本时间不同的新建应用型本科院校被试选项作答次数的卡方检验

题号	χ^2 值(Pearson)	自由度	伴随概率
14	7.468*	2	0.024
15	4.016	2	0.134
16	3.999	2	0.135
17	1.126	2	0.569
18	0.599	2	0.741
19	1.838	2	0.399
20	11.003**	2	0.004
21	0.282	2	0.869

由表 6.39 可知,升本时间不同的新建本科院校的被试,对外部制度的认识中所包括的八题中第 14 题及第 20 题的作答中,选项“是”的频数、选项“不清楚”的频数、选项“否”的频数三者之间差异显著;第 15 题、第 16 题、第 17 题、第 18 题、第 19 题及第 21 题作答结果中,选项“是”的频数、选项“不清楚”的频数、选项“否”的频数三者之间差异不显著。

次数分布差异显著的两个题项的内容是:第 14 题,政府对新建应用型本科院校的支持力度较大;第 20 题,行业(企业)能够积极参与学校的人才培养过程。

4. 职务不同的被试作答选项次数分布对比

(1)作答次数分布对比

表 6.40　职务不同的新建应用型本科院校被试作答选项次数分布

题号	职务	$N_{是}$	$P_{是}$(%)	$N_{不清楚}$	$P_{不清楚}$(%)	$N_{否}$	$P_{否}$(%)
14	校领导	57	56.4	10	9.9	34	33.7
	中层干部	184	49.7	112	30.3	74	20.0
	一般教师	171	46.8	136	37.3	58	15.9
15	校领导	3	3.0	4	4.0	94	93.1
	中层干部	9	2.4	30	8.1	331	89.5
	一般教师	7	1.9	50	13.7	308	84.4
16	校领导	47	46.5	15	14.9	39	38.6
	中层干部	172	46.5	108	29.2	90	24.3
	一般教师	158	43.3	161	44.1	46	12.6
17	校领导	80	79.2	7	6.9	14	13.9
	中层干部	210	56.8	130	35.1	30	8.1
	一般教师	163	44.7	179	49.0	23	6.3
18	校领导	31	30.7	9	8.9	61	60.4
	中层干部	99	26.8	108	29.2	163	44.1
	一般教师	122	33.4	156	42.7	87	23.8
19	校领导	43	42.6	16	15.8	72	41.6
	中层干部	164	44.3	113	30.5	93	25.1
	一般教师	183	50.1	127	34.8	55	15.1
20	校领导	66	65.3	14	13.9	21	20.8
	中层干部	189	51.1	95	25.7	86	23.2
	一般教师	217	59.5	92	25.2	56	15.3
21	校领导	34	33.7	15	14.9	52	51.5
	中层干部	114	30.8	114	30.8	142	38.4
	一般教师	124	34.0	185	50.7	56	15.3

(2)卡方检验结果

表 6.41 职务不同的新建应用型本科院校被试选项作答次数的卡方检验

题号	χ^2 值(Pearson)	自由度	伴随概率
14	33.357***	4	0.000
15	11.333*	4	0.023
16	54.089***	4	0.000
17	62.245***	4	0.000
18	69.692***	4	0.000
19	37.188***	4	0.000
20	14.839**	4	0.005
21	86.200***	4	0.000

由表 6.41 可知,职务不同的新建本科院校被试,对外部制度认识所包括的八题的作答中,选项“是”的频数、选项“不清楚”的频数、选项“否”的频数三者之间均差异显著。

次数分布差异显著的八个题项的内容分别为:第 14 题,政府对新建应用型本科院校的支持力度较大;第 15 题,转型发展应该相应调整学校内外部管理制度;第 16 题,政府主管部门积极下放高校办学自主权;第 17 题,学校已经做好了承接政府主管部门下放权力的准备,并有能力使其有序运转;第 18 题,政府主管部门的编制审核和岗位设置制度符合学校持续发展的需求;第 19 题,新建应用型本科院校有较好的外部制度环境;第 20 题,行业(企业)能够积极参与学校的人才培养过程;第 21 题,政府主管部门对办学经费的管理适合新建应用型本科院校的办学需求。

5. 升本前学校类型不同的新建应用型本科院校被试作答选项次数分布对比

(1)作答次数分布对比

表 6.42　升本前学校类型不同的新建应用型本科院校被试作答选项次数分布

题号	升本前学校类型	$N_{是}$	$P_{是}$(%)	$N_{不清楚}$	$P_{不清楚}$(%)	$N_{否}$	$P_{否}$(%)
14	师范类	307	47.2	208	32.0	136	20.9
	工科类	45	42.9	37	35.2	23	21.9
	综合类	60	75.0	13	16.3	7	8.8
15	师范类	14	2.2	67	10.3	570	87.6
	工科类	3	2.9	12	11.4	90	85.7
	综合类	2	2.5	5	6.3	73	91.3
16	师范类	295	45.3	212	32.6	144	22.1
	工科类	38	36.2	49	46.7	18	17.1
	综合类	44	55.0	23	28.8	13	16.3
17	师范类	337	51.8	252	38.7	62	9.5
	工科类	63	60.0	39	37.1	3	2.9
	综合类	53	66.3	25	31.3	2	2.5
18	师范类	192	29.5	213	32.7	246	37.8
	工科类	28	26.7	42	40.0	35	33.3
	综合类	32	40.0	18	22.5	30	37.5
19	师范类	294	45.2	197	30.3	160	24.6
	工科类	50	47.6	33	31.4	22	21.0
	综合类	46	57.5	26	32.5	8	10.0
20	师范类	341	52.4	171	26.3	139	21.4
	工科类	69	65.7	19	18.1	17	16.2
	综合类	62	77.5	11	13.8	7	8.8
21	师范类	207	31.8	254	39.0	190	29.2
	工科类	28	26.7	40	38.1	37	35.2
	综合类	37	46.3	20	25.0	23	28.8

(2)卡方检验结果

表 6.43 升本前学校类型不同的新建应用型本科院校被试选项作答次数的卡方检验

题号	χ^2 值(Fisher 精确概率法)	伴随概率
14	24.340***	0.000
15	2.079	0.713
16	10.971*	0.026
17	13.221**	0.009
18	7.739	0.101
19	10.175*	0.037
20	22.777***	0.000
21	10.565*	0.031

由于在表 6.42 中被试选项作答的次数分布不满足 person 方法下的卡方检验要求，则采用 Fisher 精确概率法进行分析。由表 6.43 可知，升本前学校类型不同的新建应用型本科院校被试对外部制度认识所包括的八题中的第 14 题、第 16 题、第 17 题、第 19 题、第 20 题及第 21 题的作答中，选项“是”的频数、选项“不清楚”的频数、选项“否”的频数三者之间差异显著；第 15 题、第 18 题的作答结果中，选项“是”的频数、选项“不清楚”的频数、选项“否”的频数三者之间差异不显著。

次数分布差异显著的六个题项内容分别为：第 14 题，政府对新建应用型本科院校的支持力度较大；第 16 题，政府主管部门积极下放高校办学自主权；第 17 题，学校已经做好了承接政府主管部门下放权力的准备，并有能力使其有序运转；第 19 题，新建应用型本科院校有较好的外部制度环境；第 20 题，行业(企业)能够积极参与学校的人才培养过程；第 21 题，政府主管部门对办学经费的管理适合新建应用型本科院校的办学需求。

四、人才培养方案

(一)学校地域、职称、学校升本时间三变量的影响

学校地域包括东部和中西部两个方面，职称包括高级职称和中级及以

下职称两个方面，学校升本时间包括 2007 年及以前和 2008 年及以后两个方面，以对学校人才培养方案的认识为因变量，分别以学校地域、职称、学校升本时间为自变量进行 T 检验，具体统计分析结果如下表所示。

表 6.44　新建应用型本科院校对人才培养方案的认知差异 T 检验

因变量	自变量	组别	均值	t 值	自由度（df）	伴随概率（P）
人才培养方案	学校地域	东部 $N=261$	12.870±2.277	−2.155	834	0.031*
		中西部 $N=575$	13.219±2.124			
	职称	高级职称 $N=470$	13.304±2.140	2.936	834	0.003**
		中级及以下职称 $N=366$	12.861±2.202			
	升本时间	2007 年及以前 $N=652$	13.178±2.146	1.669	834	0.090
		2008 年及以后 $N=184$	12.870±2.275			

由表 6.44 可知，新建应用型本科院校被试对人才培养方案的认识在学校地域变量的两个方面之间、职称变量的两个方面之间均存在显著差异，在学校升本时间变量的两个方面之间不存在显著差异。

（二）升本前学校类型、职务两变量的影响

在升本前学校类型、职务两变量不同方面的影响下，新建应用型本科院校对人才培养方案的认知差异如下所示。

1. 非参数检验

调研过程中，将升本前学校的类型划分为师范类、工科类、综合类三个方面，将职务划分为校领导、中层干部和一般教师三个方面。针对上述两个自变量的影响采用 F 检验进行分析，但在单因素方差分析过程中发现方差不齐。综合考虑多种因素后，针对因升本前学校类型不同、职务不同而引发的人才培养方案认识差异的分析，采用非参数检验法，具体结果见下表。

表 6.45　新建应用型本科院校对人才培养方案的认知差异中位数检验

因变量	自变量	中位数	χ^2 值	自由度	伴随概率
人才培养方案	职务	17.000	11.899**	2	0.003
	升本前学校类型	14.000	16.281***	2	0.000

由表 6.45 可知，新建应用型本科院校对人才培养方案的认识在职务变量的三个方面之间、升本前学校类型的三个方面之间均存在非常显著的差异。

2. 多重比较

为进一步探究类型职务不同、升本前学校类型不同的新建应用型本科院校被试对学校人才培养方案的认识差异分布情况，研究者采用了“未假定方差齐性 Tamhane’s T2 法”来分析不同组别间的差异，具体结果见下表。

表 6.46　对人才培养方案认知差异的多重比较

因变量	自变量	(I)自变量水平一	(J)自变量水平二	均差(I—J)	标准误	伴随概率
人才培养方案	职务	校领导	中层干部	1.037***	0.199	0.000
			一般教师	1.418***	0.198	0.000
		中层干部	一般教师	0.381	0.162	0.055
	升本前学校类型	师范类	工科类	−0.452	0.212	0.099
			综合类	−1.102***	0.176	0.000
		工科类	综合类	−0.650*	0.245	0.026

由表 6.46 可知，在对人才培养方案的认识中，校领导与中层干部之间、校领导与一般教师之间均存在显著差异，前身为师范类院校的院校与前身为综合类院校的院校之间、前身为工科类院校的院校与前身为综合类院校的院校之间均存在显著差异，而中层干部与一般教师之间、前身为师范类院校的院校与前身为工科类院校的院校之间不存在显著差异。

(三)被试作答选项频数分析及卡方检验

分别统计了在人才培养方案分量表的作答中，“是”“不清楚”以及“否”三个选项在自变量不同水平上的次数分布情况。

1. 不同的地域新建应用型本科院校被试作答次数分布对比及卡方检验

(1)作答次数分布对比

表 6.47　不同地域的新建应用型本科院校被试作答次数分布

题号	学校地域	$N_{是}$	$P_{是}$(%)	$N_{不清楚}$	$P_{不清楚}$(%)	$N_{否}$	$P_{否}$(%)
22	东部	139	53.3	81	31.0	41	15.7
	中西部	342	59.5	184	32.0	49	8.5
23	东部	136	52.1	91	34.9	34	13.0
	中西部	335	58.3	182	31.7	58	10.1
24	东部	194	74.3	52	19.9	15	5.7
	中西部	460	80.0	90	15.7	25	4.3
25	东部	188	72.0	58	22.2	15	5.7
	中西部	438	76.2	109	19.0	28	4.9
26	东部	208	79.7	42	16.1	11	4.2
	中西部	463	80.5	85	14.8	27	4.7

(2)卡方检验结果

表 6.48　不同地域的新建应用型本科院校被试选项作答次数的卡方检验

题号	χ^2 值(Pearson)	自由度	伴随概率
22	9.874**	2	0.007
23	3.184	2	0.204
24	3.401	2	0.183
25	5.673	2	0.059
26	0.309	2	0.857

由表 6.48 可知,不同地域的新建应用型本科院校的被试对人才培养方案认识中所包括的五题中的第 22 题的作答中,选项“是”的频数、选项“不清楚”的频数、选项“否”的频数三者之间差异显著;在第 23 题、第 24 题、第 25 题及第 26 题的作答结果中,选项“是”的频数、选项“不清楚”的频数、选项“否”的频数三者之间差异不显著。

次数分布差异显著的一个题项的内容为：第 22 题，社会、企业人士参与了我校人才培养方案的制订（修订）过程。

2. 职称不同的被试作答选项次数分布的对比

（1）作答次数分布对比

表 6.49　职称不同的新建应用型本科院校被试作答选项次数分布

题号	职称	$N_{是}$	$P_{是}$（%）	$N_{不清楚}$	$P_{不清楚}$（%）	$N_{否}$	$P_{否}$（%）
22	高级	299	63.6	117	24.9	54	11.5
	中级及以下	182	49.7	148	40.4	36	9.8
23	高级	285	60.6	126	26.8	59	12.6
	中级及以下	186	50.8	147	40.2	33	9.0
24	高级	387	82.3	59	12.6	24	5.1
	中级及以下	267	73.0	83	22.7	16	4.4
25	高级	366	77.9	80	17.0	24	5.1
	中级及以下	260	71.0	87	23.8	19	5.2
26	高级	398	84.7	51	10.9	21	4.5
	中级及以下	273	74.6	76	20.8	17	4.6

（2）卡方检验结果

表 6.50　职称不同的新建应用型本科院校被试选项作答次数的卡方检验

题号	χ^2 值(Pearson)	自由度	伴随概率
22	23.106***	2	0.000
23	17.099***	2	0.000
24	14.969**	2	0.001
25	5.978*	2	0.050
26	15.937***	2	0.000

由表 6.50 可知，职称不同的新建应用型本科院校被试，对人才培养方案认识所包括的五题中的第 22 题、第 23 题、第 24 题、第 25 题及第 26 题的作答中，选项“是”的频数、选项“不清楚”的频数、选项“否”的频数三者之间差异显著。

次数分布差异显著的五个题项的内容分别是:第22题,社会、企业人士参与了我校人才培养方案的制订(修订)过程;第23题,社会、企业人士参与了我校人才培养方案的实施过程;第24题,我校在进行专业设置时充分考虑了行业(企业)对人才的需求;第25题,我校人才培养方案中专业能力课程模块的设计与应用型人才培养目标一致;第26题,我校人才培养方案执行情况较好。

3. 升本时间不同的新建应用型本科院校被试作答选项次数分布的对比

(1)作答次数分布对比

表6.51 升本时间不同的新建应用型本科院校被试作答选项次数分布

题号	学校升本时间	$N_{是}$	$P_{是}$(%)	$N_{不清楚}$	$P_{不清楚}$(%)	$N_{否}$	$P_{否}$(%)
22	2007年及以前	388	59.5	204	31.3	60	9.2
	2008年及以后	93	50.5	61	33.2	30	16.3
23	2007年及以前	374	57.4	211	32.4	67	10.3
	2008年及以后	97	52.7	62	33.7	25	13.6
24	2007年及以前	520	79.8	103	15.8	29	4.4
	2008年及以后	134	72.8	39	21.2	11	6.0
25	2007年及以前	487	74.7	133	20.4	32	4.9
	2008年及以后	139	75.5	34	18.5	11	6.0
26	2007年及以前	523	80.2	97	14.9	32	4.9
	2008年及以后	148	80.4	30	16.3	6	3.3

(2)卡方检验结果

表6.52 升本时间不同的新建应用型本科院校被试选项作答次数的卡方检验

题号	χ^2值(Pearson)	自由度	伴随概率
22	8.885*	2	0.012
23	2.057	2	0.358
24	4.045	2	0.132
25	0.598	2	0.741
26	1.050	2	0.592

由表6.52可知，升本时间不同的新建本科院校的被试，对人才培养方案的认识中所包括的五题中的第22题的作答中，选项“是”的频数、选项“不清楚”的频数、选项“否”的频数三者之间差异显著；第23题、第24题、第25题及第26题作答结果中，选项“是”的频数、选项“不清楚”的频数、选项“否”的频数三者之间差异不显著。

次数分布差异显著的一个题项的内容是：第22题，社会、企业人士参与了我校人才培养方案的制订（修订）过程。

4.职务不同的被试作答选项次数分布对比

（1）作答次数分布对比

表6.53　职务不同的新建应用型本科院校被试作答选项次数分布

题号	职务	$N_{是}$	$P_{是}$(%)	$N_{不清楚}$	$P_{不清楚}$(%)	$N_{否}$	$P_{否}$(%)
22	校领导	80	79.2	10	9.9	11	10.9
	中层干部	227	61.4	107	28.9	36	9.7
	一般教师	174	47.7	148	40.5	43	11.8
23	校领导	85	84.2	9	8.9	7	6.9
	中层干部	213	57.6	109	29.5	48	13.0
	一般教师	173	47.4	155	42.5	37	10.1
24	校领导	96	95.0	2	2.0	3	3.0
	中层干部	292	78.9	57	15.4	21	5.7
	一般教师	266	72.9	83	22.7	16	4.4
25	校领导	93	92.1	6	5.9	2	2.0
	中层干部	274	74.1	76	20.5	20	5.4
	一般教师	259	71.0	85	23.3	21	5.8
26	校领导	95	94.1	3	3.0	3	3.0
	中层干部	301	81.4	53	14.3	16	4.3
	一般教师	275	75.3	71	19.5	19	5.2

（2）卡方检验结果

表 6.54　新建应用型本科院校职务不同的被试选项作答次数的卡方检验

题号	χ^2 值(Pearson)	自由度	伴随概率
22	41.132***	4	0.000
23	51.581***	4	0.000
24	27.491***	4	0.000
25	19.074**	4	0.001
26	18.966**	4	0.001

由表 6.54 可知，新建本科院校职务不同的被试，对人才培养方案的认识所包括的 5 题中的每一题的作答中，选项“是”的频数、选项“不清楚”的频数、选项“否”的频数三者之间均差异显著。

次数分布差异显著的五个题项的内容分别为：第 22 题，社会、企业人士参与了我校人才培养方案的制订(修订)过程；第 23 题，社会、企业人士参与了我校人才培养方案的实施过程；第 24 题，我校在进行专业设置时充分考虑了行业(企业)对人才的需求；第 25 题，我校人才培养方案中专业能力课程模块的设计与应用型人才培养目标一致；第 26 题，我校人才培养方案执行情况较好。

5. 升本前学校类型不同的新建应用型本科院校被试作答选项次数分布对比

(1)作答次数分布对比

表 6.55　升本前学校类型不同的新建应用型本科院校被试作答选项次数分布(续)

题号	升本前学校类型	$N_{是}$	$P_{是}$(%)	$N_{不清楚}$	$P_{不清楚}$(%)	$N_{否}$	$P_{否}$(%)
22	师范类	347	53.3	225	34.6	79	12.1
	工科类	72	68.6	25	23.8	8	7.6
	综合类	62	77.5	15	18.8	3	3.8
23	师范类	346	53.1	226	34.7	79	12.1
	工科类	67	63.8	28	26.7	10	9.5
	综合类	58	72.5	19	23.8	3	3.8

续表

题号	升本前学校类型	$N_{是}$	$P_{是}$(%)	$N_{不清楚}$	$P_{不清楚}$(%)	$N_{否}$	$P_{否}$(%)
24	师范类	497	76.3	118	18.1	36	5.5
	工科类	85	81.0	16	15.2	4	3.8
	综合类	72	90.0	8	10.0	0	0
25	师范类	477	73.3	137	21.0	37	5.7
	工科类	81	77.1	20	19.0	7	3.8
	综合类	68	85.0	10	12.5	2	2.5
26	师范类	518	79.6	98	15.1	35	5.4
	工科类	81	77.1	21	20.0	3	2.9
	综合类	72	90.0	8	10.0	0	0

(2)卡方检验结果

表 6.56　升本前学校类型不同的新建应用型本科院校被试选项作答次数的卡方检验

题号	χ^2 值(Fisher 精确概率法)	伴随概率
22	23.574***	0.000
23	14.725**	0.005
24	10.118*	0.034
25	27.425***	0.000
26	9.693*	0.041

由于表 6.55 中被测选项作答的次数分布不满足 person 方法下的卡方检验要求，故采用 Fisher 精确概率法进行分析。由表 6.56 可知，升本前学校类型不同的新建应用型本科院校的被试对人才培养方案认识所包括的五题中的每一题的作答结果中，选项“是”的频数、选项“不清楚”的频数、选项“否”的频数三者之间均差异显著。

次数分布差异显著的五个题项的内容分别为：第 22 题，社会、企业人士参与了我校人才培养方案的制订(修订)过程；第 23 题，社会、企业人士参与了我校人才培养方案的实施过程；第 24 题，我校在进行专业设置时充分考虑了行业(企业)对人才的需求;第25题,我校人才培养方案中专业能力课程模块的设计与应用型人才培养目标一致;第26题,我校人才培养方案执行情况较好。

五、人事管理

(一)学校地域、职称、学校升本时间三个变量的影响

学校地域包括东部和中西部两个方面,职称包括高级职称和中级及以下职称两个方面,学校升本时间包括2007年及以前和2008年及以后两个方面。以对学校人事管理的认识为因变量,分别以学校地域、职称、学校升格时间为自变量进行T检验,具体统计分析结果如下表所示。

表6.57 新建应用型本科院校对人事管理的认知差异T检验

因变量	自变量	组别	均值	t值	自由度(df)	伴随概率(P)
人事管理	学校地域	东部 $N=261$	13.276±3.500	−0.432	834	0.666
		中西部 $N=575$	13.384±3.299			
	职称	高级职称 $N=470$	13.143±3.577	−2.072	827	0.039*
		中级及以下职称 $N=366$	13.618±3.045			
	升本时间	2007年及以前 $N=652$	13.471±3.345	1.953	834	0.051
		2008年及以后 $N=184$	12.924±3.393			

由表6.57可知,新建应用型本科院校被试对人事管理的认识在职称变量的两个方面之间存在显著差异,在学校升格时间变量的两个方面之间呈边缘显著,在学校地域变量的两个方面之间不存在显著差异。

(二)升本前学校类型、职务两变量的影响

升本前学校的类型包括师范类、工科类、综合类三个方面,职务包括校

领导、中层干部、一般教师三个方面。以对人事管理的认识为因变量、分别以职务、升本前学校类型为自变量进行单因素方差分析，方差齐性，满足方差分析的前提条件。具体单因素方差分析结果如下表所示。

1. 方差齐性检验结果

表 6.58　方差齐性检验结果

因变量	自变量	Levene 值	df1	df2	伴随概率 sig
外部制度	职务	0.995	2	833	0.370
	升本前学校类型	0.385	2	833	0.680

由表 6.58 可知，升本前学校类型不同的新建应用型本科院校、职务不同的被试在对人事管理认识差异的方差齐性检验结果中，其伴随概率均>0.05，故方差齐性，满足方差分析的前提条件。

2. 单因素方差分析结果

表 6.59　对人事管理认识差异的单因素方差分析结果

因变量	自变量	变异来源	平方和	自由度	均方	F 值	伴随概率
人事管理	职务	组间	207.421	2	103.710	9.365***	0.000
		组内	9224.889	833	11.074		
		总变异	9432.310	835			
	升本前学校类型	组间	311.010	2	155.505	14.201***	0.000
		组内	9121.299	833	10.950		
		总变异	9432.310	835			

由表 6.59 可知，在对人事管理的认识上，升本前学校类型不同的新建应用型本科院校之间、职务不同的被试之间均存在极其显著差异。

3. 事后检验

为进一步了解升本前学校类型不同的新建应用型本科院校、职务不同的被试对人事管理认识的差异，事后进行多重比较，具体结果见下表。

表 6.60　对人事管理认识差异的多重比较

因变量	自变量	(I)自变量水平一	(J)自变量水平二	均差(I—J)	标准误	伴随概率
人事管理	职务	校领导	中层干部	0.792***	0.220	0.000
			一般教师	1.392***	0.220	0.000
		中层干部	一般教师	0.600***	0.144	0.000
	升本前学校类型	师范类	工科类	−1.146**	0.348	0.001
			综合类	−1.790***	0.392	0.000
		工科类	综合类	−0.644	0.491	0.190

由表 6.60 可知，在对人事管理的认识上，校领导与中层干部之间、校领导与一般教师之间、中层干部与一般教师之间、前身为师范类院校与前身为工科类院校的院校之间、前身为师范类院校与前身为综合类院校的院校之间均存在显著差异。

(三)被试作答选项频数分析及卡方检验

分别统计了在人事管理这个分量表的作答中，“是”“不清楚”以及“否”三个选项在自变量不同方面上的次数分布情况。

1. 不同的新建应用型本科院校被试作答次数分布对比及卡方检验

(1)作答次数分布对比

表 6.61　地域不同的新建应用型本科院校被试作答次数分布

题号	学校地域	$N_{是}$	$P_{是}$(%)	$N_{不清楚}$	$P_{不清楚}$(%)	$N_{否}$	$P_{否}$(%)
27	东部	115	44.1	89	34.1	57	21.8
	中西部	265	46.1	151	26.3	159	27.7
28	东部	71	27.2	82	31.4	108	41.4
	中西部	168	29.2	155	27.0	252	43.8
29	东部	138	52.9	82	31.4	41	15.7
	中西部	289	50.3	179	31.1	107	18.6

续表

题号	学校地域	$N_{是}$	$P_{是}$(%)	$N_{不清楚}$	$P_{不清楚}$(%)	$N_{否}$	$P_{否}$(%)
30	东部	138	52.9	76	29.1	47	18.0
	中西部	328	57.0	155	27.0	92	16.0
31	东部	137	52.5	62	23.8	62	23.8
	中西部	339	59.0	130	22.6	106	18.4
32	东部	114	43.7	82	31.4	65	24.9
	中西部	274	47.7	150	26.1	151	26.3

(2)卡方检验结果

表 6.62　地域不同的新建应用型本科院校被试选项作答次数的卡方检验

题号	χ^2 值(Pearson)	自由度	伴随概率
27	6.352*	2	0.042
28	1.765	2	0.414
29	1.097	2	0.578
30	1.299	2	0.522
31	3.949	2	0.139
32	2.577	2	0.276

由表 6.62 可知,地域不同的新建应用型本科院校的被试,对人事管理认识中所包括的六题中的第 27 题的作答中,选项“是”的频数、选项“不清楚”的频数、选项“否”的频数三者之间差异显著;在第 28 题、第 29 题、第 30 题、第 31 题及第 32 题的作答结果中,选项“是”的频数、选项“不清楚”的频数、选项“否”的频数三者之间差异不显著。

次数分布差异显著的一个题项的内容为:第 27 题,现行的师资管理政策符合新建应用型本科院校的发展需要。

2. 职称不同的被试作答选项次数分布的对比

(1)作答次数分布对比

表 6.63　职称不同的新建应用型本科院校被试作答选项次数分布

题号	职称	$N_{是}$	$P_{是}$(%)	$N_{不清楚}$	$P_{不清楚}$(%)	$N_{否}$	$P_{否}$(%)
27	高级	217	46.2	104	22.1	149	31.7
	中级及以下	163	44.5	136	37.2	67	18.3
28	高级	140	29.8	104	22.1	226	48.1
	中级及以下	99	27.0	133	36.3	134	36.6
29	高级	249	53.0	123	26.2	98	20.9
	中级及以下	178	48.6	138	37.7	50	13.7
30	高级	257	54.7	121	25.7	92	19.6
	中级及以下	209	57.1	110	30.1	47	12.8
31	高级	263	56.0	89	18.9	118	25.1
	中级及以下	213	58.2	103	28.1	50	13.7
32	高级	232	49.4	100	21.3	138	29.4
	中级及以下	156	42.6	132	36.1	78	21.3

(2)卡方检验结果

表 6.64　职称不同的新建应用型本科院校被试选项作答次数的卡方检验

题号	χ^2 值(Pearson)	自由度	伴随概率
27	30.606***	2	0.000
28	21.488***	2	0.000
29	15.538***	2	0.000
30	7.210*	2	0.027
31	21.187***	2	0.000
32	23.391***	2	0.000

由表 6.64 可知，新建应用型本科院校职称不同的被试，对人事管理认识所包括的六题中的每一题的作答中，选项“是”的频数、选项“不清楚”的频数、选项“否”的频数三者之间差异显著。

次数分布差异显著的六个题项的内容分别是：第 27 题，现行的师资管理政策符合新建应用型本科院校的发展需要；第28题，我校“双师型”教师的数量能够满足实际教学需要；第29题，我校对外聘教师的遴选、聘用、管理、考核工作经过系统设计，且管理到位；第30题，我校与企业协同进行教师的培训培养工作；第31题，我校教师教学质量评价方式符合应用型人才的培养需求；第32题，我校建立了符合应用型本科院校发展的教师职称晋升制度。

3. 升本时间不同的新建应用型本科院校的被试作答选项次数分布的对比

(1)作答次数分布对比

表6.65　升本时间不同的新建应用型本科院校的被试作答选项次数分布

题号	学校升本时间	$N_{是}$	$P_{是}$(%)	$N_{不清楚}$	$P_{不清楚}$(%)	$N_{否}$	$P_{否}$(%)
27	2007年及以前	303	46.5	180	27.6	169	25.9
	2008年及以后	77	41.8	60	32.6	47	25.5
28	2007年及以前	197	30.2	187	28.7	268	41.1
	2008年及以后	42	22.8	50	27.2	92	50.0
29	2007年及以前	341	52.3	198	30.4	113	17.3
	2008年及以后	86	46.7	63	34.2	35	19.0
30	2007年及以前	380	58.3	172	26.4	100	15.3
	2008年及以后	86	46.7	59	32.1	39	21.2
31	2007年及以前	375	57.5	146	22.4	131	20.1
	2008年及以后	101	54.9	46	25.0	37	20.1
32	2007年及以前	307	47.1	182	27.9	163	25.0
	2008年及以后	81	44.0	50	27.2	53	28.8

(2)卡方检验结果

表6.66　升本时间不同的新建应用型本科院校的被试选项作答次数的卡方检验

题号	χ^2 值(Pearson)	自由度	伴随概率
27	1.933	2	0.380
28	5.492	2	0.064
29	1.789	2	0.409

续表

题号	χ^2 值(Pearson)	自由度	伴随概率
30	8.071*	2	0.018
31	2.120	2	0.347
32	1.122	2	0.571

由表6.66可知，升本时间不同的新建本科院校的被试，对人事管理的认识中所包括的六题中的第30题的作答中，选项“是”的频数、选项“不清楚”的频数、选项“否”的频数三者之间差异显著；第27题、第28题、29题、第31题及第32题作答结果中，选项“是”的频数、选项“不清楚”的频数、选项“否”的频数三者之间差异不显著。

次数分布差异显著的一个题项的内容是：第30题，我校与企业协同进行教师的培训培养工作。

4. 职务不同的被试作答选项次数分布对比

(1)作答次数分布对比

表6.67 职务不同的新建应用型本科院校被试作答选项次数分布

题号	职务	$N_{是}$	$P_{是}$(%)	$N_{不清楚}$	$P_{不清楚}$(%)	$N_{否}$	$P_{否}$(%)
27	校领导	62	61.4	8	7.9	31	30.7
	中层干部	146	39.5	105	28.4	119	32.2
	一般教师	172	47.1	127	34.8	66	18.1
28	校领导	45	44.6	8	7.9	48	47.5
	中层干部	90	24.3	84	22.7	196	53.0
	一般教师	104	28.5	145	39.7	116	31.8
29	校领导	72	71.3	9	8.9	20	19.8
	中层干部	175	47.3	120	32.4	75	20.3
	一般教师	180	49.3	132	36.2	53	14.5

续表

题号	职务	$N_{是}$	$P_{是}$(%)	$N_{不清楚}$	$P_{不清楚}$(%)	$N_{否}$	$P_{否}$(%)
30	校领导	73	72.3	9	8.9	19	18.8
	中层干部	205	55.4	97	26.2	68	18.4
	一般教师	188	51.5	125	34.2	52	14.2
31	校领导	77	76.2	8	7.9	16	15.8
	中层干部	197	53.2	84	22.7	89	24.1
	一般教师	202	55.3	100	27.4	63	17.3
32	校领导	69	68.3	5	5.0	27	26.7
	中层干部	159	43.0	104	28.1	107	28.9
	一般教师	160	43.8	123	33.7	82	22.5

(2)卡方检验结果

表 6.68 职务不同的新建应用型本科院校被试选项作答次数的卡方检验

题号	χ^2 值(Pearson)	自由度	伴随概率
27	43.862***	4	0.000
28	66.748***	4	0.000
29	32.184***	4	0.000
30	27.211***	4	0.000
31	25.999***	4	0.000
32	38.494***	4	0.000

由表 6.68 可知,职务不同的新建本科院校被试,对人事管理认识所包括的六题中每一题的作答中,选项“是”的频数、选项“不清楚”的频数、选项“否”的频数三者之间均差异显著。

次数分布差异显著的六个题项的内容分别是:第 27 题,现行的师资管理政策符合新建应用型本科院校的发展需要;第 28 题,我校“双师型”教师的数量能够满足实际教学需要;第 29 题,我校对外聘教师的遴选、聘用、管理、考核工作经过系统设计,且管理到位;第 30 题,我校与企业协同进行教师的培训培养工作;第31题,我校教师教学质量评价方式符合应用型人才的培养需求;第32题,我校建立了符合应用型本科院校发展的教师职称晋升制度。

5. 升本前学校类型不同的新建应用型本科院校被试作答选项次数分布对比

(1)作答次数分布对比

表6.69 升本前学校类型不同的新建应用型本科院校被试作答选项次数分布

题号	升本前学校类型	$N_{是}$	$P_{是}$(%)	$N_{不清楚}$	$P_{不清楚}$(%)	$N_{否}$	$P_{否}$(%)
27	师范类	267	41.0	203	31.2	181	27.8
	工科类	60	57.1	24	22.9	21	20.0
	综合类	53	66.3	13	16.3	14	17.5
28	师范类	158	24.3	187	28.7	306	47.0
	工科类	40	38.1	31	29.5	34	32.4
	综合类	41	51.3	19	23.8	20	25.0
29	师范类	322	49.5	209	32.1	120	18.4
	工科类	56	53.3	32	30.5	17	16.2
	综合类	49	61.3	20	25.0	11	13.8
30	师范类	346	53.1	187	28.7	118	18.1
	工科类	67	63.8	24	22.9	14	13.3
	综合类	53	66.3	20	25.0	7	8.8
31	师范类	353	54.2	156	24.0	142	21.8
	工科类	66	62.9	26	24.8	13	12.4
	综合类	57	71.3	10	12.5	13	16.3
32	师范类	276	42.4	194	29.8	181	27.8
	工科类	61	58.1	22	21.0	22	21.0
	综合类	51	63.8	16	20.0	13	16.3

(2)卡方检验结果

表 6.70 升本前学校类型不同的新建应用型本科院校被试选项作答次数的卡方检验

题号	χ^2 值(Fisher 精确概率法)	伴随概率
27	24.472***	0.000
28	32.151***	0.000
29	4.020	0.403
30	9.360	0.051
31	13.985**	0.007
32	19.243**	0.001

由于表 6.69 中的被试选项作答次数分布不满足 person 方法下的卡方检验要求，则采用 Fisher 精确概率法进行分析。由表 6.70 可知，升本前学校类型不同的新建应用型本科院校的被试对人事管理认识所包括的六题中的第 27 题、第 28 题、第 31 题及第 32 题的作答结果中，选项“是”的频数、选项“不清楚”的频数、选项“否”的频数三者之间差异显著；第 29 题、第 30 题的作答结果中，选项“是”的频数、选项“不清楚”的频数、选项“否”的频数三者之间差异不显著。

次数分布差异显著的四个题项的内容分别为：第 27 题，现行的师资管理政策符合新建应用型本科院校的发展需要；第 28 题，我校“双师型”教师的数量能够满足实际教学需要；第 31 题，我校教师教学质量评价方式符合应用型人才的培养需求；第 32 题，我校建立了符合应用型本科院校发展的教师职称晋升制度。

六、招生制度

(一)学校地域、职称、学校升本时间三变量的影响

学校地域包括东部和中西部两个方面，职称包括高级职称和中级及以下职称两个方面，学校升本时间包括 2007 年及以前和 2008 年及以后两个方面。以对学校外部制度的认识为因变量，分别以学校地域、职称、学校升本时间为自变量进行 T 检验，具体统计分析结果如下表所示。

表 6.71　新建应用型本科院校对外部制度的认知差异 T 检验

因变量	自变量	组别	均值	t 值	自由度 (df)	伴随概率 (P)
招生制度	学校地域	东部 $N=261$	6.165±1.714	−0.016	834	0.987
		中西部 $N=575$	6.167±1.835			
	职称	高级职称 $N=470$	5.853±1.860	−5.917	823	0.000***
		中级及以下职称 $N=366$	6.568±1.628			
	升本时间	2007 年及以前 $N=652$	6.232±1.785	1.982	834	0.048*
		2008 年及以后 $N=184$	5.935±1.825			

由表 6.71 可知，新建应用型本科院校被试对招生制度的认识在职称变量的两个方面之间、学校升本时间变量的两个方面之间均存在显著差异，在学校地域变量的两个方面之间不存在显著差异。

(二)升本前学校类型、职务两变量的影响

在升本前学校类型、职务两变量不同水平的影响下，新建应用型本科院校对招生制度的认知差异如以下表格所示。

1. 单因素方差分析

升本前学校类型包括师范类、工科类、综合类三个方面，以对招生制度的认识为因变量、以升本前学校类型为自变量进行单因素方差分析，方差齐性，满足方差分析的前提条件。具体单因素方差分析结果如下表所示。

(1)方差齐性检验结果

表 6.72　升本前不同学校类型差异的方差齐性检验结果

因变量	Levene 值	df1	df2	伴随概率 sig
招生制度	0.485	2	833	0.616

由表 6.72 可知，升本前学校类型不同的新建应用型本科院校在对招生

制度认识上差异的方差齐性检验结果中，其伴随概率为 0.616>0.05，故方差齐性，则满足方差分析的前提条件。

(2)单因素方差分析结果

表 6.73　不同学校类型差异的单因素方差分析结果

因变量	变异来源	平方和	自由度	均方	F 值	伴随概率
招生制度	组间	27.687	2	13.844	4.322*	0.014
	组内	2668.201	833	3.203		
	总变异	2695.889	835			

由表 6.73 可知，在对招生制度的认识上，升本前学校类型不同的新建应用型本科院校之间存在显著差异。

(3)事后检验

为进一步了解升本前学校类型不同的新建应用型本科院校对招生制度认识的差异，则进行事后多重比较，具体结果见下表。

表 6.74　升本前学校类型不同的新建应用型本科院校的多重比较

因变量	(I)升本前学校类型	(J)升本前学校类型	均差(I—J)	标准误	伴随概率
招生制度	师范类	工科类	−0.317	0.188	0.093
		综合类	−0.551**	0.212	0.009
	工科类	综合类	−0.235	0.266	0.377

由表 6.74 可知，在对招生制度的认识上，前身为师范类院校的新建应用型本科院校与前身为综合类院校的新建应用型本科院校之间存在显著差异。

2. 非参数检验

调研过程中，将职务区分为校领导、中层干部和一般教师三个方面，针对该自变量的影响采用 F 检验进行分析，但在单因素方差分析过程中发现方差不齐。综合考虑多种因素后，针对因职务不同而引起的对招生制度认识差异的分析，采用非参数检验法，具体结果见下表。

表 6.75　新建应用型本科院校对招生制度的认知差异中位数检验

因变量	自变量	中位数	χ^2 值	自由度	伴随概率
招生制度	职务	6.000	14.834**	2	0.001

由表 6.75 可知，新建应用型本科院校对招生制度的认识在职务变量的三个方面之间存在非常显著的差异。

3. 多重比较

为进一步探究类型职务不同的新建应用型本科院校被试对学校招生制度的认识差异分布情况，研究者采用了“未假定方差齐性 Tamhane’s T2 法”来分析不同组别间的差异，具体结果见下表。

表 6.76　新建应用型本科院校对招生制度认知差异的多重比较

因变量	自变量	(I)自变量水平一	(J)自变量水平二	均差(I－J)	标准误	伴随概率
招生制度	职务	校领导	中层干部	−0.315	0.212	0.364
			一般教师	−1.037***	0.210	0.000
		中层干部	一般教师	−0.722***	0.128	0.000

由表 6.76 可知，在对招生制度的认识中，校领导与一般教师之间、中层干部与一般教师之间均存在极其显著的差异，而校领导与中层干部之间不存在显著差异。

(三)被试作答选项频数分析及卡方检验

分别统计了招生制度这个分量表的作答中，“是”“不清楚”以及“否”三个选项在自变量不同方面上的次数分布情况。

1. 学校地域不同的新建应用型本科院校被试作答次数分布对比及卡方检验

(1)作答次数分布对比

表 6.77　不同地域的新建应用型本科院校被试作答次数分布

题号	学校地域	$N_{是}$	$P_{是}$(%)	$N_{不清楚}$	$P_{不清楚}$(%)	$N_{否}$	$P_{否}$(%)
33	东部	69	26.4	100	38.3	92	35.2
	中西部	175	30.4	185	32.2	215	37.4
34	东部	66	25.3	101	38.7	94	36.0
	中西部	132	23.0	219	38.1	224	39.0
35	东部	140	53.6	75	28.7	46	17.6
	中西部	327	56.9	149	25.9	99	17.2

(2)卡方检验结果

表 6.78　不同地域的新建应用型本科院校被试选项作答次数的卡方检验

题号	χ^2 值(Pearson)	自由度	伴随概率
33	3.193	2	0.203
34	0.838	2	0.658
35	0.886	2	0.642

由表 6.78 可知，不同地域的新建应用型本科院校的被试，对招生制度认识中所包括的三题中的每一题的作答中，选项“是”的频数、选项“不清楚”的频数、选项“否”的频数三者之间差异不显著。

2. 职称不同的被试作答选项次数分布的对比

(1)作答次数分布对比

表 6.79　职称不同的新建应用型本科院校被试作答选项次数分布

题号	职称	$N_{是}$	$P_{是}$(%)	$N_{不清楚}$	$P_{不清楚}$(%)	$N_{否}$	$P_{否}$(%)
33	高级	119	25.3	145	30.9	206	43.8
	中级及以下	125	34.2	140	38.3	101	27.6
34	高级	93	19.8	159	33.8	218	46.4
	中级及以下	105	28.7	161	44.0	100	27.3

续表

题号	职称	$N_{是}$	$P_{是}$(%)	$N_{不清楚}$	$P_{不清楚}$(%)	$N_{否}$	$P_{否}$(%)
35	高级	249	53.0	115	24.5	106	22.6
	中级及以下	218	59.6	109	29.8	39	10.7

(2)卡方检验结果

表 6.80　职称不同的新建应用型本科院校被试选项作答次数的卡方检验

题号	χ^2 值(Pearson)	自由度	伴随概率
33	24.749***	2	0.000
34	32.085***	2	0.000
35	20.557***	2	0.000

由表 6.80 可知,新建应用型本科院校不同职称的被试,对招生制度认识所包括的三题中的每一题的作答中,选项“是”的频数、选项“不清楚”的频数、选项“否”的频数三者之间差异显著。

次数分布差异显著的三个题项的内容分别是:第 33 题,新建应用型本科院校有充分的招生自主权;第 34 题,目前的中学教育与应用型本科院校的招生衔接得很好;第 35 题,我校现行招生考试制度基本符合应用型本科院校办学需求。

3. 升本时间不同的新建应用型本科院校被试作答选项次数分布的对比

(1)作答次数分布对比

表 6.81　升本时间不同的新建应用型本科院校被试作答选项次数分布

题号	学校升本时间	$N_{是}$	$P_{是}$(%)	$N_{不清楚}$	$P_{不清楚}$(%)	$N_{否}$	$P_{否}$(%)
33	2007 年及以前	197	30.2	228	35.0	227	34.8
	2008 年及以后	47	25.5	57	31.0	80	43.5
34	2007 年及以前	156	23.9	254	39.0	242	37.1
	2008 年及以后	42	22.8	66	35.9	76	41.3

续表

题号	学校升本时间	$N_{是}$	$P_{是}$(%)	$N_{不清楚}$	$P_{不清楚}$(%)	$N_{否}$	$P_{否}$(%)
35	2007年及以前	375	57.5	169	25.9	108	16.6
	2008年及以后	92	50.0	55	29.9	37	20.1

(2)卡方检验结果

表 6.82　升本时间不同的新建应用型本科院校被试选项作答次数的卡方检验

题号	χ^2 值(Pearson)	自由度	伴随概率
33	4.676	2	0.097
34	1.092	2	0.579
35	3.335	2	0.189

由表6.82可知,升本时间不同的新建本科院校的被试,对招生制度的认识中所包括的三题中的每一题的作答中,选项"是"的频数、选项"不清楚"的频数、选项"否"的频数三者之间差异不显著。

4. 职务不同的被试作答选项次数分布对比

(1)作答次数分布对比

表 6.83　职务不同的新建应用型本科院校被试作答选项次数分布

题号	职务	$N_{是}$	$P_{是}$(%)	$N_{不清楚}$	$P_{不清楚}$(%)	$N_{否}$	$P_{否}$(%)
33	校领导	20	19.8	16	15.8	65	64.4
	中层干部	91	24.6	115	31.1	164	44.3
	一般教师	133	36.4	154	42.2	78	21.4
34	校领导	19	18.8	24	23.8	58	57.4
	中层干部	80	21.6	131	35.4	159	43.0
	一般教师	99	27.1	165	45.2	101	27.7
35	校领导	67	66.3	8	7.9	26	25.7
	中层干部	192	51.9	97	26.2	81	21.9
	一般教师	208	57.0	119	32.6	38	10.4

(2)卡方检验结果

表 6.84　职务不同的新建应用型本科院校被试选项作答次数的卡方检验

题号	χ^2 值(Pearson)	自由度	伴随概率
33	80.428***	4	0.000
34	37.095***	4	0.000
35	39.815***	4	0.000

由表 6.84 可知，新建本科院校职务不同的被试，对招生制度认识所包括的三题中的每一题的作答中，选项“是”的频数、选项“不清楚”的频数、选项“否”的频数三者之间均差异显著。

次数分布差异显著的三个题项的内容分别是：第 33 题，新建应用型本科院校有充分的招生自主权；第 34 题，目前的中学教育与应用型本科院校的招生衔接得很好；第 35 题，我校现行招生考试制度基本符合应用型本科院校办学需求。

5. 升本前学校类型不同的新建应用型本科院校被试作答选项次数分布对比

(1)作答次数分布对比

表 6.85　升本前学校类型不同的新建应用型本科院校被试作答选项次数分布

题号	升本前学校类型	$N_{是}$	$P_{是}$(%)	$N_{不清楚}$	$P_{不清楚}$(%)	$N_{否}$	$P_{否}$(%)
33	师范类	181	27.8	220	33.8	250	38.4
	工科类	31	29.5	42	40.0	32	30.5
	综合类	32	40.0	23	28.8	25	31.3
34	师范类	145	22.3	247	37.9	259	39.8
	工科类	27	25.7	45	42.9	33	31.4
	综合类	26	32.5	28	35.0	26	32.5
35	师范类	351	53.9	180	27.6	120	18.4
	工科类	65	61.9	23	21.9	17	16.2
	综合类	51	63.8	21	26.3	8	10.0

(2)卡方检验结果

表 6.86　升本前学校类型不同的新建应用型本科院校被试选项作答次数的卡方检验

题号	χ^2 值(Fisher 精确概率法)	伴随概率
33	7.401	0.115
34	6.444	0.167
35	6.102	0.190

由于表 6.85 中的被试选项作答次数分布不满足 person 方法下的卡方检验要求，则采用 Fisher 精确概率法进行分析。由表 6.86 可知，升本前学校类型不同的新建应用型本科院校的被试对招生制度认识所包括的三题中的每一题的作答中，选项“是”的频数、选项“不清楚”的频数、选项“否”的频数三者之间差异不显著。

七、课堂教学

(一)学校地域、职称、学校升格时间三变量的影响

学校地域包括东部和中西部两个方面，职称包括高级职称和中级及以下职称两个方面，学校升格时间包括 2007 年及以前和 2008 年及以后两个方面。以对学校课堂教学的认识为因变量，分别以学校地域、职称、学校升格时间为自变量进行 T 检验，具体统计分析结果如下表所示。

表 6.87　新建应用型本科院校对课堂教学的认知差异 T 检验

因变量	自变量	组别	均值	t 值	自由度（df）	伴随概率（P）
课堂教学	学校地域	东部 $N=261$	25.383±4.482	−1.409	834	0.159
		中西部 $N=575$	25.840±4.283			
	职称	高级职称 $N=470$	25.883±4.483	1.399	834	0.162
		中级及以下职称 $N=366$	25.459±4.163			
	升本时间	2007 年及以前 $N=652$	25.575±4.374	−1.531	834	0.126
		2008 年及以后 $N=184$	26.130±4.241			

由表 6.87 可知，新建应用型本科院校被试对课堂教学的认识在职称变量的两个方面之间、学校地域变量的两个方面之间、学校升本时间变量的两个方面之间均不存在显著差异。

（二）升本前学校类型、职务两变量的影响

在升本前学校类型、职务两变量不同的影响下，新建应用型本科院校对外部制度的认知差异如以下表格所示。

1. 单因素方差分析

职务包括校领导、中层干部、一般教师三个方面，以对课堂教学的认识为因变量、以职务为自变量进行单因素方差分析，方差齐性，满足方差分析的前提条件。具体单因素方差分析结果如下表所示。

(1)方差齐性检验结果

表 6.88　课堂教学现状职务差异的方差齐性检验结果

因变量	Levene 值	df1	df2	伴随概率 sig
课堂教学	0.477	2	833	0.621

由表 6.88 可知，职务不同的被试在对课堂教学认识上差异的方差齐性

检验结果中，其伴随概率为 0.621>0.05，故方差齐性，则满足方差分析的前提条件。

(2)单因素方差分析结果

表 6.89 课堂教学现状职务差异的单因素方差分析结果

因变量	变异来源	平方和	自由度	均方	F 值	伴随概率
课堂教学	组间	185.194	2	92.597	4.943**	0.007
	组内	15603.240	833	18.731		
	总变异	15788.434	835			

由表 6.89 可知，不同职务被试对新建应用型本科院校课堂教学现状的认识之间存在非常显著的差异。

(3)事后检验

为进一步了解职务不同的被试对新建应用型本科院校课堂教学认识的差异，进行事后多重比较，具体结果见下表。

表 6.90 新建应用型本科院校课堂教学现状职务差异的多重比较

因变量	(I)职务	(J)职务	均差(I−J)	标准误	伴随概率
课堂教学	校领导	中层干部	1.345**	0.486	0.006
		一般教师	1.507**	0.487	0.002
	中层干部	一般教师	0.162	0.319	0.613

由表 6.90 可知，在对课堂教学的认识上，校领导与中层干部之间、校领导与一般教师之间均存在显著差异。

2. 非参数检验

在调研过程中，将升本前学校类型区分为师范类、工科类和综合类三个方面，针对该自变量的影响采用 F 检验进行分析，但在单因素方差分析过程中发现方差不齐。综合考虑多种因素后，针对因升本前学校类型不同而引起的课堂教学认识差异的分析，采用非参数检验法，具体结果见下表。

表 6.91　新建应用型本科院校对课堂教学认知差异的中位数检验

因变量	自变量	中位数	χ^2 值	自由度	伴随概率
课堂教学	升本前学校类型	27.000	15.276***	2	0.000

由表 6.91 可知，新建应用型本科院校对课堂教学的认识在升本前学校类型的三个方面之间存在极其显著差异。

3. 多重比较

为进一步探究升本前学校类型不同的新建应用型本科院校被试对学校课堂教学的认识差异分布情况，研究者采用了“未假定方差齐性 Tamhane’s T2 法”来分析不同组别间的差异，具体结果见下表。

表 6.92　新建应用型本科院校对课堂教学认知差异的多重比较

因变量	自变量	自变量(I)水平一	自变量(J)水平二	均差(I—J)	标准误	伴随概率
课堂教学	升本前学校类型	师范类	工科类	−0.794	0.406	0.150
			综合类	−1.800***	0.460	0.000
		工科类	综合类	−1.006	0.562	0.209

由表 6.92 可知，在对课堂教学的认识中，前身为师范类院校的新建应用型本科院校与前身为综合类院校的新建应用型本科院校之间存在显著差异，而前身为师范类院校的新建应用型本科院校与前身为工科类院校的新建应用型本科院校之间、前身为工科类院校的新建应用型本科院校与前身为综合类院校的新建应用型本科院校之间不存在显著差异。

(三)被试作答选项频数分析及卡方检验

分别统计了在课堂教学这个分量表的作答中，“是”“不清楚”以及“否”三个选项在自变量不同方面上的次数分布情况。

1. 学校地域不同的新建应用型本科院校被试作答次数分布对比及卡方检验

(1)作答次数分布对比

表 6.93　不同地域的新建应用型本科院校被试作答次数分布

题号	学校地域	$N_{是}$	$P_{是}$(%)	$N_{不清楚}$	$P_{不清楚}$(%)	$N_{否}$	$P_{否}$(%)
36	东部	155	59.4	81	31.0	25	9.6
	中西部	367	63.8	132	23.0	76	13.2
37	东部	172	65.9	64	24.5	25	9.6
	中西部	410	71.3	99	17.2	66	11.5
38	东部	138	52.9	62	23.8	61	23.4
	中西部	380	66.1	104	18.1	91	15.8
39	东部	181	69.3	66	25.3	14	5.4
	中西部	385	67.0	161	28.0	29	5.0
40	东部	174	66.7	63	24.1	24	9.2
	中西部	386	67.1	135	23.5	54	9.4
41	东部	202	77.4	47	18.0	12	4.6
	中西部	445	77.4	116	20.2	14	2.4
42	东部	219	83.9	32	12.3	10	3.8
	中西部	513	89.2	42	7.3	20	3.5
43	东部	151	57.9	75	28.7	35	13.4
	中西部	359	62.4	140	24.3	76	13.2
44	东部	155	59.4	50	19.2	56	21.5
	中西部	368	64.0	100	17.4	107	18.6
45	东部	166	63.6	49	18.8	46	17.6
	中西部	358	62.3	137	23.8	80	13.9

(2)卡方检验结果

表 6.94　不同地域的新建应用型本科院校被试选项作答次数的卡方检验

题号	χ^2 值(Pearson)	自由度	伴随概率
36	7.132*	2	0.028
37	6.260*	2	0.044

续表

题号	χ^2 值(Pearson)	自由度	伴随概率
38	13.584**	2	0.001
39	0.674	2	0.714
40	0.046	2	0.977
41	3.132	2	0.209
42	5.622	2	0.060
43	1.966	2	0.374
44	1.669	2	0.434
45	3.752	2	0.153

由表 6.94 可知，不同地域的新建应用型本科院校的被试，对课堂教学认识中所包括的十题中的第 36 题、第 37 题及第 38 题的作答中，选项“是”的频数、选项“不清楚”的频数、选项“否”的频数三者之间差异显著；在第 39 题、第 40 题、第 41 题、第 42 题、第 43 题、第 44 题及第 45 题的作答结果中，选项“是”的频数、选项“不清楚”的频数、选项“否”的频数三者之间差异不显著。

次数分布差异显著的三个题项的内容分别为：第 36 题，我校各专业的人才培养目标设置符合企业的人才需求；第 37 题，我校制定的人才培养方案侧重于培养学生的职业能力；第 38 题，我校经常开展“行业(企业)专家进课堂”等教学活动。

2. 职称不同的被试作答选项次数分布的对比

(1)作答次数分布对比

表 6.95 职称不同的新建应用型本科院校被试作答选项次数分布

题号	职称	$N_{是}$	$P_{是}$(%)	$N_{不清楚}$	$P_{不清楚}$(%)	$N_{否}$	$P_{否}$(%)
36	高级	306	65.1	109	23.2	55	11.7
	中级及以下	216	59.0	104	28.4	46	12.6

续表

题号	职称	$N_{是}$	$P_{是}$(%)	$N_{不清楚}$	$P_{不清楚}$(%)	$N_{否}$	$P_{否}$(%)
37	高级	342	72.8	77	16.4	51	10.9
	中级及以下	240	65.6	86	23.5	40	10.9
38	高级	303	64.5	88	18.7	79	16.8
	中级及以下	215	58.7	78	21.3	73	19.9
39	高级	351	74.7	97	20.6	22	4.7
	中级及以下	215	58.7	130	35.5	21	5.7
40	高级	325	69.1	92	19.6	53	11.3
	中级及以下	235	64.2	106	29.0	25	6.8
41	高级	381	81.1	69	14.7	20	4.3
	中级及以下	266	72.7	94	25.7	6	1.6
42	高级	420	89.4	33	7.0	17	3.6
	中级及以下	312	85.2	41	11.2	13	3.6
43	高级	290	61.7	108	23.0	72	15.3
	中级及以下	220	60.1	107	29.2	39	10.7
44	高级	295	62.8	71	15.1	104	22.1
	中级及以下	228	62.3	79	21.6	59	16.1
45	高级	300	63.8	95	20.2	75	16.0
	中级及以下	224	61.2	91	24.9	51	13.9

(2)卡方检验结果

表 6.96 职称不同的新建应用型本科院校被试选项作答次数的卡方检验

题号	χ^2 值(Pearson)	自由度	伴随概率
36	3.554	2	0.169
37	6.871*	2	0.032
38	2.896	2	0.235
39	24.947***	2	0.000

续表

题号	χ^2 值(Pearson)	自由度	伴随概率
40	12.765**	2	0.002
41	19.172***	2	0.000
42	4.464	2	0.107
43	6.587*	2	0.037
44	8.629*	2	0.013
45	2.786	2	0.248

由表 6.96 可知，新建应用型本科院校职称不同的被试，对课堂教学认识所包括的十题中的第 37 题、第 39 题、第 40 题、第 41 题、第 43 题及第 44 题的作答中，选项“是”的频数、选项“不清楚”的频数、选项“否”的频数三者之间差异显著；第 36 题、第 38 题、第 42 题及第 45 题的作答结果中，选项“是”的频数、选项“不清楚”的频数、选项“否”的频数三者之间差异不显著。

次数分布差异显著的六个题项的内容分别是：第 37 题，我校制定的人才培养方案侧重于培养学生的职业能力；第 39 题，我校各主干课程的课时分配中，实践教学时占总教学时的 25%以上；第 40 题，我校教师能根据应用型人才培养目标组织课堂教学改革工作；第 41 题，我校各专业主干课程教学内容根据应用型人才培养目标作了相应的调整；第 43 题，我校对学生的学业评价制度符合应用型人才培养需求；第 44 题，我校学生课堂参与的积极性较高。

3. 升本时间不同的新建应用型本科院校被试作答选项次数分布的对比

(1)作答次数分布对比

表 6.97　升本时间不同的新建应用型本科院校被试作答选项次数分布

题号	学校升本时间	$N_{是}$	$P_{是}$(%)	$N_{不清楚}$	$P_{不清楚}$(%)	$N_{否}$	$P_{否}$(%)
36	2007 年及以前	404	62.0	164	25.2	84	12.9
	2008 年及以后	118	64.1	49	26.6	17	9.2

续表

题号	学校升本时间	$N_{是}$	$P_{是}$(%)	$N_{不清楚}$	$P_{不清楚}$(%)	$N_{否}$	$P_{否}$(%)
37	2007 年及以前	442	67.8	134	20.6	76	11.7
	2008 年及以后	140	76.1	29	15.8	15	8.2
38	2007 年及以前	415	63.7	125	19.2	112	17.2
	2008 年及以后	103	56.0	41	22.3	40	21.7
39	2007 年及以前	427	65.5	190	29.1	35	5.4
	2008 年及以后	139	75.5	37	20.1	8	4.3
40	2007 年及以前	430	66.0	156	23.9	66	10.1
	2008 年及以后	130	70.7	42	22.8	12	6.5
41	2007 年及以前	505	77.5	127	19.5	20	3.1
	2008 年及以后	142	77.2	36	19.6	6	3.3
42	2007 年及以前	576	88.3	51	7.8	25	3.8
	2008 年及以后	156	84.8	23	12.5	5	2.7
43	2007 年及以前	403	61.8	166	25.5	83	12.7
	2008 年及以后	107	58.2	49	26.6	28	15.2
44	2007 年及以前	393	60.3	121	18.6	138	21.2
	2008 年及以后	130	70.7	29	15.8	25	13.6
45	2007 年及以前	391	60.0	149	22.9	112	17.2
	2008 年及以后	133	72.3	37	20.1	14	7.6

(2)卡方检验结果

表 6.98 升本时间不同的新建应用型本科院校被试选项作答次数的卡方检验

题号	χ^2 值(Pearson)	自由度	伴随概率
36	1.808	2	0.405
37	4.727	2	0.094
38	3.705	2	0.157
39	6.744*	2	0.034

续表

题号	χ^2 值(Pearson)	自由度	伴随概率
40	2.541	2	0.281
41	0.019	2	0.990
42	4.254	2	0.119
43	1.060	2	0.589
44	7.323*	2	0.026
45	12.676**	2	0.002

由表6.98可知，升本时间不同的新建本科院校的被试，对课堂教学的认识中所包括的十题中的第39题、第44题及第45题的作答中，选项“是”的频数、选项“不清楚”的频数、选项“否”的频数三者之间差异显著；第36题、第37题、第38题、第40题、第41题、第42题及第43题的作答结果中，选项“是”的频数、选项“不清楚”的频数、选项“否”的频数三者之间差异不显著。

次数分布差异显著的三个题项的内容是：第39题，我校各主干课程的课时分配中，实践教学时占总教学时的25%以上；第44题，我校学生课堂参与的积极性较高；第45题，我校师生间的课堂内外互动得很好。

4. 职务不同的被试作答选项次数分布对比

(1)作答次数分布对比

表6.99 职务不同的新建应用型本科院校被试作答选项次数分布

题号	职务	$N_{是}$	$P_{是}$(%)	$N_{不清楚}$	$P_{不清楚}$(%)	$N_{否}$	$P_{否}$(%)
36	校领导	87	86.1	4	4.0	10	9.9
	中层干部	217	58.6	101	27.3	52	14.1
	一般教师	218	59.7	108	29.6	39	10.7
37	校领导	84	83.2	8	7.9	9	8.9
	中层干部	262	70.8	68	18.4	40	10.8
	一般教师	236	64.7	87	23.8	42	11.5

续表

题号	职务	$N_{\text{是}}$	$P_{\text{是}}$(%)	$N_{\text{不清楚}}$	$P_{\text{不清楚}}$(%)	$N_{\text{否}}$	$P_{\text{否}}$(%)
38	校领导	78	77.2	8	7.9	15	14.9
	中层干部	232	62.7	64	17.3	74	20.0
	一般教师	208	57.0	94	25.8	63	17.3
39	校领导	79	78.2	18	17.8	4	4.0
	中层干部	256	69.2	98	26.5	16	4.3
	一般教师	231	63.3	111	30.4	23	6.3
40	校领导	79	78.2	9	8.9	13	12.9
	中层干部	244	65.9	89	24.1	37	10.0
	一般教师	237	64.9	100	27.4	28	7.7
41	校领导	87	86.1	9	8.9	5	8.0
	中层干部	297	80.3	60	16.2	13	3.5
	一般教师	263	72.1	94	25.8	8	2.2
42	校领导	90	89.1	5	5.0	5	5.0
	中层干部	324	87.6	32	8.6	14	3.8
	一般教师	318	87.1	37	10.1	10	2.7
43	校领导	81	80.2	11	10.9	9	8.9
	中层干部	219	59.2	90	24.3	61	16.5
	一般教师	210	57.5	114	31.2	41	11.2
44	校领导	73	72.3	11	10.9	17	16.8
	中层干部	229	61.9	72	19.5	69	18.6
	一般教师	221	60.5	67	18.4	77	21.1
45	校领导	69	68.3	15	14.9	17	16.8
	中层干部	224	60.5	92	24.9	54	14.6
	一般教师	231	63.3	79	21.6	55	15.1

(2)卡方检验结果

表 6.100　新建应用型本科院校职务不同的被试选项作答次数的卡方检验

题号	χ^2 值(Pearson)	自由度	伴随概率
36	33.801***	4	0.000
37	15.226**	4	0.004
38	21.608***	4	0.000
39	9.256	4	0.055
40	16.257**	4	0.003
41	16.269**	4	0.003
42	4.800	4	0.308
43	25.718***	4	0.000
44	6.078	4	0.193
45	4.749	4	0.314

由表 6.100 可知，新建本科院校职务不同的被试，对外部课堂教学认识所包括的十题中的第 36 题、第 37 题、第 38 题、第 40 题、第 41 题及第 43 题的作答中，选项“是”的频数、选项“不清楚”的频数、选项“否”的频数三者之间均差异显著；第 39 题、第 42 题、第 44 题及第 45 题的作答结果中，选项“是”的频数、选项“不清楚”的频数、选项“否”的频数三者之间差异不显著。

次数分布差异显著的六个题项的内容分别为：第 36 题，我校各专业的人才培养目标设置符合企业的人才需求；第 37 题，我校制定的人才培养方案侧重于培养学生的职业能力；第 38 题，我校经常开展“行业（企业）专家进课堂”等教学活动；第 40 题，我校教师能根据应用型人才培养目标组织课堂教学改革工作；第 41 题，我校各专业主干课程教学内容根据应用型人才培养目标作了相应的调整；第 43 题，我校学生的学业评价制度符合应用型人才培养需求。

5. 升本前学校类型不同的新建应用型本科院校被试作答选项次数分布对比

(1)作答次数分布对比

表 6.101　升本前学校类型不同的新建应用型本科院校被试作答选项次数分布

题号	升本前学校类型	$N_{是}$	$P_{是}$(%)	$N_{不清楚}$	$P_{不清楚}$(%)	$N_{否}$	$P_{否}$(%)
36	师范类	391	60.1	174	26.7	86	13.2
	工科类	70	66.7	25	23.8	10	9.5
	综合类	61	76.3	14	17.5	5	6.3
37	师范类	443	68.0	135	20.7	73	11.2
	工科类	75	71.4	20	19.0	10	9.5
	综合类	64	80.0	8	10.0	8	10.0
38	师范类	382	58.7	135	20.7	134	20.6
	工科类	70	66.7	20	19.0	15	14.3
	综合类	66	82.5	11	13.8	3	3.8
39	师范类	431	66.2	182	28.0	38	5.8
	工科类	75	71.4	27	25.7	3	2.9
	综合类	60	75.0	18	22.5	2	2.5
40	师范类	428	65.7	160	24.6	63	9.7
	工科类	72	68.6	24	22.9	9	8.6
	综合类	60	75.0	14	17.5	6	7.5
41	师范类	499	76.7	132	20.3	20	3.1
	工科类	82	78.1	20	19.0	3	2.9
	综合类	66	82.5	11	13.8	3	3.8
42	师范类	564	86.6	63	9.7	24	3.7
	工科类	97	92.4	6	5.7	2	1.9
	综合类	71	88.8	5	6.3	4	5.0
43	师范类	374	57.5	180	27.6	97	14.9
	工科类	74	70.5	24	22.9	7	6.7
	综合类	62	77.5	11	13.8	7	8.8
44	师范类	396	60.8	119	18.3	136	20.9
	工科类	65	61.9	21	20.0	19	18.1
	综合类	62	77.5	10	12.5	8	10.0

续表

题号	升本前学校类型	$N_{是}$	$P_{是}$(%)	$N_{不清楚}$	$P_{不清楚}$(%)	$N_{否}$	$P_{否}$(%)
45	师范类	399	61.3	148	22.7	104	16.0
	工科类	68	64.8	20	19.0	17	16.2
	综合类	57	71.3	18	22.5	5	6.3

(2)卡方检验结果

表 6.102　升本前学校类型不同的新建应用型本科院校被试选项作答次数的卡方检验

题号	χ^2 值(Fisher 精确概率法)	伴随概率
36	9.043	0.058
37	6.191	0.182
38	23.299***	0.000
39	4.043	0.393
40	2.672	0.612
41	2.122	0.707
42	3.561	0.460
43	18.389**	0.001
44	9.310	0.052
45	6.822	0.143

由于在表 6.101 中被试选项作答的次数分布不满足 person 方法下的卡方检验要求,则采用 Fisher 精确概率法进行分析。由表 6.102 可知,升本前学校类型不同的新建应用型本科院校的被试对课堂教学认识所包括的十题中的第 38 题及第 43 题的作答中,选项"是"的频数、选项"不清楚"的频数、选项"否"的频数三者之间差异显著;第 36 题、第 37 题、第 39 题、第 40 题、第 41 题、第 42 题、第 44 题及第 45 题的作答结果中,选项"是"的频数、选项"不清楚"的频数、选项"否"的频数三者之间差异不显著。

次数分布差异显著的两个题项的内容分别为:第 38 题,我校经常开展

“行业(企业)专家进课堂”等教学活动;第43题,我校学生的学业评价制度符合应用型人才培养需求。

第三节 讨论与分析

德鲁克指出,院校在发展中要处理好效率(efficiency)与效益(effectiveness)的关系。他把“用正确的方法”做“正确的事情”看成兼顾“效率”和“效益”的典范,认为做事情有“效率”只能说明做事采用的方法正确,但究竟是否会带来现实的“效益”,则要考察所做的事是否正确了。[①] 新建应用型本科院校管理现状在规划与大学章程、学校组织机构与结构、外部制度、人才培养方案、人事管理、招生制度与课堂教学这七个方面分别呈现出不一样的特点。下面我们将分别针对上述七个方面在学校地域、职称、升本时间、职务、升本前学校类型等方面呈现出不同特点的原因加以探讨。

一、规划与大学章程

本课题的统计数据表明,在“规划与大学章程”认知方面,新建应用型本科院校地域差异、职务差异、升本前不同的学校类型之间差异显著,职称差异与学校升格时间之间差异不显著。

调查结果中,在地域差异上,东部院校对规划与大学章程的满意度显著低于中西部院校。分析认为,东部院校因为与区域内经济社会发展联系得更为紧密,学校应用型定位更加清晰,更加重视规划与大学章程的建设,对院校的规划意识也更强,所以才对规划和大学章程有较多的不满意,从而不断进行改革与发展;相应地,中西部院校对章程、规划缺乏更加深刻的思考,对经济社会需求认识得还不到位,对规划与章程建设的关注不够。

在职务差异上,职务越高的人满意度越高。总体来看,职务越高的人,

---

① 赵曙明:《美国高等教育管理研究》,湖北教育出版社1992年版,第18—19页。

对院校的规划与章程了解得越多，理解得也更准确，因而所表现得满意度较高一些；大多数普通教师，对学校的规划与章程了解得并不是十分清楚，很多教师根据学校在转型发展中当前的状态来进行评价，比较容易将院校转型过程中产生的不适与不满转移到该方面上来，导致其满意度较低。这说明了一个问题：新建应用型大学在大学规划和章程建设过程中，没有充分重视最广大教职工的参与性，影响了章程和规划的受关注度，削弱了其对教职工行为的约束力。这与摩尔(2001)①的"大学文化在决定大学成员的行为、大学的治理和决策过程中具有决定性的作用"观点相一致。

升格之前不同类型的学校对规划与章程的理解存在差异。具体地说，综合类院校满意度最高，前身为工科类、师范类院校的院校满意度最低。究其原因，不难看出，前身为师范类院校的新建应用型本科院校在应用型办学上还存在许多困惑与不适，对如何进行产教深度融合、学科与专业发展如何与市场需求相匹配的思考和准备不够。相应地，这类学校的"规划与章程"也面临较大的调整与变革，很容易引发不满；相反，综合类院校的适应能力是最强的，与应用型大学的定位衔接得也最好，因此其满意度也就表现得最高。

二、学校组织机构与结构

新建应用型本科院校"组织机构与结构"是否能满足"应用型"大学的办学需求，通过数据分析发现，职务差异、升格前不同类型的学校之间差异比较显著，在学校地域差异、职称差异以及升格时间等方面差异则表现得不显著。

在职务差异方面，职务越高的人，对学校组织机构与结构的满意度也越高。大部分教职工对学校组织机构与结构的满意度却不高，主要原因在于

① José-Ginés More, "Governance and Management in the New University", *Tertiary Education and Management*, 7(2001): 95—110.

学校组织机构与结构更侧重于学校的管理。而该层面职务越高的人作出的决策与评价的参与度也越高，因而满意度也较高；于大多数一般教师而言，不是从决策者的角度对学校组织机构与结构进行评价，而是直接评价了自身对学校组织机构与结构方面的感受。由此可以看出，新建应用型本科院校组织机构与结构的现状并不能令人满意，与现代大学共同治理的需求差距较大。因此必须改变当下只重视自上而下的“管理”，而相对忽视培养共同治理的状态。

在因升本前学校类型不同而带来的对组织机构与结构认识的差异方面，升本前学校类型为综合类的满意度最高、其次为工科类院校、最后为师范类院校。主要原因依然在于，针对新建应用型本科院校的转型发展，综合类院校的适应能力最强，衔接得最好；而师范类院校面临的改革与转变是最大的，因而满意度较低。由此可以看出，在新建应用型本科院校的组织机构与结构方面，前身为师范类院校的新建应用型本科院校最需要作出改革与转变。

三、外部制度

通过分析新建应用型本科院校外部制度认识现状，我们发现，新建应用型本科院校职称差异显著、职务差异显著、升本前不同学校类型差异显著；学校地域差异不显著、学校升本时间差异不显著。

职称差异与职务差异方面，职称/职务越高的人，对外部制度状态越不满意；职称/职务较低的反而对外部制度状态表现出满意的结果。这一表现应该符合常态，职务职称高的人对当前外部制度认识理解更深刻，了解外部制度中存在的问题，故而满意度低；一般教师对外部制度关注度不高，缺少必要的思考，故而满意度高。这一点提示我们，当前新建应用型本科院校的教师还没有随着学校转型的态势，对自身的教学行为做更多的“适应性”思考和改变。

在因升本前学校类型不同而对外部制度认识产生差异方面，升本前学校类型为综合类的满意度最高，其次是工科类院校，最后是师范类院校。这三类院校目前的办学定位均为新建应用型本科院校。应用型大学的办学过程中，不仅需要更多地对接行业企业，也需要关注府学关系的变化。相对于工科院校和师范类院校而言，前身为综合类院校的院校行业性（如财经类院校）最突出，与政府管理部门有较多的接触，对应用型办学的要求与目标把握得更加准确，有着较好的准备条件，满意度自然是最高的；而前身为师范类院校的新建应用型本科院校对应用型办学转型的认识可能存在一定的困难，学校转向建设一大批不熟悉的工科类学科与专业，办学难度较大，与行业企业的对接确实存在路径依赖，其满意度最低。

四、人才培养方案

在“人才培养方案”方面，调查数据显示，院校的地域差异、职称差异、职务差异、升格前不同学校类型差异均表现显著；而相对来说，学校升格时间差异不显著。换句话说，无论学校何时升格，作为定位于应用型办学的新建本科院校，人才培养方案的重新构建都引起了各个院校的高度重视。如何培养“应用型人才”、培养什么样的“应用型人才”迫使应用型本科院校另辟蹊径，不机械复制传统大学的人才培养方式，摆脱人才培养路径的固着依赖，进行系统创新。

在地域差异上，东部院校满意度低，中西部院校则相反。主要原因在于，东部应用型本科院校较中西部院校更重视人才培养方案方面的建设，对这一方面理解得更精准，因而更能认识到人才培养方案建设中所存在的问题，故其满意度较低。

在“人才培养方案”方面，数据表明的结果应引起应用型本科院校的高度关注：在职称方面，高级职称的人感到满意，中低级职称的人感到不满意；在职务方面，校领导最满意，一般教师最不满意。可见，学校领导干部整体回答“是”的多，更加满意于现有的“人才培养方案”，而与普通一线教师判断不一致。分析认为，学校领导、职称较高的高校人群满足于已确立的人才培养方案，在宏观上注意到了“应用型”人才的特质和培养路径；但在“人才培养方案”修订“应用型”人才培养要求落地、在微观教学过程的落实上，还不能让广大教师满意，纸上谈兵的“设计”较多，与真正把原则意见落实到具体的育人过程和教学活动中还存在距离。对如何在教育教学实践中，具体落实应用型人才的培养，让应用型办学定位落地认识得不够深入，一般教师在具体执行上还表现得难以适应。

升格前因学校类型不同而对新建应用型本科院校管理现状各方面产生的认识差异，在前文中已有阐述，此处不再赘述。

五、人事管理

通过对新建应用型本科院校人事管理现状进行分析，我们发现，其职称差异显著、职务差异显著、升本前不同学校类型差异显著，学校地域差异不显著，学校升本时间差异不显著。

在人事管理制度的职称差异方面，高级职称的教师满意度低，中低职称的教师满意度高。高级职称的教师更加关注人事管理，关注学校学术权力与行政权力的配置，关注自己在学校的地位，对现实并不满意。同时，这也说明在新建应用型本科院校对高层次人才重视程度可能还不够，还没有从制度设计层面给予其更多的价值体现。

在人事管理制度职务差异方面，校级领导干部对学校现行的人事制度满意度最高，而相比之下一般教师满意度最低。与此同时，对现行人事制度的认知，校领导与中层干部之间、一般教师之间表现出的差异极其显著。数据表明：职位越高的人（校领导），对人事管理满意度最高，说明在新建应用型本科院校比较普遍地存在着行政权力与学术权力配置方面的问题，特别是现行的人事制度未能很好地体现出学术权力在制度拟定方面的话语权，普通教师的意愿相应地在制度表达上有所缺失。新建应用型本科院校现行人事制度可能更多地体现了学校行政层面，特别是领导层面的意志。这为人事制度创新、推行应用型学校综合改革，带来一定的难度。

该结果说明职务和职称在一定程度上反映行政权力和学术权力之间的关系。新建应用型本科院校在认识改革时更多地停留在行政权力意义上，没有对学术权力进行充分考虑和落实；也可能是因为教师在人事管理方面参与度低，积极性不高。另一方面职务高和职称低的人观点一致，即校领导和普通教师的意见一致、推论一致，从侧面反映出学校人事制度没有充分注意到高职称人才的诉求，没有真正体现这部分办学主体力量的意志。这是新建应用型本科院校必须高度关注的问题。

六、招生制度

本课题调查数据表明，新建应用型本科院校各类在职人员对现行招生制度的认识存在差异。数据显示职称差异、学校升格时间差异、职务差异、升格前学校类型差异等均为显著。但是，在对招生制度的认识上，东部地区新建应用型本科院校与中西部地区的新建应用型本科院校之间的地域差异并不显著。

在招生制度方面，学校升本时间越长，对招生制度越满意。可能因为升本时间长的院校在招生方面具有竞争优势，学校在招生制度方面建设得相对比较完备，升本晚的院校招生制度改革愿望更迫切，不满意现行招生制度，为生存求改变；另外，被调查者可能对应用型本科办学缺乏理解和理性深入的思考。

职称越高的人对学校招生制度越不满意；职务越高的人对学校招生制度越不满意。分析认为，职称高职务高的人是新建应用型院校办学的主要行政与学术管理力量，对应用型大学招生问题应然的标准有更多的思考；对当前招生制度没有真正体现应用型大学应有的选择性科目感到不满。

七、课堂教学

通过分析新建应用型本科院校课堂教学现状，我们发现，其职务差异显著、升本前不同类型学校差异显著；学校地域差异不显著、职称差异不显著、学校升本时间差异不显著。

(一)东部与中西部新建应用型本科院校课堂教学现状差异

研究结果表示,东部与中西部应用型本科院校的课堂教学现状并未呈现出显著差异。该现象出现的原因,可能主要有以下几点:第一,虽然东部与中西部地区的地方政府可以给予本地应用型本科院校的资金帮助存在差异,但政府部门所起的主导和引导作用相差不大;第二,东部与中西部应用型本科院校总体上对自身的办学定位理解得较为准确,都倾向于培养具有一定应用能力、学习能力以及开发创新能力的应用型人才;第三,不同地域的应用型本科院校课堂教学大都处于探索发展阶段,区域经济发展水平差异带来的影响尚未有明显表现。

(二)新建应用型本科院校职称不同的教师的课堂教学现状比较

研究结果显示,高级职称教师与中级及以下职称教师的课堂教学现状并未呈现出显著差异。这一研究结论与王雅婷(2016)的研究结论较为相似,其研究指出职称不同的地方本科院校教师的教学观念、教学目标、教学方法、教学内容、实践教学能力等方面不存在显著差异。[①]

对被试作答情况进行深入分析,我们发现所调查的对象中,绝大多数被试认为目前应用型本科院校课堂教学现状较好,只有极少数被试认为课堂教学有进一步改革和完善的需要。应用型本科院校的课堂教学改革中,学校对于高级职称教师和中级及以下职称教师这两个群体提出了相同的要求。故在学校转型过程中,他们都会对课堂作出相应调整与变革。这两个群体各自占有独特的优势:对于高级职称教师而言,他们是专家型教师,教学经验丰富,教学观念明确,故能准确理解学校转型过程中课堂改革与创新要求,并及时对自己的课堂教学做出调整与变革;中级及以下职称教师这个群体是这类院校教学活力所在,这类教师由于刚入职不久,教学热情和教学

---

① 王雅婷:《地方本科院校转型中的教师教学发展现状调查研究——以云南省×学院为例》,云南大学硕士论文,2016年。

责任感强，与本科学生之间年龄相仿，容易沟通，有助于提升教学效果。无论是出于学校转型发展的要求还是为了提升自身工作满意度与幸福感，这些教师都积极地对自己的课堂作出创新与改革，以期能符合学校培养应用型人才的办学目标。

需要特别指出的是，高级职称教师与中级及以下职称教师的课堂教学现状并未呈现出显著差异，这其中有两点值得关注。

其一，新建应用型本科院校的课堂教学没能体现出职称差异，说明其教学质量与职称关联度不高。这表明现行的应用型本科院校职称评审制度存在较大的缺陷，不利于应用型教师或“双能型”教师成长。

其二，说明应用型本科院校高职称教师的科研工作与教学工作之间未能获得互相促进、相得益彰的效果，教师的应用研究存在不足。

（三）升格时间不同的应用型本科院校课堂教学现状比较

研究结果显示，2007 年及以前升本的应用型本科院校与 2008 年及以后升本的应用型本科院校课堂教学现状并不存在显著差异，但 2008 年及以后升本的院校课堂教学现状得分高于 2007 年及以前升本的院校的得分。新建应用型本科院校为了更好地为区域经济社会发展服务，都积极推进转型发展，在课堂教学上主要表现为教学方法的转变、核心课程课时分配的调整、教师教学目标的调整等。虽然升本时间有差异，但在转型发展过程中彼此都在积极探索课堂改革。但相对而言，2008 年及以后升本的院校在该方面表现得略好一些。笔者认为原因在于后升本的院校学校体量小，办学理念新、方法新，与新型人才培养需求及新型课堂教学目标衔接得更好一些，故应用型课程比 2007 年及以前升本的应用型院校开设得更好，因而其向应用型院校转变得更快。另一方面，可能是因为升格较早的院校在如何进行应用型课堂教学的问题上，讨论得更久，思考得更深，困惑更多，因而对当下的课堂教学不满意；而升格较晚的院校尚处在快速发展后效期，专业调整与改造难度较小，因而满意度相对高一些。

（四）应用型本科院校校领导、中层干部及普通教师课堂教学现状比较

研究结果显示，校领导、中层干部与普通教师对于应用型本科院校课堂教学现状的认知存在显著差异。具体差异体现在：校领导与中层干部、普通教师在课堂教学的认识上，均存在显著差异，其他群体之间的差异不显著。对这三个群体在课堂教学现状的具体得分进行进一步分析，我们发现，校领导给予应用型课堂教学现状的评价最高，其次为中层干部，而普通教师则认为目前应用型本科院校课堂教学存在较多的不足。

一般教师身处教学第一线，更了解当前课堂教学状况及教学中存在的问题，特别是对学生学习态度、人才培养规格的达成等方面的认识更加深刻，改革动力也更强。在应用型本科院校转型发展过程中，虽然学校会积极制定各种教学改革举措并通过各种文件规定要求或引导老师对课堂教学做出改变。但真正实施力度有多大，这些改革举措在实施过程中又存在哪些具体问题，具体实施效果如何，都需要我们跟进了解。相对来说，新建应用型本科院校的普通教师对目前的课堂教学现状更为不满，也表现出更多的担忧，因而可能成为这类院校下一轮教学改革的强劲动力；同时，我们也不要忽视这类院校的现任校级领导普遍对当前的课堂教学满意的现状。不难想象，在这类院校实施应用型课堂教学改革还存在较大阻力，至少有来自领导意识层面上的阻力。

值得注意的是，校领导对于课堂教学质量较为满意的情况，可能会在一定程度上阻碍应用型本科院校课堂教学改革或者放慢教学改革的脚步。这一点必须予以高度关注，在持续推动应用型大学办学理念更新的同时，还应注意促使这些理念落地。

（五）升本前学校类型不同的新建应用型本科院校课堂教学现状比较

研究结果显示，前身为师范类、工科类以及综合类院校的应用型本科院校的课堂教学现状存在显著差异，具体差异体现在前身为师范类应用型本

科院校与前身为综合类应用型本科院校之间。对这三类院校的课堂教学现状具体得分进行进一步分析，我们发现，前身为综合类院校的应用型本科院校课堂教学现状得分最高，其次为前身为工科类院校的应用型本科院校，前身为师范类院校的应用型本科院校得分最低。前身为师范类院校的学校在转型之后，原来课堂教学方式、教学习惯等不能很好地适应应用型课堂教学，所以会表示不满。

综观这三类院校的发展历程，前身为师范类院校的应用型本科院校，转型之前，整个院校的专业设置、课程设置等都与当下应用型本科院校差别较大。经过多年的教学，教师的教学方式、教学习惯都已形成，但这些教学方式与教学习惯并不能很好地适应应用型本科课堂教学需求；前身为工科类院校的应用型本科院校与前身为师范类院校的应用型本科院校相较而言，虽然其课堂教学强调对学生实际操作能力的培养，但这类院校往往重视培养的只是专业的操作能力，对应用型人才的综合素质，包括沟通能力、合作意识、批判性思维、创新意识等方面不够重视。美国的罗斯一霍曼理工学院甚至要求该校学生具备基本的修辞与写作能力，并对当今经济、文化和全球性问题有基本了解，以使学生成为综合素养更高的应用型人才；前身为综合类的应用型本科院校不仅有工科类专业，还有其他学科，因而其在转型前已经积累了相对丰富的课堂教学经验，故在转型发展过程中，该类院校表现出在转型忧患下转变能力好、适应力强、对应用型人才培养传承得更好的特点。在这些因素的影响下，其课堂教学现状相对较好。

总的来说，新建应用型本科院校的领导对学校当前的管理现状比较满意，一般教师的满意度较低。这就可能导致应用型院校改革缺乏动力。因此，必须重视对新建应用型本科院校校级领导在“新型”大学的办学意识、改革创新意识、应用型人才培养模式改革等方面进行培训，使他们成为真正的“教育家”，引领我国新一轮的大学改革创新浪潮。

第七章　新建应用型本科院校外部管理的变革

综合本研究的文献分析、国际比较和实证调查结果，我们可以得出这样的结论：大学的外部管理相关方主要是政府及其部门、区域社会、行业企业。这些机构共同构成大学的外部治理环境，是大学利益的相关方。新建应用型本科院校因为与社会需求更为贴近，要比传统意义上的精英型大学更加关注与这些利益相关方的协调。

第一节　新建应用型本科院校的外部管理制度诉求

国际上的一项研究结果表明："那些迄今为止几乎被奉为金科玉律的原则，比如大学自治权、大学民主、教职工的地位，甚至研究工作的重要性等，并非像我们希望的那样被大家广为接受。如今，不乏卓越的大学体制和学院存在，它们并没有达到很多人认为是不可或缺的单一标准。因此，解决大学治理问题唯一合理的途径是摒弃所有偏见，以开放的心态做出判断。"①

一、府学关系：从主体性到主体间性

从全球意义来说，在最近的半个世纪里，人类的创造力得到了空前的发挥，技术关联的世界达到了前所未有的状态。人们生活也因为技术的不断

---

① José-Ginés More, "Governance and Management in the New University", *Tertiary Education and Management* 7(2001): 95－110.

创新，而变得更加便捷与高效，人们享受着现代主体性赐予自己的源源不断的福祉。但不可否认的是，忽视主体间性的技术革命，就像一柄“双刃剑”：一方面，给人们带来充足的物质、殷实的生活，以及繁盛、舒适、快捷；另一方面，破坏了人与自然的和谐相处，打破了生态平衡，如人口膨胀、山河破损、环境污染等。

“主体性”内涵非常丰富，自主性、自为性、创造性都是“主体性”的内在品质。它尊重“主体”的独立性，注重“主体”的自我完善和发展，追求“主体”的日益丰满与强盛。但是，单方面强调或者过分强调“主体性”，忽略“主体间性”，就会自戕存在的意义和生存的价值。就像狱警和囚犯一样，狱警总是觉得自己在看押着囚犯，于是须臾不会离开，自始至终把囚犯置于自己的视线之内。狱警在达到自己目的的同时，也将自己变成了囚犯的“奴隶”，过着“亚囚犯”的生活。这就是只重视“主体性”带来的糟糕结果。当纯净的蓝天、洁净的空气、干净的河水都成为奢侈品时，我们就可能面临生存的危机与困境。因为过分追逐舒适、安逸，一味满足“主体”的欲求，忽视事物之间的关联。结果，自身发展受到抑制。当人存在的价值受到来自周围世界的冲击时，内心在冰冷的现实挤压之下就会变得孤独。这就是过分强调“主体性”导致的困境。

“主体性”和“主体间性”(Intersubjectivity)共同构成了“主体”，每一个主体都在“主体性”与“主体间性”之间同构自身存在意义。“主体间性”是指作为主体的“人”对作为客体的“他人”的意图的推测与判定，并以此来规制自己的存在方式与形式。换句话说，人不仅追求自我价值的实现，还要根据周围人对自己言行的接受程度与方式，选择自身的行为。因此，“主体间性”具有“主体”之间交叉影响、互为关联的品质。其本质是承认“他者”非“他物”，是学会与“他物”互为依存式地共存的“主体”特性。[①] 哈贝马斯(J.

① 马晓辉：《胡塞尔从主体性到主体间性的哲学路径》，载《聊城大学学报(社会科学版)》2006 年第 2 期。

Habermas)曾把人际行为分为工具行为和交往行为两种。在人际互动中，人们常常是高兴了就容易得意忘形，伤感了就独自流泪。这种行为只是对"主体"行为的观照，是"唯我"而"忘物"的人际工具行为。而"因人而异""随遇而安"则是"主体间性"选择的体现，是主体间互为依存的交往行为。

曾经担任剑桥大学校长的阿什比(Eric Ashby)认为：大学的管理具有相当的专业性和高度的技术性，就像外行不能对医生如何开处方指手画脚一样，大学的学术活动应该由教授们说了算。所以，把原本属于大学的权力归还大学，相关管理部门要摆正心态，不能手握本应是别人的"权力"而不归还给别人，存有"抓在手里怕死，放出手来怕乱"的心态。总是怀有居高临下地"下放"权力的优越感，而毫无长期占用别人"东西"的愧疚感，是不可能真正让渡自身的利益的。

党的十八届三中全会就明确提出"让市场在资源配置中起决定作用"。"十三五"规划将"深化行政管理体制改革"单列一章，从简政放权、加强监管、优化服务等三个方面转变政府职能，释放社会各层次的活力。这无疑是一种信号，对教育界，尤其是对高等教育将会产生深远影响。

治理本身就是一个复杂性、协调性与系统性兼备的过程，它不仅要通过制度建设来保障利益相关主体充分参与，以及他们处理大学事务时的决策权，更要通过非制度化路径，培育大学新制度，特别是新建应用型本科院校的制度德行和制度文化，促进大学治理从制度规范到价值引领的跃升。

新建应用型本科院校外部制度环境从行政化向市场化转变，将会促使大学基于自身利益考量，主动适应以市场化为基本特征的办学制度环境和新型大学治理生态，摆出积极的姿态，在与政府、社会和市场的博弈中，坚守大学的权利，维护学术尊严，倡导学术自治，努力重构大学的外部治理环境。然而，在府学关系中，大学始终处于相对弱势的、从属的地位；政府则有更多的选择空间和更有效的干预手段，处于强势的、操控的地位。因此，在政府与大学之间划清权责边界，对于政府来说要主动得多。政府拿出行动来，充分利用立法规制、政策咨询、拨款调剂、第三方评价等手段来有效调控，放弃大学自治型的学术事务，而只对“准公共产品”的大学任务型事务加强管控和评估。当下，政府对大学的直接干预过多，政府的主体性强势发挥，时下，众多国家都在致力于建立新型的府学关系，政府尝试主动放弃传统的“主管者”（supervisor）身份与角色，和家长制的工作方式，扮演起充分体现主体间性的“引导者”（facilitator）角色，通过相关的制度建设，来规制政府权力的放大与膨胀。

二、新建应用型本科院校的制度环境诉求

新建应用型本科院校作为我国启动高等教育大众化进程的“地标性”符号，在治理文化发生变化的新形势下，对大学的外部制度环境的预期和重新建构有哪些期待呢？通过本研究所开展的国际比较和实证调查分析，大致可以得到这样的结论：

第一，要填补新建应用型本科院校组织运行的“立法真空”。很长时间以来，科层制式的管理在我国大学十分顽固，行政权力主导一切，学术权力边缘化现象十分明显。一些办学时间较短的新建应用型本科院校“泛行政化”现象更是比比皆是。新建应用型本科院校要改变行政权力主导一切的现象，改良外部制度生态，走向共同治理的基础，就要依法办事，依法办学。虽然我国《高等教育法》作为大学依法办学的上位法，已经颁行20年了，但是，在大学中，有法不依、执法不严的现象屡见不鲜。要真正做到“法有禁止不能为”，创造依法办事、依法办学的制度氛围，必须依据《高等教育法》与院校的自身章程，制定并完善组织行政规程。对应用型本科院校的办学运行，必须明确行业企业在人才培养过程中应该肩负的责任，以契约管理的理念和权力清单的方式明晰政府和大学的管理权限和边界。政府不能在强力推行“放管服”政策的同时，仍然习惯于行政化管理，习惯于运动式推进，在权力下放中难以割舍。应该在立法立规上着力推进，消除传统的行政权力运作机制衍生的高校间资源分配上的人为的层级差异，使高校的民法法人身份向真正的面向社会依法办学的实体法人过渡，充分发挥市场调节机制，完

善市场竞争机制,使得更多的办学资源倾向于竞争中的有利一方。政府不能对高等学校管得过多,统得过死,避免越俎代庖的行为,要“统筹兼顾”,更不能“大包大揽”。尽快修改和完善与大学治理相关的法律法规,在目前中央倡行的引导地方本科院校“转型”发展中,要避免高校唱“独角戏”,明晰政府、高校、社会、企业在高校“转型”体制下的责任和义务,规范各自的法律义务和权力边界,确立行业企业在“转型”中的主体地位,明确企业参与、社会监督的义务①。

第二,进一步“归还”大学的办学自主权。大学自治是指大学具备组织自己事务的能力,不受国家干涉。欧洲的大多数大学只有非常有限的自治权,然而大学自治的观念却在欧洲大陆逐渐普及。普遍认为大学自治应该允许大学更加灵活地应对自身环境,鼓励学术领域的自治和创新。也许大学自治最令人信服的论据是大学自身的复杂性,因为大学内存在着众多的子系统(如学科、目标、团队等),这一点使国家机器具有的典型的官僚主义工作方法很难运用到大学管理中。②

在我国,对高等学校的办学自主权的界定早已有明确的指称,“扩大高校的办学自主权”最早是在1985年的《中共中央关于教育体制改革的决定》中提出来的。三年后颁布的《高等教育法》又给予了有效而全面的补充和权力范围的界定。但是,在大学办学实践中,实质性的自主权聊胜于无,非常有限。“高教法”中对大学各项权力的规定,20年后的今天,依然是“水中月”“镜中花”。2011年,颁布了《关于分类推进事业单位改革的指导意见》,将高等学校列为“公益二类”事业单位,授权“可部分由市场配置资源”。由此可见,政府已经觉察到了高等学校在办学自主权方面的制度需求,主动调整政策,逐步减少对高校的行政干预。但是,事实上依然控制着高校办学不可或缺的学术、人事、财政等分配权。作为利益相关方,市场的力量、社会参与方

① 柳友荣:《转型不是高校自导自演的“独角戏”》,载《中国教育报》2015年第6期。

② José-Ginés More,“Governance and Management in the New University”,*Tertiary Education and Management* 7(2001):95—110.

在大学治理过程中还居于边缘地位，特别是新建应用型本科院校的学术权力和学生权益等方面依旧缺乏有效的制度化表达，或者治理权的现实体现。更为糟糕的是，各级各类管理部门对高等学校必要的办学资源(如人才、岗位、编制、经费等)具有处置、分配、决定权，因而很大程度上让高等学校的自主权只是停留在文件上，自主空间受到挤压，依附关系明显，独立地位缺失。

大学的经营在政府的权力框架里，左冲右突，难见成效，政府行政权力的强势与大学学术权力的基本丧失在高校办学过程中清晰可见。政府"下放"办学自主权，不能停留在欲言又止、欲说还休的权力"归还"上，必须要划清政府与大学之间的权力边界，政府与大学要找准各自位置，各谋其事。当下，不少文件、报刊中出现了"下放"高校办学自主权的这一说法，是非常不合理的，也反映了一种居高临下，不忍离去的惯性心态。大学的办学自主权几十年前就在法律制度的框架下划归了大学，政府"违法"行事，越俎代庖了30年，现在还是依依不舍地对大学施舍般地喊着"下放"权力，在这种心态驱使下，自然存在"担心高校管不好"，唯恐出现"一统就死，一放就乱"的现象。各级政府应该尽快确立"归还"大学权力的意识，把原本属于大学的权力还给大学，把政府的忧虑化作完善"指导"、"监督"和"服务"上，理顺政府与高校的权责关系，给予大学在师资队伍建设、职称评聘、岗位设置、学科专业设置等方面的自主权。

另一个问题需要我们高度关注，那就是当政府加快"放管服"之后，大学有没有做好正确、有效行使自身权力的准备，会不会出现政府"放得下"，而大学"接不住"的问题。其实，这个问题已经在很多地方大学出现。政府把教师职称评审权力下放后，高校的欢呼声还未完全散去，就开始战战兢兢，感受到了"接不住"的压力，出现了"究竟如何操作""怎样评审才能符合应用型大学的需求""如何避免身边的评审员暗箱操作""评审时学科如何划分""庞大的评委队伍本校没法组成"等众多问题。看来，大学是该好好研究如何使用好政府"归还"或"放下"的权力了。在过去十年，整个欧洲国家都更加关注大学质量评价和保障体系建设，这不仅增强了政府责任感，也有效地促进了大学自身的治理能力建设。未来几年,美国政府在制定教育政策方面将优先考虑建立机制,激励大学提高效率,增强责任感①。

第三,通过立法,催生协同,把行业企业打造成培养应用型人才的"新主体"。

从2014年的新建本科院校的《驻马店共识》,到2015年教育部的《关于深化职业教育教学改革,全面提高人才培养质量的若干意见》,再到2017年国务院的《关于深化产教融合的若干意见》,这三份文件层层推进,首先是基层联合发声,然后是主管部门响应,最后是国家强力推动。在深化产教融合,促进行业企业成为新的育人"主体",参与到应用型大学的转型发展方面,从地方到中央,从大学到政府,在短短3年的时间里,在世界高等教育最大体量的国家里,掀起了声势浩大的改革。

2017年底,国务院办公厅颁布了《关于深化产教融合的若干意见》,计划用10年的时间,实现教育与产业的统筹融合、良性互动的发展总格局。致力于营造应用型人才培养的大学与行业企业"双主体"育人的格局,利用政策导向,鼓励行业企业投入人力、财力和物力,与应用型大学一道,创新人才培养模式。在大学与企业之间实现互动对接,共同育人;跨越大学育企业的物理界限,逐步消除职业与教育的固着空间,在教学内容与生产技术、人才培养与产品生成之间找到契合点。建立起行业企业参与的治理结构,最大程度地激发高校活力②。笔者的一项研究结果表明,产教融合最有效的形式是产教融合共建模式,实现融合的途径是依托地方政府的引导,服务地方经济社会,支持大学作为区域经济的"智库",围绕区域经济发展的难点、热点问题,有针对性地成立研发实体;域内企业与高校合作兴建或共建技术研发、产品开发等实体;高校学生在"企业课堂"完成后实践性学习环节,企业技术人员任教高校或接受基于在职研修的业务培训活动等,推行高等学校与行

---

① José-Ginés More,"Governance and Management in the New University",*Tertiary Education and Management* 7(2001):95—110.

② 柳友荣:《转型不是高校自导自演的"独角戏"》,载《中国教育报》2015年第6期。

业企业“双主体”的育人模式。[①]

第四，社会公众层面要自觉维护应用型大学守正创新、返本开新的空间。众所周知，由于我国新建本科院校基本都是21世纪初建立起来的，多方面因素使其不得不面临着来自招生和就业的办学压力，应用型大学的主体价值——经世致用(为国家政治、经济建设服务)得到高度放大和凸显，然而求真育人的本体价值却罹于被忽略、被淡化、被边缘化的困境。应用型大学倚重人才培养规格的职业性、操作性无可厚非，但是忘却“大学”的内在逻辑，淡化博雅通识的“大学之道”，追逐技能至上，岗位唯上，“作坊式”培训，这种急功近利、粗糙短视之举就显得十分片面了，也是对大学本质内涵的窄化与曲解。17世纪的英国新大学运动，兴起之初也只是热衷于满足英国工业革命引发的人才市场的需求，聘用大量的技术人员作为高校教师，培养产业人才。但是，一段时间过后，冷静下来的英国新大学的筹办者开始思考“什么是真正的大学”“大学的内在逻辑是什么”。从表面上看，这是不止步于知识的超级市场，是对传统大学的妥协，从注重工商业实务，到增设人文课程，强调博雅教育，尊重高等教育内在逻辑，拓展自己的生存空间。由此观之，新生事物的产生，总是受制于一定的社会需求，这既是生存动力，也是生存目标。但是，毕竟大学不是“职业培训所”，不是“知识超级市场”，违背大学发展规律，不顾及大学的存在“价值”的独特面的短视行为，只能扼杀新生事物的生存能力。

新建应用型本科院校既不能游离于社会之外，又需要与社会保持一定距离，以维护自身的独立性。弗莱克斯纳就告诫道，大学作为社会组织，毕竟不是社会本身，不能成为社会的标识物。大学需要做的是满足社会的需求，而不是社会的无端的欲望。换句话说，大学应该与社会保持距离，不能迎合社会，甚至跟着社会后面走。大学必须为社会服务，贴近社会，获取更

① 柳友荣等:《应用型本科院校产教融合模式及其影响因素研究》，载《中国高教研究》2015年第5期。

强的生命力，但也只能与社会保持“若即若离”的关系。保持大学的相对独立性，大学才能持续发展。现代大学显然不能远离社会、自命清高，但大学与社会“零距离接触”也是不可取的①。德国的应用科学大学（university of applied science）办的是“应用科学教育”（applied science education），而不能被窄化曲解成“应用技术教育”（applied technology education），这里所强调的也是大学教育的真谛，这也是德国应用科学大学在全球居于领先地位的内在原因之一——对大学内在逻辑的坚守。

应该承认，我国的应用型大学的理论研究明显落后于办学实践的探索。需要集结学术力量深入探索应用型大学的外部政策需求，以及内部办学标准，不能仅仅提出“转型”，却不解决“往哪儿转（应用型大学是什么）”、“怎么转（应用型大学的实现路径）”等问题；坚持管、评、办分离，鼓励“第三方”介入对应用型高等教育的评估，充分发挥省级统筹的作用，倡行先行先试，大胆探索评估的方式方法；要对政府、行业企业、高校在应用型高等教育中的角色定位和履职空间给予明确的规定，并辅之以监督、考核、评估手段，充分鼓励多方参与应用型高等教育建设，保证转型实践落地。

第五，重视对应用型大学内部治理体系建设的引导。一所大学，其章程、规划对其自身的影响是巨大而深远的。我们已走在依法治国，依规办事的路上，大学章程、规划越来越引起高等学校管理层的高度重视，也越来越影响并规制大学利益相关者的办学行为。但是，就目前的情况来看，还不是特别令人满意，大学章程和大学发展规划不能深入人心，大学章程的认同性偏低，被束之高阁的现象还是客观地存在，不少应用型本科院校的组织特性和运行态势表现出明显的行政化倾向。

奥格本（Ogburn，W. F.）在《社会变迁》中第一次提出“文化滞后（culture lag）”的概念，借此说明社会变迁过程中，物质文化、科学技术的发展，在大多数时候要先于制度和观念的变化，这种现象应该引起充分关注，并予以

---

① 龚放：《试论现代大学的社会责任》，载《北京大学教育评论》2008 年第 2 期。

克服。政府转变自身角色只是走出了构建现代大学内部治理体系的第一步，虽然政府的“放权”让本属于大学的权力回到了大学内部，但是大学在长期受制于管理文化惯性，对下放的权力如何配置，怎么行使权力，都缺乏足够的准备和信心，这也是一种文化滞后现象。不少大学缺乏对现代大学治理体系的关注与研究，对政府“归还”的权力没有严谨认真地分析、配置，在大学利益相关者权力制衡中，习惯于行政配给，甚至对明显不符合现代大学管理的理念方式依然不忍弃之。

第二节　新建应用型本科院校的区域协同

随着国家层面上的“一带一路”“中国制造 2025”“一流大学与一流学科建设”“互联网＋”等一系列相关的经济创新政策的出台，高等学校如何重新审视自己的功能定位，利用学科优势，整合校内外创新资源，构建协同创新平台，服务于国家战略，已经成为其使命的题中之义。为提升我国高等学校的创新能力，教育部围绕科学前沿、文化传承、行业产业和区域发展等 4 个方面对高等学校发出创新号令，出台了“2011 计划”，除面向科学前沿的协同中心外，其余 3 类都是新建应用型本科院校大有可为之地。尤其重要的协同创新是协调大学与区域间关系，完善大学治理结构的行之有效的途径之一。

一、协同创新是现代大学履行社会责任的重要标识

很多人在乐此不疲地讨论，习惯于囿于围墙里的中国大学总是与社会存在一层隔膜，与社会接触总存在着“羞羞答答”的态度。其实，这不是问题的根本。大学围墙应该只是个习惯或者文化问题，和是否有安全感没有联系，更不会阻断大学与社会的联系。在美国，即使在冷战恐怖氛围笼罩的“麦卡锡时代”，大学也没有围墙，但是，校园里的学者们并没有感受到自由的存在；著名的普林斯顿大学既有栅栏又有校门，师生们却丝毫没有因此觉得与世隔绝。

大学与社会从被一道厚实的围墙隔离开来，到推倒大学围墙，大学款步走入社会，经历了一个漫长历程。中世纪欧洲“修道院式”的经典大学，只是诵读哲学与神学的圣地；洪堡改革后的19世纪德国大学，虽然付诸大学“发现知识”的使命，大学却只是“象牙塔”。把大学比喻为“象牙塔”，应该并不是对大学的褒奖。“象牙塔”源自中世纪法国文艺界对当时热衷于不切实际地主观臆想，为虚幻的世界而创作的艺术家的批判。因此，说大学是“象牙塔”本身应该就不具有褒义，生活中有被误解的倾向。20世纪前的大学固守学术研究和教学自由，与社会保持一定距离，被人们称之为“象牙塔”。20世纪初开始，在威斯康星思想（Wisconsin Idea）的影响下，美国大学开始成为“新思想的倡导者、推动者和交流中心”“世俗的教会”“仅次于政府成为社会的主要服务站和社会变革的主要工具”。[①] 博克（Derek Bok）于1971—1991年、2006—2007年先后两次出任哈佛大学校长，是美国最具影响力的大学校长之一，他说：“如果大学想充分认识自己在当今社会中的真正作用和目的，那它就必须审视自己的社会责任。”[②]大学走出了“象牙塔”，必须以坚守“自我”为前提。就像关注“主体间性”，不能放弃“主体性”一样，失去“主体性”，“主体间性”也就是无本之木了。只有这样，走出“象牙塔”的大学才能在广阔的社会生活中激活自己的潜在价值，凸显自己的活力。

学术研究的大门一旦对社会敞开，大学就会因此得到社会源源不断的支持。作为回报，大学会提供越来越适合社会需求的学术服务，如提供咨询、充当顾问、合作研发等。上述行为可以理解为大学为获取更多的“营养”，而对社会的一种“反哺”。这种“反哺”是“主体间性”的物化，但是过分夸大这种“反哺”行为的价值，甚至致使大学里面充斥工具理性和功利主义行为，大学就失去了其独有的“生存逻辑”。因为对社会资助的过分依赖，会导致自身本质属性的丧失。对从社会获得资金的路径的依赖，必然牵扯到

---

① 布鲁贝克：《高等教育哲学》，浙江教育出版社1987年版，第19页。

② 德里克·博克：《走出象牙塔——现代大学的社会责任》，浙江教育出版社2001年版，第11页。

大学的学术研究的功利性和目标性，这种学术研究社会化即使是行业企业，乃至政府孜孜以求的，大学也不能改变自己的性质，或者叫本质属性，直接成为社会的一分子。

博克对此评述道，推动大学走出“象牙塔”首先需要大学内部发展到必须得到社会支持的程度，这是大学学术研究的社会化，强化社会服务功能的动力。但是，大学既不能改头换面，把自己装扮成“全能战士”，与社会不分你我，也不能越俎代庖，替代社会、行业企业、科研院所。现代大学显然不能远离社会、自命清高，但大学与社会“零距离接触”也是不可取的。[①]

二、协同创新和新建应用型本科院校的角色定位

协同创新是以知识增殖为基础，企业、政府、高校、科研院所、非政府组织等主体之间为实现重大科技创新而开展的大跨度的创新路径。[②] 一般而言，传统科技创新是按照前向线性创新模式和逆向线性创新模式两种路径展开的。前向线性创新模式实质上就是常规科学研究模式，借助于科学研究成果，推出新产品，推进新工艺；逆向线性创新模式则是在生产过程中，以解决问题为出发点，组织技术攻关，破解技术难题的模式。这两种创新模式都因为缺乏大学和行业企业间的及时、有效沟通，而产生能效上的耗损。

通过协同创新，将政府、行业企业和大学、研究院（所）等大跨度整合在一起，实现各方资源间共享，要素间互通，优势上互补，模式上创新。协同创新使得各方目标明确，任务清晰，打破保护壁垒，更加能够盘活现有资源，清除资源流动的阻滞现象。因此，“协同”是探讨产学研高效合作的重要突破口。[③]

---

① 龚放：《试论现代大学的社会责任》，载《北京大学教育评论》2008 年第 2 期。

② 杨继瑞等：《协同创新理论探讨及区域发展协同创新机制的构建》，载《高校理论战线》2013 年第 1 期。

③ Vedovello C, “Science parks and university industry interactions: Geographical proximity between the agents as a driving force”, *Technovation* 17(1997): 291－502.

新建应用型本科院校推倒“围墙”，走出“象牙塔”，以服务社会为己任，已经是不争的事实。2017年，教育部出台《关于地方本科院校转型发展的若干意见》，在新建应用型本科院校积极转型发展之时，为了避免盲目跟风，该文件在学校转型方向、可能遇到的困难、扶持政策等方面做出了系统的说明，并提出了具体的指导意见。600多所新型大学作为一种新的型态得到了国家政策层面上的保障。有些人认为，协同创新只是传统中的“985”、“211”大学的责任，这显然与李克强总理对首届中国“互联网＋”大学生创新创业大赛总决赛作出重要批示不相协调。对于占据中国高等教育将近半壁江山的新建应用型本科院校来说，直接参与区域的协同创新，服务区域经济社会，推进区域经济社会发展是其应有功能。雅斯贝尔斯有言，变革的社会必然会引起系统性嬗变，不管你愿不愿意，变革都会在身边一再发生。教育当然也会随之而变，教育如何实现因时而变、因势而变，就必须对其本质进行反思。新建应用型本科院校也要重新审视自己，梳理自己与政府、企业、家庭等利益相关者的错综复杂的关系，在“大众创业，万众创新”的时代，准确定位自己的角色，贡献自己的作为。

新建应用型本科院校在“协同创新”中究竟应该如何定位自己的角色呢？

新建应用型本科院校是协同创新的重要支撑，是协同创新运转机制充满活力的源泉，特别是技术创新的“管理者”和“规划者”的角色。很多人存在着“科学上技术上经济”线性思维，幻想新建应用型本科院校同样可以在人才培养、科学研究、社会服务、文化引领中大展宏图，在科学场域和经济场域间行走自如。这很明显是对大学不切实际的期望，而对于新建应用型本科院校来说更是难以做到的。那么，新建应用型本科院校在区域协同创新中能做些什么呢？明确这个问题，首先必须明确新型大学的区域性、应用型的性质。新建应用型本科院校首先是大学中的一员，必须遵循大学的基本内在逻辑，在坚守传授“高深知识”的己任时，转型为“应用科学”教育的场所，是应用科学知识的传播者，而不是职业训练所；新建应用型本科院校还是开展应用科学研究的基地，也正因为如此，新建应用型本科院校在区域协同创新中才会大有可为；新建应用型本科院校应该把区域的地理边界看成是大学校园的围墙，把区域社会的需求看成是自己的责任和担当；新建应用型本科院校还应该发掘区域的民俗文化，塑造区域的人文理想，引领文化发展。在此基础上确立新建应用型本科院校在协同创新中的角色定位，应该是区域社会的智库、人才库、经济发展引擎、优质劳动力提供者。

三、新建应用型本科院校协同创新的基础

新建应用型本科院校从产生的那一天起，在人才培养、经费保障等方面就存在先天不足的尴尬，毕业生就业难和行业企业用工荒，强烈地折射了新建应用型本科院校的不足，其必须改变固有的路径依赖思想，以不同的生存"型态"来获得生存空间，增强生存能力。当前，新建应用型本科院校尚存有以学术资格为主要评价标准的师资队伍、以科学逻辑为基础的课程体系、以知识教学为基调的课堂教学等，诸多与办学定位不相适应的办学传承。凡此种种，皆与高等教育大众化引发的不合理的分类设置、单一的招生评价方式、统一的拨款政策、缺失的行业企业合作保障等一系列原因有关，需要对相关体制机制加以厘清并改革。

第一，学科专业雷同，与区域产业结构脱节。目前，我国新建应用型本科院校分散在全国约60%的地级市。不同区域的经济社会特质和需求没有从各自所属高校的学科专业设置中得到清晰的反映，新建应用型本科院校间学科专业设置雷同，与区域产业结构相脱节。第二，专业人才培养方案区分度小。各校在专业人才培养方案的构建上没有根据区域社会，特别是区域经济发展所需人才规格，做到因地制宜，因需而变。千校一面，关注课程体系的学科逻辑建构，忽略行业企业对人才规格的需求，缺乏有效的行业企业参与人才培养论证的渠道；评估中过多强调统一的"规划教材"的使用和教学过程的规整，影响了人才培养的个性和差异性。第三，高校长期存在"重科学、轻技术"的现象。这种厚此薄彼的学术文化氛围造就大学校园里

技术短板，科研活动与区域经济社会生活基本无联系，服务能力受到限制。第四，师资队伍建设上受到编制、资格等限制，队伍建设的入口是学术路径，人才培养的出口要求是技术标准，两者之间表现出明显的错位。第五，政府、高校、社会、企业在新建应用型本科院校建设中权责界限模糊，错位、越位、失位现象不同程度地存在，法律关系失范，行业企业在"转型"中的主体地位错落，致使地方政府、行业企业在产学研协同上缺乏积极性和主动性。

新建应用型本科院校在协同创新的语境下，如何与区域经济社会深度融合、协同发展呢？破解这一结构性难题，新建应用型本科院校首要任务就是在大学内部运转中，从自身的体制机制中寻求变革。

首先，重视实践能力，创新培养模式。新建应用型本科院校在人才培养的能力结构上，要改变以传统学科逻辑构建课程体系的现象，寻求将职业元素融入课程内容，取消"专业方向课程"，取而代之为"专长课程"；改进课堂教学方法以调动学生的学习积极性，突出专业教学的实用性；增加实践课比例，拓宽人才培养途径，加强校地、校企、校校合作。

其次，加强通识教育，培养创新人才。新建应用型本科院校不能在人才培养上"厚此薄彼"，偏重了"应用能力"培养，就忽略了通识教育，走功利主义道路。哈佛大学在重新审视本科教学时，反思了本科教学失落的原因，对过分专业化的教学倾向予以了批判，建构了通识教育课程体系。虽然技能是经济社会的刚性需求，但是培养的劳动力只懂技术，而无较好的人文素养，不应是新建应用型本科院校的选择。

最后，瞄准区域经济社会，建设学科专业群落。新建应用型本科院校往往受制于升格时间短，本科办学经验和积累不足，学科积淀不厚，人才储备不足等办学压力，对区域经济社会反应不够迅速、主动。这类院校应该借助于刚刚升格的契机，发挥"后发优势"，在学科方向遴选、新专业申报上，瞄准区域经济社会发展需求，借助于地方行业产业优势，建设学科与专业群落。借助于企业力量，建立企业内嵌式实验室，与企业共同承担科技攻关和国家专利项目申报任务。与区域社会开展深度合作，建立外置式实验室，实施学生设计、加工、测试能力“一体化”训练。

四、新建应用型本科院校协同创新模式

协同创新并不是国务院单纯为解决教育问题而出台的文件提出的要求,它是基于提升全社会的创造能力,激发创造活力而建立的制度。因此,协同创新会在经济与教育领域同时发挥它的独特效用。政府、企业应明确在协同创新中的责任和义务,改变主体缺位的状况,把属于大学的事务交给大学,积极处理归于政府、行业企业的权责。新建应用型本科院校应该主动对接行业企业,超越校企、工学疆域,实现“双主体”融合,把协同创新作为联通新建应用型本科院校和行业企业的桥梁和纽带。

一所新建应用型本科院校不可能悉数提供这些不可或缺的元素,必须借助于地方政府、行业企业甚至科研院所的支持和协同。因此,根据所需要素不同,新建应用型本科院校参与区域协同创新的路径可以大致分为4个方面。

(一)校地协同

区域经济社会快速发展,不能缺少大学的支持。大学作为区域的人才库,理应发挥第三大职能“社会服务”为区域社会创造效益,提升影响力。由于地方政府缺少应有的平台,难以留得住急需的技术创新人才和团队,校地双方携手共赢的想法不谋而合。校地双方相互开放、双向合作,组织人才、资金、项目、技术、科研成果等协同创新要素进行传递、共享。地方政府可通过在大学设立实验研发基地、提供资金支持等方式,协调大学与企业共建人才基地、经济实体、研发机构等。新建应用型本科院校只有与区域社会发展的实际需求相结合,才能释放能量。大学与地方政府短期订单式的合作模式只是一种浅层次的合作,表现为少数教师以个人的形式与政府部门的时令性需求的低稳定性、短周期的简单联结。校地协同凭借整体平台,共同解决区域内企业对人才需求的问题,高效整合研发资源和利用研究力量,为新经济条件下“产业弥散式”发展创造条件。池州学院与池州市经济技术开发

区(国家级)的协同合作就有效地搭建了基于区域人才共享、共同申报高级别研发项目、共同培养适需人才等创新“大平台”。

(二)校企协同

建立校企协同创新平台,创造条件激励研发人员、研究基地、试验设备等资源共享;通过设立研究基金、科技协同攻关、技术培训交流等方式,推动新建应用型本科院校与区域企业间的协同创新。这种模式让大学与企业相互融合,共同介入人才培养的全过程,实行大学与企业“双主体”育人的模式。通过大学教师担任企业顾问或挂职,大学生在“企业课堂”的学习和实习,企业人员在大学任教或接受培训,共建长期稳定的教学实训基地等方式,在人力资源层面进行交流与互动,以促进双方知识共享、交流与创新①。

(三)校校(校所)协同

大学需要与区域内的其他高校、科研院所合作,取长补短,各尽所能,与区域社会共生共赢。每一所大学都会受到办学历史的约束,在具备一定特点的同时,也会暴露出发展上的短板,通过校校、校所间有效合作,实现跨领域、跨行业的资源整合,组建实验室和研发基地,搭建更适合自身与区域经济社会发展的校际协同创新平台,实现要素整合、资源共享、联合攻关。

(四)技术转让

大学技术转让的目的是传播知识,这也是现代大学的社会职能。大学知识的传播方式包括教学、出版书籍、知识交换和商业化等,而大学知识商业化的显著表征就是技术转让。

第三节 新建应用型本科院校的产教融合

在2015年1月召开的全国教育工作会议上,加快发展现代职业教育,推

---

① 柳友荣等:《应用型本科院校产教融合模式及其影响因素研究》,载《中国高教研究》2015年第5期。

进地方本科院校转型发展，深化高等学校创新创业教育改革成了会议的热点问题。2018年伊始，国务院办公厅颁发了《关于深化产教融合的若干意见》(国办发[2017]95号)，要求加强政策指导，鼓励先行先试，计划用10年的实践促成教育与产业行业的深度融合、良性互动，构建校企合作的长效机制。产教融合成为我国高等教育分类发展、内涵发展、转型发展、合作发展的基本方式，是办成产业大学、城市大学、社区大学的有效路径，更是当下我国高等教育教学改革的新常态。①

产教融合不仅充分整合两个不同行业的资源，服务到人才培养、技术创新上来，而且通过整合产业与教育中的要素，实现由传统的大学单一开展培养工作，转变为行业企业加入人才培养过程，企业文化和校园文化交互影响，课堂与车间彼此交融，课程目标与职业需求彼此契合。大学作为区域知识积累、创造与传播的主体，是原始性创新、技术转移和成果转化的重要载体与平台，产教融合已成为大学，特别是新建应用型本科院校自我发展及服务经济发展的重要途径。然而，很多高校产教融合度不够，嵌入度缺乏，导致产、学、研各方利益不清晰，产学研合作具有偶发性、暂时性和不稳定性的特点。因此，深入分析新建应用型本科院校产教融合模式及其影响因素问题，具有重要的理论价值和现实意义。

对产教融合的研究具有较高的学术价值，从已有文献来看，学术界研究内容主要集中于合作模式及其选择方面，产学研合作的模式按契约关系划分为技术转让型、联合开发型、委托开发型和共建实体型四种类型②；谢科范等将产学研合作模式归纳为成果转化、项目委托、人才培养三种传统模式以及合作研发、战略联盟、平台运作、人才流动四种现代模式③；张千帆等通过

① 柳友荣等：《应用型本科院校产教融合模式及其影响因素研究》，载《中国高教研究》2015年第5期。

② 原长弘：《国内产学研合作学术研究的主要脉络：一个文献述评》，载《研究与发展管理》2005年第4期。

③ 谢科范等：《我国产学研结合传统模式与现代模式分析》，载《科学管理研究》2008年第1期。

构建完全信息动态博弈模型，探讨了合作创新模式的选择及演化路径[①]。也有学者对产教融合制约因素进行了分析，如崔旭、邢莉从产学研合作模式出发，指出合作机制与体制、合作意愿、利益分配等问题是制约合作的主要因素[②]。李正卫等指出，沟通渠道不畅、合作能力不强、文化差异较大以及政策支持不足构成校企合作的重要因素[③]。

国外学者对产教融合模式进行了诸多实证研究。有些学者对产教融合的合作模式进行研究，认为大学与行业企业整合资源，开展联合开发、专利转让、咨询服务等多种模式的合作渠道；也有研究从技术所处阶段分别探讨了合作模式的运用，认为在技术处于发明阶段时应该采用联合研发模式，处于市场化阶段时应采取委托开发模式，处于消费阶段则应该以咨询方式为主[④]。但是，国内主要以定性分析为主，缺乏实证研究。本研究试图将理论分析与实证研究相结合，运用结构方程模型理论与方法，分析新建应用型本科院校产教融合模式及其影响因素之间的关系，以期为新建应用型本科院校后续定位与发展提供借鉴。

一、产教融合模式

国办发[2017]95号文要求，加快应用型大学治理结构的改革，建立健全大学理事会制度，鼓励社会组织、行业企业参与应用型大学的共同治理；进一步深化"引企入教"改革，促进行业企业深度介入应用型人才培养过程，要求行业企业技术人员在应用型人才培养的过程中深度介入，促进新建应用

---

① 张千帆等:《产学研合作创新路径选择的博弈分析》，载《管理学报》2007年第6期。

② 崔旭、邢莉:《我国产学研合作模式与制约因素研究——基于政府、企业、高校三方视角》，载《科技管理研究》2010年第6期。

③ 李正卫等:《校企合作现状与影响因素实证研究:以浙江为例》，载《科技进步与对策》2012年第21期。

④ 柳友荣等:《应用型本科院校产教融合模式及其影响因素研究》，载《中国高教研究》2015年第5期。

型本科院校在学科发展、专业改造、教学内容等方面的改革，破解应用型高校技术人才不足、学生实训实习场所缺乏、课程设计脱离职业实际等难题；积极实施产教协同育人，建构产教“双主体”育人机制等。这些强有力的举措是对我国产教融合的整体规划，用体制优势来强力推进产教融合，无疑给应用型大学的持续发展注入了“强心剂”。

综合国内外关于产学研合作、产教融合模式的已有研究，结合新建应用型本科院校产教融合的成功经验，本研究将新建应用型本科院校产教融合使用频率最高的模式归纳为以下四种：

(1)产教融合研发模式。这种模式以提高各方创新能力为宗旨，以技术开发与科学研究为结合点，是快速提升企业技术、产品及服务创新能力的重要手段。其主要形式包括技术转让、技术咨询与交流服务、共同参与产学研联合开发工程等①。该模式能充分整合大学与行业企业的优势资源，有效解决研发过程中人才、资金、场所等多方面要素缺失的问题，达到优势互补、资源共享、活力内生的效果。

(2)产教融合共建模式。这种模式通过双方或多方组织之间的合作，以共建研发机构、共建经济实体、共建人才培养基地等方式，将项目、资金、技术、人才、科研成果等创新要素进行传递、共享及组合，进而产生新的创新力来维持较为稳定的合作关系。这种模式可由政府主导，在高校设立重点实验室、研发基地，并提供资金支持；也可由政府设立引导性资金，吸引高校与企业共建研发机构、经济实体及人才培养基地等。同时，还可以高校为主导，根据自身优势学科和特色资源，建立校内各级研发中心或各级重点实验室等，主动吸引当地企业参与，解决企业难题。

(3)项目牵引模式。地方高校由于受学科和科研实力的限制，在争取科研项目时往往处于劣势。因此，这些院校除了加大校内项目资金支持力度、

① 李焱焱等:《产学研合作模式分类及其选择思路》，载《科技进步与对策》2004年第10期。

承担省厅级项目、提高校内科研人员科研能力外，还要根据地方政府部门的要求，争取服务地方经济、社会发展的重大课题项目，或参与当地企业承担的国家或地方的重大项目。同时，制定完善的优惠政策，支持校内科研人员积极承担当地企业委托的重大横向课题项目。

(4)人才培养与交流模式。这种模式主要是指高校与企业相互融入，共同介入人才培养的全过程，实行高校与企业“双主体”育人的模式。通过高校教师担任企业顾问或挂职，大学生在“企业课堂”的学习和实习，企业人员在高校任教或接受培训，共建长期稳定的教学实训基地等方式在人力资源层面进行交流与互动，以促进双方知识共享、交流与创新[①]。通过这种模式，可以扩大高校教师、科研人才的作用范围，提高高校师生的实践能力和创新能力；同时，也能增强企业人员对基础理论和前沿技术知识的了解和认知程度。产教融合常用的四种模式分别从不同视角反映了新建应用型本科院校与企业进行产教融合的途径，但彼此之间并不孤立，而是一种相互影响、互为促进的关系，四种模式及其派生指标内容构成了产教融合的主要内容。

二、新建应用型本科院校产教融合的路径选择

新建应用型本科院校在选择产教融合模式时应根据实际情况，综合考虑各个潜在影响因素，选择合理的产教融合模式。“外部环境因素”对新建应用型本科院校的产教融合研发模式、项目牵引模式、产教融合共建模式有显著影响，影响程度从大到小依次是产教融合研发模式、项目牵引模式、产教融合共建模式，而对人才培养与交流模式的影响不显著[②]。这说明新建应用型本科院校所在地的文化氛围、政策环境、市场环境作为一种宏观变量，目前总体对“人才培养与交流”这种模式的影响很小且较为间接。分析认

① 王文岩等:《产学研合作模式的分类、特征及选择》，载《中国科技论坛》2008 年第 5 期。

② 柳友荣等:《应用型本科院校产教融合模式及其影响因素研究》，载《中国高教研究》2015 年第 5 期。

为，我国目前高等学校与企业的“合作育人”基本上处于“终端接入”模式，尚停留在高校的“实习驱动”、企业“用工驱动”上，缺乏全程介入、合作培养人才的体制和机制，政策层面的规制与要求也还在酝酿中，相关改革尚在试点。

新建应用型本科院校还可以通过与行业企业的深度融合，提升自身科研水平和协调能力，产教融合模式将由相对短期的“项目牵引模式”和“产教融合研发模式”转向长期的“产教融合共建模式”和“人才培养与交流模式”①。

(1)新建应用型本科院校要准确把握区域经济社会发展的脉络，研判产业行业发展的方向，合理设置学科专业、优化人才培养方案、提高科研水平，促进科研活动、办学资源以及人力资源与企业活动的相互融合，在促进区域经济发展的同时，不断提高自身综合办学水平，这样才能形成产教融合的四种常见合作模式的基础。

(2)产教融合研发模式和产学项目牵引模式受政府政策、市场环境以及文化环境影响较大。因此，新建应用型本科院校应当注重对市场信息和企业需求信息的获取及利用。一方面，鼓励并组织高校教师参加各种信息发布会、学术研讨会、产教融合交流会等，拓宽与政府、行业以及企业信息沟通的渠道，实现信息资源共享，及时了解政府政策、行业资讯以及企业需求信息等内容；另一方面，树立市场导向意识，围绕市场环境和技术发展的需要，申报国家或地方的相关课题，将科学研究与社会实践紧密联系起来，实现社会效益和经济效益的最大化。

(3)产教融合共建模式是产教融合中较为深入的形式，主要解决研发机构、经济实体以及基地的孵化、建设及发展问题。实现途径如下：第一，培育、兴建或共建研发中心及重点实验室等；第二，政方政府部门支持本地企

① 柳友荣等：《应用型本科院校产教融合模式及其影响因素研究》，载《中国高教研究》2015年第5期。

业采取多种方式兴建或共建研发机构等实体，除在土地、税收、金融等方面给予优惠外，还可以通过提供补贴、优惠购房条件等政策吸引高水平、高学历的人才，壮大地方创新人才队伍。

(4)产教融合要求高校与企业相互融入，通过高校教师担任企业顾问或挂职、大学生在"企业课堂"的学习和实习、企业人员在高校任教或接受培训等有效载体，共同介入人才培养的全过程，实行高校与企业"双主体"育人的模式。

产教融合是当今社会对大学与企业的呼唤，更是大学与企业共同的社会责任与担当。博克就大学的社会责任做了这样的描述，大学因为不缺少育人的资源，实质上是一个"垄断组织"，大学又是人才高度集中的地方，更重要的是几乎没有大学不希望得到越来越多的社会资助，因为大学永远都是缺钱的。[①] 而通过产教融合，大学不仅承担了对社会的责任，还高效地补充了办学资源。大学与行业企业在产学研上全方位、多领域的深度合作无疑能很好地利用优势资源，对各自的相对缺陷进行有效弥补，从长远来看，不仅提升了人才培养质量与企业效益，作为国家战略，还是我国实现经济持续向好的源头活水和不竭动力。

① Derek Bok, *Beyond the Ivory Tower* (Cambridge: Harvard University Press, 1982), PP. 64.

第八章　新建应用型本科院校内部治理的创新

新建应用型大学究竟应该如何定位自己的“型”，如何根据应用型大学的“应然”型来建构自己的内部管理体制和机制，如何与“中国制造 2025”、“一带一路”、“互联网＋”以及经济社会新业态、新产业对接，成为我国经济转型发展的新引擎，已经不仅仅是高等教育界密切关注的问题，也是整个社会都普遍关心的问题。

应该说，应用型大学作为一种有别于传统精英型大学的高等教育机构，在内部治理结构、行政权力与学术权力的运行型态上理所当然要有所突破与创新。2018 年，国务院办公厅颁发《关于深化产教融合的若干意见》，强调未来 10 年加速推进产教融合，形成产业行业与应用型大学的深度嵌入，互联互促的态势。特别是在促进新建应用型本科院校内部治理结构的现代化步伐上，提出了一整套新的目标、新的举措、新的政策。通过促进新建应用型本科院校理事会的建立，进一步深入“引企入教”的探索，并通过建构产业行业与应用型大学在应用型人才培养上的“双主体”架构，整体谋划、强力推进校企合作。可以预见，在不远的将来，我国新建应用型本科院校的内部行政权力、学术权力的运行型态将会出现令人瞩目的变革与创新。

经典的、传统意义上的大学治理通常只是指大学内部治理，但是现代社会，大学作为一种具有特别重要意义的社会组织，对其治理已经远远超越了大学围墙内的疆域，需在整个社会的范畴里定位并影响大学的发展。因此，现代大学治理就包括了外部与内部两个方面。大学外部治理主要是有府学关系及其延伸的社会和第三方服务等，大学内部治理关涉所有利益相关者的权力分配与协调。①

第一节　新建应用型本科院校的行政权力型态

现任教育部高教司司长吴岩教授曾提出，"新型大学"应该具备学科专业应是与经济社会伴生的"应用型"、人才培养模式应是产学研"协同型"、课程与教学应该是"能力导向型"、教师队伍应是"双师型"、创新创业应该"平台化"等条件。顾永安教授认为从"新建"到"新型"，无论政府主管部门的关注，还是研究者的研究重心，都已经从时间维度转向了性质维度。② 系统考察高等教育的制度转型，新建应用型本科院校无外乎遵照新的制度确立基本条件，即从制度条文、行为规范和社会认知有机统一的三个方面来表现与规定自身的。"制度条文"应该是政府对新建应用型本科院校的规制，是新建应用型本科院校的管理型态，不仅包括基本的管理体制，还应涵盖相关政策，这是新建应用型本科院校制度确立的"自上而下"的政策保障；"行为规范"是新建应用型本科院校办学的目标型态，它是新建应用型本科院校一系列特质的身份标识，包括管理中的组织结构型态、学院运行型态、师资结构型态、教师教学型态、学生学习型态等；"社会认知"就是指社会评价和社会认同，它是指新建应用型本科院校所获得的社会支持，以及被公众接受的程度。三者共同构建了新建应用型本科院校在转型发展中的制度变迁脉络和轨迹。

现在，我们来讨论一下我国新建应用型本科院校转型发展在管理型态上应该有的路径。

一、基本型态：党委领导下的校长负责制

有些学者总认为大学要真正拥有学术自由，就必须摆脱政府的控制。

① 欧阳光华：《董事、校长与教授：美国大学治理结构研究》，高等教育出版社 2011 年版，第 186 页。

② 顾永安：《新型大学在"性质维度"如何精准落点》，载《中国教育报》2017 年 2 月 20 日。

19世纪80年代和90年代,欧洲大学见证了大学治理与管理体制的深刻变化。在所有对大学具有掌控权力的欧洲国家中存在一种现象:大学一直在追求更大的自治权。大多数欧洲国家(英国除外)已经实施了一些政策,旨在弱化对高等教育的控制。而在英国、澳大利亚和美国等传统上大学拥有自治权的国家,政府则采取更多的干预政策①。这样,全球在大学的治理模式上明显有一种趋同的趋势。基本不存在没有政府控制的大学,只是控制方式不同而已。政府在扮演大学支持者角色的同时,并没有放弃对高等教育的控制权。相反,他们已经开始采取更多的间接方法,鼓励大学只在自己拥有的主动权范围内有所作为。

新建应用型本科院校首先是"大学",中国的大学就必须具备中国大学的基本型态,而中国大学的基本型态就是"党委领导下的校长负责制"。我们绝对不能因为产教融合就放弃了中国大学的基本管理体制,绝对不能因为应用型大学建立董事会、走校企合作道路,就弱化了我们对高等教育基本道路的自信。

可以这么说,在当下的全球视野里,中国制度越来越令人赞佩,中国道路越来越多地被他国借鉴。然而,相对于经济社会的发展水平,中国高等教育领域的全球话语权却非常缺乏。不少学者在论及高等教育强国,或者"钱学森之问"时,总喜欢拿体制说话,动辄言及我们的高等教育管理体制有问题,机制不灵活,行政干预过多,学术权力弱化等。其实翻开世界高等教育史,我们很容易得出,高等教育管理体制无论是北美大陆的强调学术自由的盎格鲁-撒克逊模式,还是强调政府干预的欧洲大陆的模式,抑或结合两者的日本模式,都涌现出一批世界一流大学,培养出一批杰出人才,代表了全球最强的高等教育。可以这么说,任何一种高等教育管理体制,都可以做到极致,都可以做到最好。

---

① José-Ginés More,"Governance and Management in the New University",*Tertiary Education and Management* 7(2001):95—110.

冯友兰对中国如何成为世界强国作了这样的归纳:“必须做到在世界各国中,知识上底独立,学术上底独立。”①应该说,“党委领导下的校长负责制”就是中国高等教育的创举,是中国人办出的有自己话语权的高等教育体系的标识,也最具体制特色,这也是我们对近70年新中国高等教育发展史梳理后得出的结论。早在《中共中央关于教育体制改革的决定》(1985年)里,我们就开始对新中国高等教育的体制机制开展反思,对大学受到来自政府的外部力量的束缚过多的现实进行检讨。于是,将当时方兴未艾的经济领域的“厂长负责制”改革简单嫁接到高等教育领域,忽视教育领域相较于经济领域的特殊性,由当时国家教委颁布《关于高等学校逐步实行校长负责制意见》(1988年),鼓励在高等学校试行“校长负责制”,弱化了党对高校的领导,淡化了对社会主义办学方向的坚守。一些大学出现了党委书记由副校长兼任的现象,党委会的决策功能被疏略。在短短一年多的时间里,100多所知名大学试行了“校长负责制”。这一相对弱化党对高校管理的体制变革结果是可想而知的,1990年后这一改革戛然而止。直到1998年《高等教育法》颁布,才用法律形式消除了“校长负责制”的负面影响,把“党管高校”作为一项基本的法律制度予以确立。2015年,新修订的《高等教育法》对“高等学校组织和活动”的“第39条”的200个字的规定予以全部保留。

在由教育部、国家发改委、财政部等三部委联合颁布的[2015]7号文中,不仅明确了“引导部分地方普通本科高校向应用型转变”的精神,还从体制机制上再次倡导大学与行业企业联合共建教育集团,共同成为应用型人才培养的“主体”;大学的下属二级学院可以打破传统制度藩篱,采用类似于股份制等形式联合举办、共同受益;鼓励大胆探索政府与社会资本合作的PPP模式等一批全新的制度体系,给人耳目一新、为之一振的感觉。但是,必须正视的是,无论如何改变,都不可能改变我国高校的本质型态:党委领导下的校长负责制。

---

① 冯友兰:《三松堂全集(第5卷)》,河南人民出版社2000年版,第457页。

高等教育既要满足人们对“高深知识”“闲逸知识”的追求与好奇心理，更应该满足社会需求，为政治和经济服务，布鲁贝克将此概括为大学合法存在的基础。因此，盲目热衷于对市场的“需求约束”，忽略应用型高校的“价值”追求，是对大学存在基础的一种动摇。不能把新型大学教育变成功利主义教育和世俗主义教育，不能把新型大学变成类似于“技能培训中心”的谋生“工具”。当大学远离社会躲进“象牙塔”，大学存在会受到认识论基础更多的影响；而一旦大学与社会越来越亲近，不断参加社会事务，大学存在的政治论基础的规制作用就会越发显著。就像战争意义太重大，不能完全交给将军们决定一样，高等教育也相当重要，不能完全由教授们决定。[①] 因此，坚持“党委领导下的校长负责制”是所有中国高等学校的基本型态，也自然是中国新建应用型本科院校的基本型态。很明确，这是我们党的智慧，更是我们党对高等教育的基本要求，是对过度强调服务社会，忽视价值观教育的理念的回应，是对我国高等教育的理论自信和道路自信。

二、组织结构型态：扁平化

本研究的调查分析结果显示，新建应用型本科院校组织机构与结构的现状并不能令人满意，与现代大学共同治理的需要差距较大，必须改变当下只重视自上而下的“管理”，而相对忽视共同治理的状态；新建应用型本科院校比较普遍地存在着行政权力与学术权力配置不平衡的问题，学术权力在学校人事制度制定方面的话语权还没有得到充分显现，行政权力相对集中现象较为明显。所有这些提示我们应该高度重视新建应用型本科院校组织结构的改革，以提高管理绩效。

（一）从“科层制”到“扁平化”

我国传统大学的管理一直受到苏联高等教育管理模式的影响，采用的是科层制管理模式，这种“金字塔”般的垂直管理范式主要特点可以表述为：

① 布鲁贝克：《高等教育哲学》，浙江教育出版社 1987 年版，第 32 页。

自上而下的管理层级较多；部门横向管理范围较小，纵向管理深度不够；“金字塔”式的权力集中，机构庞杂，信息传递效率不高，体制僵化。传统的层级管理延滞了信息的纵向传递，“碾压”了工作效率，降低了工作质量。为了提高组织机构的市场竞争力，提升工作效率和水平，“压扁”组织结构，已经成为备受组织机构推崇的新兴管理理论①。

明茨伯格在《卓有成效的组织》中提出5种常见的组织结构，其中“变形虫结构”灵活性和适应性好、组成单位的自主性强、组织内部分权清晰、组织内外部协调度高。这一理论不仅强调组织内部治理的参与性，还特别重视组织内外部的协调，非常契合新建应用型本科院校对经济社会发展敏感性的要求，有利于推动新建应用型本科院校的发展。“变形虫结构”在新建应用型本科院校运用的最适当的型态无异于“扁平化管理”(Flat Management)，它通过更少的管理层次、更精简的管理部门、更精干的管理机构与人员，简化决策层与操作层之间的运行程序与步骤，减少管理推演层级，简化决策程序，提高决策效率。它不同于传统的金字塔状的科层制管理模式，抛弃了决策链长、反应迟缓的组织决策程序，通过扁平化的组织结构设置，使得组织的市场触觉更为灵敏，反应更为快速，组织中每一个成员的主动性更强。

我国现行的大学管理模式源自20世纪50年代苏联的高等院校，实质上是机械沿用了马克思·韦伯的“理想的行政组织系统”——科层制。新型大学由于在办学理念上较之传统的学术型大学有较大的“变异”，超常规发展、办学资源匮乏、对市场前所未有的依赖、与行业企业对接中管理错位等，凡此种种对新型大学的管理队伍和管理模式都提出了严峻的挑战。围绕市场需求培养适需人才和围绕社会服务开展应用学术研究成为新兴大学的组织“命脉”，要提高组织效益，有必要打破传统“科层制”的“垂直”组织结构模式，采用“扁平化”管理模式。

---

① 陈廷柱、陈敏：《L学院实施扁平化管理改革案例研究》，载《高等教育研究》2009年第3期。

传统的大学管理层级最底部的“组织细胞”是“教研室”，往上依次是“系”“二级学院”与“行政部门”（“行政部门”里还有“科室”，这些科室都与二级学院发生着管理关系）、学校。这种科层制式的“垂直”的、“线性”的管理长时间以来一直为众多社会组织所采纳延用，但它有与生俱来的局限性。“科层制”从马克思·韦伯那里一开始就得到了消极的评价，它很容易固化人的思维习惯，诱导人们按照固有的训练成型的模式选择行为。走出“象牙塔”的新型大学作为一种全新的、复杂的社会组织，必须特别强调释放管理人员和教师的创造力，尊重自主性，打破各个教研室的“学科界限”，不断随着市场需求来选择自己的学科组合和结构形态，成为真正的“变形虫结构”，就必须采用“扁平化”管理模式。它的优势在于使复杂组织管理结构简约化，减少繁复的管理层级，管理不再是高高在上的发号施令，降低信息能耗，下移管理重心，也就相应地提高了管理绩效。目前，应用型大学在与行业企业融合过程中，最大的行为障碍可能就表现在大学内部决策繁复的过程上。解决了决策与行动间的“时滞问题”，有效回避了决策和执行中的“繁文缛节”导致的信息传递失真现象，促进了学术组织的横向交流，调动了组织成员的积极性和主动性，使得新型大学有限的人力资源得到充分利用。

（二）新建应用型本科院校“扁平化”管理创新

1.校院同步，效率优先

新建应用型本科院校一般升格时间和实践不长，传统管理文化并没有根深蒂固，而且学校体量小，建校时间短，没有太多的迂腐的管理习惯，推行新观念体制性障碍少。因此，可以在“扁平化”管理制度创新上率先“吃螃蟹”，在大学行政层面要整合职能，削减层级，减少部门“副处级”和“科级”岗位，抹去中间环节，加快信息流转；拓展管理的横向幅度，实行“大部制”改革，提升行政管理效率[①]；在学院层面上，要坚持以学科为基础、学生为中心

① 吴爱丽、陈思：《高校内部扁平化管理体制创新研究》，载《辽宁教育行政学院学报》2017年第4期。

的理念，打破学科、专业固有的边界和藩篱，实行“大学部制”，亲近行业需求，方便学生成长，提高人才培养质量。

2. 权力下移，照单追责

将新建应用型本科院校的行政管理重心下移，打破繁复的层级框架，破解遇事总是令出多门，相互推诿扯皮的难题，提升信息传递的及时性与有效性，提高信息反馈速度与频度，凸显合作、对话与分享的现代大学治理理念。同时，建立岗位责任清单，依岗定责，岗责统一，按岗履职，照单追责，促进身份管理向岗位管理过渡，提高管理效率和工作绩效。

应用型大学因为走出了“象牙塔”，面对比校园环境复杂得多的社会，要尽快融入其中，提高自身工作效率尤为重要。现代大学已经是一个机构庞大、结构庞杂的组织系统，拓宽管理幅度和缩减管理层次，应该是大学治理的题中之意。

第二节　新建应用型本科院校的学术权力型态

一、运行型态：行业学院

新建应用型本科院校必须立足区域社会，服务地方经济发展，避免学科与专业趋同设置，用“蓝海战略”寻求生存和发展路径。石中英教授在分析究竟是“大学办学院”，还是“学院办大学”这一校院关系时指出，“学校”处于支配的、强势的地位，“学院”则处于依附的、弱势的地位。“学院”在大学的各项改革中，往往都是被改革的对象，被动承接各种变革实施方案，对改革充满疲倦感和厌恶感。[①] 切实增强学院的办学活力，必须要将政府下放的学科与专业设置、人才选聘、职称晋升、科学研究、服务区域经济社会等方面的学术自治权，梯次下放给二级学院，赋予“学院”办大学的权力。作为新型大学，在走出“象牙塔”之后，在具体的办学运行方式上，必须对不断发展的经

① 石中英：《大学办学院还是“学院办大学”》，载《光明日报》2016年5月10日。

济社会作出回应。那么,这种回应表现为什么“样态”呢?

教育部、国家发改委、财政部联合颁布的[2015]7号文就已经在很多方面给了新建应用型本科院校想象和改革的空间,譬如高校与行业企业共建共管二级学院,成立有不少于50%的行业企业人员参加的二级学院的董事会等。在这方面标志性的合作成果当属常熟理工学院的电梯工程学院,学校凭借所在地苏州地区为全国电梯生产聚集地的优势,率先打破学科壁垒,以产业行业需求为目标,在“机械工程”专业的基础上进行有效的专业改造,瞄准行业需求,专门培养从事电梯、起重运输设备的设计、开发、销售、管理与维护等方面的应用型人才,这可以称为新型“行业学院”的雏形。

当然,我们有必要区分新型大学内部的“行业学院”与我国高等教育发展历史上出现的“实业学堂”“行业院校”的区别。回溯中国高等教育发展的历史,类似于行业院校的办学形式的诞生还早于普通大学,譬如说,清末创办的诸如福州船政学堂、电报学堂等这些“实业学堂”。到了民国时期,又有了不少按照行业设置的本、专科层次的“工程学院”“纺织学院”等行业性大学。新中国的高等教育发展历程中,早在1950年,全国高教会就提出了“实行适当的专门化,密切地配合各种建设的需要,应该与政府各业务部门及其所属的企业和机关,建立密切的联系”的原则意见,国家各部委在“条块独立”、相对自主的高教办学思想影响下,依托行业设置了不少行业学院。为一大批“单科学院”“专门学院”的产生确定了稳定的制度供给。[①] 值得注意的是,这类院校与本文所说的新型大学内部的“行业学院”是不一样的,此前的“行业院校”是建立在行业主管部门利益基础上的“条条办学”的结果,而新型大学的“行业学院”是隶属于新型大学,建立在新型大学内部的、与行业企业共建共管的二级学院。它既打破了“行业学院”在人财物上对行业本身的绝对依赖,又充分利用了新型大学的“综合性”学科优势,为行业企业发展

① 潘懋元等:《论行业特色型院校的回归与发展》,载《重庆高教研究》2016年第1期。

提供更加灵活、全面的人才保障。

教育部学校规划建设发展中心陈锋主任说过，高等教育供给侧结构改革的根本任务无疑是主动适应产业革命和技术发展，建立适应“大舰战略”需求的学科专业集群超级平台。钦州学院在此思想的基础上，将原来 12 个二级学院缩减整合成 4～6 个围绕产业发展设置的综合性“行业学院”。目前，新建应用型本科院校在国务院“产教融合、校企合作”的政策激励下，对接行业产业，设立“行业学院”的举措一浪高过一浪。安徽池州学院在联合中科曙光，成功设置“大数据学院”之后，又整合学校的酒店管理、休闲体育、机械制造、电子信息、外语等专业，与全球第一酒店联盟万豪国际酒店联合设置了“万豪酒店人才拓展学院”，为学校带来了很好的社会效益和发展动力。行业学院必将给新型大学的转型发展带来全新的活力与生机。

二、师资队伍结构型态：双能型

美国学者 Brown 针对大学教师参与决策与大学绩效的关系展开调查研究，结果显示：“大学教师参与学术事务、行使学术权力程度越高，大学的绩效也就会变得越好；相反，大学教师越来越热衷于把精力投入到大学行政管理事务中，学校的绩效就会变得越来越差。”[①]由此可知，大学教师作为大学校园里重要的群体，他们的兴趣、愿望对大学治理，以及治理的效果都会产生显而易见的影响。

考察新建应用型本科院校师资队伍建设现状，不难发现，其间差异非常明显。本研究调查分析结果显示，当前新建应用型本科院校的教师还没有随着学校转型的态势，对自身的教学行为做更多的“适应性”思考和改变。柳友荣另一项研究结果显示，95.2%的新建应用型本科院校师资队伍有理论型教师多，工程技术类教师少的结构性不足现象；63.8%的新建应用型本科院校“双

① Brown W. J.,“Faculty Participation in University Governance and the Effects on University Performance”, *Journal of Economic Behave & Organization* 2(2001):129.

能型"教师比例不足30%。这里，我们有必要界定一下"双能型"教师，即既能从事理论课程和实践课程的教学，又能从事产学研合作开发的教师。很显然，"双能型"教师远比职业技术教育中的"双师型"(既能教理论课，又能传授实践技能)教师内涵要丰富得多①。区分这两个概念，绝对不是文字游戏。新事物的产生必须要有区别于原有事物的概念和概念体系，并由此形成新事物的特质。新大学之所以能有"型"，就必须有不同于原来包括职业技术教育的客观存在。在这些"存在物"中，"双能型"教师也应忝列其中。

相比德国应用型大学师资队伍建设对"一线工作经历"的刚性要求，我国新建应用型本科院校的"双能型"教师遴选，不仅在外部制度环境上存在体制性障碍，在学校内部对"双能型"教师的认识也存在不到位的地方。

制度性障碍主要表现为目前大多数新型大学还没有自主的人事权，在引进教师时往往只能受制于现有的地方政府主管部门为高校"量身定制"的新近教师学历、年龄标准，而这些"标准"大多数是为引进博士、硕士设置的。"唯学历"导致新型大学的师资队伍建设成本高昂，而急需的"产学研开发"能手常常因为学历不符合要求而被挡在大学门外。瑞士应用型大学的教师平均入职年龄是40岁，要求必备的入职条件之一是10年的一线工作经验。国家5个部委联合颁布《关于深化高等教育领域简政放权放管结合优化服务改革的若干意见》，对高校选人用人的制度环境强力推行改革，高等学校可以依据事业发展需要自主确立选人用人的条件，简化程序，为高校师资队伍建设提供快捷高效的人事制度供给。这些措施对于新型大学的持续发展，无疑是最大的福音。笔者曾经参加了某个省级高校编制的座谈会，会上，一批2000年升格为本科院校的校长大声疾呼，十多年前核定的编制数和用人标准，已经无法适应新型大学的发展需求，正在成为制约这类大学发展的羁绊和掣肘。高校之间培养能力相当、规模一致，编制数和岗位数却相去甚远，有些居然能相差一倍多。这阻滞了新型大学的办学能力提升。

---

① 柳友荣:《中国"新大学"的崛起》，教育科学出版社2013年版，第189—226页。

认识性障碍又是什么呢？我们常常在讨论“新建应用型本科院校”时听到这样的陈述：“应用型不等于职业性”“能力导向不等于技术导向”。应用型不能仅仅只有经验的描述，应该有规则表达，保证走对方向，没有相应的规定是不够的。弗莱克斯纳描述的“巴斯德范式”应该会对我们有所启发：巴斯德是位有名的化学教授，当大学所在社区发生了蚕病、鸡瘟，出现了葡萄酒酿造的难题，他将自己的研究旨趣从理论转向了应用，为社区提供了知识服务，解决了生产难题，然后，巴斯德又重新回到了自己的实验室和大学。巴斯德没有留在社区当顾问，高薪受聘进企业，而是“像一名科学家那样提供学术性的、适度的服务”[①]，新建应用型本科院校的师资队伍建设必须从一开始就应该考虑这一点。相关调查结果表明，在全美的3500所高等教育机构中，有超过20万的兼职教师，他们的工作保障性较低，与所在院校之间的联系也十分薄弱。[②] 新建应用型本科院校不能自诩为“全能战士”，越俎代庖、改头换面地把自己装扮成行业企业的替身，全然不顾自己始终是大学，而放弃了大学存在的内在逻辑。

三、教学型态：知识输出导向型

新型大学的新的“型态”不仅体现在管理模式、办学形式、师资队伍方面，在大学里，任何一项成功的改革都离不开对课堂的改革，不改变传统课堂，试图用新坛装老酒，改革终究会撞南墙的。本研究的调查分析结果显示，学校领导、职称较高的高校人群满足于人才培养方案原则意见的确立，对如何在教育教学实践中，具体落实应用型人才的培养方案，让应用型办学定位落地，认识得不够深入，一般教师在具体执行上还表现得难以适应。任何一种新坛装老酒的想法都是在扭曲新建应用型本科院校的办学实践，阻滞新建应用型本科院校的发展壮大。新建应用型本科院校的教学模式的影

① 弗莱克斯纳：《现代大学论——美英德大学研究》，浙江教育出版社2001年版，第3页。

② 阿特巴赫等：《21世纪美国高等教育》，北京大学出版社2005年版，第225页。

响因素同样是教师、学生、教学方法，但教学文化应该是完全不一样的。中山大学原校长黄达人教授在2017年3月23日召开的“高校转型与课程改革研讨会”上强调，要真正实现高校教学向应用型转型，关键在于教学改革，最难的是课程建设。

新建应用型本科院校课堂教学的现状究竟怎么样，目前传统的课堂教学形式是不是还在大行其道，新建应用型本科院校应如何提高教师教学精力投入和学生学习精力投入，如何实现知识输出导向教学理念下教学方法的改革与创新等问题都需要研究者们给予更多关注和思考。

本研究调查结果显示，新建应用型本科院校领导、中层干部与普通教师对于应用型本科院校课堂教学现状的认知存在显著差异。值得注意的是，调查结果显示，新建应用型本科院校领导与中层干部、普通教师之间对课堂教学现状的认知存在显著差异，而中层干部与普通教师之间差异不显著。对这三个群体对课堂教学现状的认知进行进一步分析发现，校领导给予应用型课堂教学现状的评价最高，其次为中层干部，而普通教师则认为目前应用型本科院校课堂教学存在不足较多。分析认为，学校领导可能是出于对学校的整体评价和对自身管理绩效的认同，情感上愿意作出比较高的评价；而普通教师（包括新建应用型本科院校的中层干部队伍）比较普遍地认为，新建应用型课堂教学质量不能令人满意，教学方式亟待改革。

关于“向应用型转型”的问题，李克强总理在连续两年的政府工作报告中都有明确的说明。改变传统的教学文化，实践从知识输入导向（input－orientation）的教学理念向知识输出导向（output－orientation）的教学理念转变，是新型大学教学文化的精髓。美国教育部在《2008—2013年战略规划》中明确对培养应用型本科人才的能力定位和规格进行了界定，重视职业能力的培养；在培养方式上提倡校企合作、工学交替。德国的应用科技大学则要求在教授传统学科理论知识的前提下，培养学生独立从事职员活动的能力。从“知识输出导向”的教学理念需求看，积极采用小班化教学或者模拟小班化教学，改进学生学习投入状况是当下新建应用型本科院校所必须重视的。澳大利亚大学把“小班化教学”纳入了学校事业发展规划之中，充分激发学生学习的主体性，让学生充分参与教学之中，采用小组探究的学习方式，吸纳学生参与科研活动，这也应该是我国大学的追求。就目前条件看，我们还很难完全实施全“小班化教学”。但是，采用大班传授、小组探究，课后以小组为单位的课程实践活动的“模拟小班化”教学是完全可以有效实施的教学改革方法。“模拟小班化”教学是本科课题的研究团队在安徽池州学院进行应用型课堂教学改革的主要举措，意即在自然班课程学习上，将大班额学生的班级分成若干个小组，在学习上采用“源自课堂，走出课堂，归于课堂”的延展性“课堂”学习。[①] 在具体的教学活动中，将课前学习（before class）与课后学习（after class）活动包括课前预习、课后复习、讨论、调查、社会实践等均在小组内实施；课间学习（during class）的一些必要的小组活动、成果交流等均以小组为单位。

目前，国内不少新建应用型本科院校在探索知识输出导向型的教学模式上取得了非常可喜的成绩，诸如问题导向的教学、模块化教学、混合型教学等。司徒雷登创办燕京大学时就说了这样一句蕴含哲理的话：燕京大学不会是最有名的大学，但一定要成为“现今中国”“最有用”的大学。当下，新建应用型本科院校正在形成中国高等教育史上规模宏大的一次大学教育改革运动，关涉当今中国本科教育的“半壁江山”。它们没有好高骛远，也不会像西湖大学、南方科技大学那样立足高远立志成为世界一流大学，但是它们脚踏实地，以推动区域经济社会发展为己任，相信在不远的将来一定能够成为现代化中国需要的大学。

---

① 柳友荣：《也论本科生“学习量”——兼与卢晓东教授商榷》，载《中国高教研究》2015年第12期。

第九章　结语

一、研究总结

现代社会里，大学是一个重要而又复杂的组织，完善大学的治理结构，优化大学内外部治理过程，是大学科学定位、分类指导、多元发展的题中之意。新建应用型本科院校由于集体定位于"应用型"人才培养，需要在办学的外部制度环境和内部治理结构上寻求变革与突破。从2014年的新建本科院校的《驻马店共识》，到2015年教育部的《关于深化职业教育教学改革，全面提高人才培养质量的若干意见》，再到2017年国务院的《关于深化产教融合的若干意见》，这三份文件层层推进，首先是基层联合发声，然后是主管部门响应，最后是国家强力推动。应该说在深化产教融合，促进行业企业成为新的育人"主体"，参与到应用型大学的转型发展方面，从地方到中央，从大学到政府，在短短3年的时间里，在世界高等教育最大体量的国家里，掀起了声势浩大的改革浪潮。2017年底，国务院办公厅颁布了《关于深化产教融合的若干意见》，计划用10年的时间，实现教育与产业的统筹融合、良性互动。

作为一种新型的大学，其核心价值在"新"上。对"新"的内涵理解和定位，决定了我们举办此类院校的社会价值能否实现。我们不能简单地理解这个"新"字，不能仅仅狭隘地把新办大学就统称为"新型大学"，也不能不顾办学历史，无视办学规律，简单地、行政化地要求一类院校统一办成"新型"大学。新建应用型本科院校是"完全不同的类型，是人才培养上一种新的规格，是在办学理念上对传统的一种突破和挑战，更多地表现为对'社会需求’,而非‘学术需求’的响应”。[①]

国际上的一项研究结果表明,“那些迄今为止几乎被奉为金科玉律的一些原则,比如大学自治权、大学民主、教职工的地位,甚至研究工作的重要性等,并非像我们希望的那样被大家广为接受。如今,不乏卓越的大学体制和学院存在,它们并没有成为很多人认为是不可或缺的单一标准。因此,解决大学治理问题唯一合理的途径是摒弃所有偏见,以开放的心态做出判断。”[②]

综合本研究的文献分析、国际比较和实证调查结果,我们可以得出这样的结论:大学的外部管理相关方主要是政府及其部门、区域社会、行业企业,这些机构既共同构成大学的外部治理环境,又是大学利益的相关方。新建应用型本科院校因为与社会需求更为贴近,要比传统意义上的精英型大学更加关注与这些利益相关方的协调。

新建应用型本科院校要以积极的姿态,适应以市场化为基本特征的现行办学总体制度生态和治理环境,重构与政府、社会和市场之间的关系。理清政府与大学的权责范围与边界,既要求政府和社会组织具备更多的行动自觉,又对新建应用型本科院校内部治理体系的更新与完善提出了更高的要求。为了从更深层面上系统揭示新建应用型本科院校转型发展遇到的外部制度环境障碍和内部治理体系障碍,推动新型大学治理体系的建构,本课题主要做了以下一些工作。

第一,对国内新建应用型本科院校的理论研究与实践探索进行了系统分析,认为国内新建应用型本科院校的理论研究队伍比较薄弱,研究者遵循着由研究国外“新大学”向国内转变,由“新建”向“新型”转变的思路;研究成果集中显示了从“新型大学”内涵,到新建本科院校的转型,再到摆脱对传统大学发展路径的依赖;新建应用型本科院校的实践探索轨迹表现在 3 个阶段:第一阶段,“新建本科院校建设期(1999—2008 年)”;第二阶段,“应用型

---

① 柳友荣:《中国“新大学”的崛起》,教育科学出版社 2013 年版,第 14 页。

② José-Ginés More,“Governance and Management in the New University”,*Tertiary Education and Management* 7(2001): 95—110.

本科院校成长期(2009－2015年)”;第三阶段,“新型大学确立期(2016年后)”。

第二,对大学转型进行了制度分析,提出大学转型发展是大学发展史最生动的“脉象”;新建应用型本科院校的产生是高等教育大众化的必然结果;新建应用型本科院校转型实践的“制度条文”是“党委领导下的校长负责制”基本体制和相关政策;“行为规范”是新型大学的办学目标型态;“社会认知”是新型大学的社会支持。

第三,研究境外应用型大学管理制度,特别是对美国、德国、瑞士、澳大利亚、香港地区应用型大学管理体制进行比较研究,分析发达国家和地区新型大学管理制度。

第四,自编问卷,在安徽、江苏、山东、福建、河南等省选取20多所所新建应用型本科院校领导、中层干部和普通教师(中级职称以上),开展调查,分析并讨论了这类院校的管理现状。通过数据分析,讨论了新建应用型本科院校在多维度上的特征表现,发现校领导与中层干部、普通教师之间在多项指标上,对“新型大学”办学的认识存在显著差异,特别是在管理体制与机制、人事制度、课堂教学等方面存在比较突出的认识差异,这或将成为制约这类院校转型发展的掣肘,需要引起高度关注。

第五,新建应用型本科院校的外部制度诉求表现在以下几个方面,一是府学关系从主体性到主体间性转变,它包括要填补新建应用型本科院校组织运行的“立法真空”;进一步“归还”大学的办学自主权;把行业企业打造成应用型人才培养的“新主体”;社会公众层面要自觉维护应用型大学守正创新、返本开新的空间;重视对新建应用型本科院校内部治理体系建设的引导。二是新建应用型本科院校要注重区域协同,视区域的地理边界为大学的围墙,把满足区域社会的需求看成是自己的责任和担当。确立新建应用型本科院校在协同创新中的角色定位,做好区域社会的智库、人才库、经济发展引擎、优质劳动力提供者。三是产教融合是新建应用型本科院校立足办学定位,理顺与产业行业关系的必然路径,要通过共建研发中心与实验室、推进高校与企业“双主体”育人的模式等方式，加快大学与产业行业的深度对接。

第六，与传统精英型大学相比，新建应用型本科院校应该在坚守基本型态，即党委领导下的校长负责制的同时，变革与创新管理型态，要使组织结构型态“扁平”化、办学运行型态“行业学院”化、师资队伍结构型态“双能型”化、教学型态“知识输出导向型”化。

二、研究创新点

1. 研究视角的创新

研究选取新建应用型本科院校作为突破传统约束，建立现代大学制度的突破口，廓清了“新建应用型本科院校”“新型大学”等模糊概念，对我国新建应用型本科院校发展的实践过程首次进行系统总结，提出了“三阶段说”，即第一阶段“新建本科院校建设期(1999—2008年)”、第二阶段“应用型本科院校成长期(2009—2015年)”、第三阶段“新型大学确立期(2016年后)”。

2. 研究内容的创新

由于研究管理制度本身的实施难度，加之对新建应用型本科院校的研究整体水平的薄弱，在现有研究中，以新建应用型本科院校的管理体制作为研究对象，分析其特殊性，探索其应然性选择与实然性状态，在国内为者不多。而且仅有的研究也大都流于表面，难以在国内外应用型大学治理的较宏大视角上，对此类院校在我国的治理体系和机制开展系统性研究。

3. 研究方法的创新

本课题对现有的文献进行分析后得知，绝大多数采用的研究方法均为文献分析、思辨推理、定性研究；已有实证研究效度因为受到调查样本选取局限于某一区域的影响，典型性和代表性缺失。本研究注重理论探讨与实证研究的整合，在全国范围内选取了大样本调查，对新建应用型本科院校制度现状和制度需求开展调查，提升制度安排与设计的有效性。

三、研究展望

新建应用型本科院校一般都是2000年之后新升格的大学，本科办学不足20年，其发展中的问题一定还有很多。譬如，作为“新型”的大学究竟如何定型？新型大学的课堂教学系统改革如何实施？教师整体应用型能力提升路径在哪里？即使我们的大学制度环境这几年有很大改善，但离现代应用型大学外部制度环境构建还有较大差距；新建应用型本科院校的内部治理体系与治理能力的培育也是日益凸显、必须重视的话题。

此外，本研究对新建应用型本科院校外部制度环境的“条”与“块”的梳理还不够深入与清晰，在不少问题和问题的方面，还停留在表面上；对新建应用型本科院校内部治理的微观层面，也还没有触及，进一步的后续研究必不可少。

本研究在实施过程中，因为研究团队自身学术能力和研究水平等因素的制约，还存在研究不够深入的问题，特别是对新建应用型本科院校内部治理结构还没有做系统研究，我们以后将加倍努力，以求研究臻于完善。

附录

新建应用型本科院校管理状况调查表

尊敬的领导(老师)：

您好！很高兴有机会得到您的支持，让我们对新建应用型本科院校管理现状做些了解，您对下列问题的回答，将是我们研究结论的重要依凭。请您认真阅读每一个问题，并在您认同的答案后面的括号里标上"√"。每道题只能选择一个答案，答案没有对错之分。我们的调查采用无记名形式，不会泄露任何作答者的信息，请您放心。最后，课题组对您的真诚合作表示感谢！

国家社科基金项目"新建应用型本科院校管理体制改革研究"课题组

一、资料(请您在相应内容对应的括号里打"√")

1. 您的职务是：

①校领导(　)　　②中层干部(　)　　③一般教师(　)

2. 您的职称是：

①高级职称(　)　　②中级及以下(　)

3. 您所在学校的升本时间：

① 2007 年及以前(　) ② 2008 年及以后(　)

4. 您所在学校升本前是：

①师范类(　) ②工科类(　) ③综合类(　) ④其他(　)

二、问卷

1. 我校大学章程符合新建应用型本科院校办学实际。

A. 是　　B. 不清楚　　C. 否

2. 我校在拟定大学章程过程中，教职工参与度较高。

A. 是　　B. 清楚　　C. 否

3. 我校发展规划体现了学校应用型办学定位。

A. 是　　B. 不清楚　　C. 否

4. 我校发展规划编制过程中倾听了行业（企业）人士的意见和建议。

A. 是　　B. 不清楚　　C. 否

5. 我校发展规划对实际的管理和教育行为具有很强的约束性。

A. 是　　B. 不清楚　　C. 否

6. 我校能够有效地落实党委领导下的校长负责制。

A. 是　　B. 不清楚　　C. 否

7. 我校院系管理自主权得到有效落实。

A. 是　　B. 不清楚　　C. 否

8. 我校拥有较好的学术权力保障机制。

A. 是　　B. 不清楚　　C. 否

9. 我校有较好的民主管理氛围，教职工参与学校重大事项的决策路径通畅。

A. 是　　B. 不清楚　　C. 否

10. 我校注意调动学生参与学校管理的积极性。

A. 是　　B. 不清楚　　C. 否

11. 我校建立了采纳社会精英有关教育教学的建议和意见的机制。

A. 是　　B. 不清楚　　C. 否

12. 我校管理部门的设置有利于学校行政权力与学术权力的有效运行。

A. 是　　B. 不清楚　　C. 否

13. 我校领导具有良好的新建应用型本科院校管理的理论水平和经验。

A. 是　　B. 不清楚　　C. 否

14. 政府对新建应用型本科院校的支持力度较大。

A 是　　　　B. 不清楚　　　　C. 否

15. 学校转型发展应该相应调整学校内外部管理制度。

A 是　　　　B. 不清楚　　　　C. 否

16. 政府主管部门积极下放高校办学自主权。

A 是　　　　B. 不清楚　　　　C. 否

17. 学校已经做好了承接政府主管部门下放权力的准备,并有能力使其有序运转。

A 是　　　　B. 不清楚　　　　C. 否

18. 政府主管部门的编制审核和岗位设置制度符合学校持续发展的需求。

A 是　　　　B. 不清楚　　　　C. 否

19. 新建应用型本科院校有较好的外部制度环境。

A 是　　　　B. 不清楚　　　　C. 否

20. 行业(企业)能够积极参与学校的人才培养过程。

A. 是　　　　B. 不清楚　　　　C. 否

21. 政府主管部门对办学经费的管理适合新建应用型本科院校的办学需求。

A. 是　　　　B. 不清楚　　　　C. 否

22. 社会、企业人士参与了我校人才培养方案的制订(修订)过程。

A. 是　　　　B. 不清楚　　　　C. 否

23. 社会、企业人士参与了我校人才培养方案的实施过程。

A. 是　　　　B. 不清楚　　　　C. 否

24. 我校在进行专业设置时充分考虑了行业(企业)对人才的需求。

A 是　　　　B. 不清楚　　　　C. 否

25. 我校人才培养方案中专业能力课程模块的设计与应用型人才培养目标一致。

A 是　　　　B. 不清楚　　　　C. 否

26. 我校人才培养方案执行情况较好。

A 是　　B. 不清楚　　C. 否

27. 现行的师资管理政策符合新建应用型本科院校的发展需要。

A. 是　　B. 不清楚　　C. 否

28. 我校“双师型”教师的数量能够满足实际教学需要。

A. 是　　B. 不清楚　　C. 否

29. 我校对外聘教师的遴选、聘用、管理、考核工作经过系统设计，且管理到位。

A. 是　　B. 不清楚　　C. 否

30. 我校与企业协同进行教师培训培养工作。

A. 是　　B. 不清楚　　C. 否

31. 我校教师教学质量评价方式符合应用型人才的培养需求。

A. 是　　B. 不清楚　　C. 否

32. 我校建立了符合应用型本科院校发展的教师职称晋升制度。

A. 是　　B. 不清楚　　C. 否

33. 新建应用型本科院校有充分的招生自主权。

A. 是　　B. 不清楚　　C. 否

34. 目前的中学教育与应用型本科院校的招生衔接得很好。

A. 是　　B. 不清楚　　C. 否

35. 我校现行招生考试制度基本符合应用型本科院校办学需求。

A. 是　　B. 不清楚　　C. 否

36. 我校各专业的人才培养设置符合企业的人才需求。

A. 是　　B. 不清楚　　C. 否

37. 我校制定的人才培养方案侧重于培养学生的职业能力。

A. 是　　B. 不清楚　　C. 否

38. 我校经常开展“行业(企业)专家进课堂”等教学活动。

A 是　　B. 不清楚　　C. 否

39. 我校各主干课程的课时分配中，实践教学时占总教学时比的25%以上。

A. 是　　B. 不清楚　　C. 否

40. 我校教师能根据应用型人才培养目标组织课堂教学改革工作。

A. 是　　B. 不清楚　　C. 否

41. 我校各专业主干课程教学内容根据应用型人才培养目标作了相应的调整。

A. 是　　B. 不清楚　　C. 否

42. 我校教师积极指导学生参加各类创新创业活动。

A. 是　　B. 不清楚　　C. 否

43. 我校学生的学业评价制度符合应用型人才培养需求。

A. 是　　B. 不清楚　　C. 否

44. 我校学生课堂参与的积极性高。

A. 是　　B. 不清楚　　C. 否

45. 我校师生间课堂内外互动得很好。

A. 是　　B. 不清楚　　C. 否

问卷到此结束，再一次谢谢您的合作！

参考文献

[1]阿特巴赫等.21 世纪美国高等教育——社会、政治、经济的挑战[M].北京:北京师范大学出版社,2005.

[2]布鲁贝克.高等教育哲学[M].杭州:浙江教育出版社,1987.

[3]伯恩鲍姆.大学运行模式:大学组织与领导的控制系统[M].北京:中国海洋大学出版社,2003.

[4]伯顿·克拉克.大学的持续变革——创业型大学新案例和新概念[M].北京:人民教育出版社,2008.

[5]伯顿·克拉克.高等教育新论:多学科的研究[M].杭州:浙江教育出版社,2001.

[6]弗莱克斯纳.现代大学论:美英德大学研究[M].杭州:浙江教育出版社,2001.

[7]湖南大学教育科学研究院.高等教育质量省级监控体系研究[M].长沙:湖南大学出版社,2012.

[8]约翰·范德格拉夫.学术权力:七国高等教育管理体制比较[M].杭州:浙江教育出版社,2001.

[9]约翰·布伦南、特拉·沙赫.高等教育质量管理:一个关于高等院校评估和改革的国际性观点[M].上海:华东师范大学出版社,2005.

[10]康德著,邓晓芒译.纯粹理性批判[M].北京:人民出版社,2004.

[11]陈广胜.走向善治中国地方政府的模式创新[M].杭州:浙江大学出版社,2007.

[12]冯友兰.三松堂全集(第5卷)[M].郑州:河南人民出版社,2000.

[13]黄宇红.美国州立大学的发展历程[M].北京:北京航空航天大学出版社,2013.

[14]姜锋,Erich Thies.当代德国高等教育改革研究[M].上海:上海外语教育出版社,2015.

[15]柳友荣.中国“新大学”的崛起[M].北京:教育科学出版社,2013.

[16]欧阳光华.董事,校长与教授:美国大学治理结构研究[M].北京:高等教育出版社,2011.

[17]王承绪,徐辉.战后英国教育研究[M].南昌:江西教育出版社,1992.

[18]杨文明.美国州政府对州立大学治理模式的实证研究[M].北京:商务印书馆,2015.

[19]俞可平.治理与善治[M].北京:社会科学文献出版社,2000.

[20]张新科.德国高等教育管理及大学治理[M].南京:南京大学出版社,2014.

[21]赵曙明.美国高等教育管理研究[M].武汉:湖北教育出版社,1992.

[22]安心.高等教育质量的界定初探[J].辽宁高等教育研究,1997(2).

[23]别敦荣.普及化高等教育的基本逻辑[J].中国高教研究,2016(3).

[24]陈浩,马陆亭.我国高等教育行政管理体制改革的反思与展望[J].国家教育行政学院学报,2011(6).

[25]陈新民等.教学服务型大学:新建本科院校的重要发展趋向[J].教育发展研究,2011(17).

[26]陈娴.新兴创业型大学治理模式研究:以香港科技大学为例[J].世界教育信息,2015(3).

[27]陈琼英,曾波.高等教育治理问题探究[J].重庆高教研究,2015(2).

[28]陈裕先.德国应用科技大学实践教学模式及其对我国应用型本科教育的启示[J].国家行政学院学报,2015(5).

[29]陈廷柱,陈敏.L学院实施扁平化管理改革案例研究[J].高等教育研究,2009(3).

[30]崔旭,邢莉.我国产学研合作模式与制约因素研究:基于政府、企业、高校三方视角[J].科技管理研究,2010(6).

[31]樊明成,管弦.美国联邦政府调控高等教育的途径及其借鉴[J].教育科学,2005(3).

[32]高宝立.解读新型大学[N].中国教育报,2016—4—7.

[33]龚放.试论现代大学的社会责任[J].北京大学教育评论,2008(2).

[34]顾永安,许霆.学院制:新建本科院校制度创新的切入点[J].黑龙江高教研究,2009(11).

[35]顾永安.新建本科院校转型不能“一刀切”[N].中国教育报,2015—06—18.

[36]顾永安.新型大学在“性质维度”如何精准落点[N].中国教育报,2017—02—20.

[37]郭忠华.新制度主义关于制度变迁研究的三大范式[J].天津社会科学,2003(4).

[38]韩延明.创新新建本科院校管理体制探析[J].高等工程教育研究,2009(4).

[39]韩伏彬,董建梅.德国应用科技大学教师队伍的特点及启示[J].当代教育科学,2015(11).

[40]韩静,张力跃.欧洲共同高等教育空间下的瑞士路径:瑞士应用科学大学的发展与特色[J].中国职业技术教育,2016(15).

[41]Hendrik lackner.德国应用科学大学体制——对中国也是一种成功模式[J].应用型高等教育研究,2016(1).

[42]黄大文等.工程管理专业应用型本科人才培养模式探索[J].高等工程教育研究,2007(增).

[43]蒋洪池.21世纪美国大学治理面临的挑战及其对中国的启示[J].

比较教育研究,2006(1).

[44]贾佳.高等教育质量观:演进逻辑与行为契合[D].湘潭:湖南科技大学,2016.

[45]劳凯声.重构公共教育体制:别国的经验和我国的实践[J].北京师范大学学报(社科版),2003(4).

[46]柳友荣.我国新建应用型本科院校发展研究[D].南京:南京大学,2011.

[47]柳友荣.后大众化时期应用型大学管理制度的外部诉求[J].应用型高等教育研究,2016(1).

[48]柳友荣.中国“新大学”:概念、延承与发展[J].教育研究,2012(1).

[49]柳友荣,廖文秋.新型大学,“型”在何处[J].重庆高教研究,2017(4).

[50]柳友荣等.应用型本科院校产教融合模式及其影响因素研究[J].中国高教研究,2015(5).

[51]柳友荣.转型不是高校自导自演的“独角戏”[N].中国教育报,2015—6—19.

[52]柳友荣.也论本科生“学习量”——兼与卢晓光教授的商榷[J].中国高教研究,2015(12).

[53]柳友荣.区域协同创新视阈里新型大学的角色定位与路径选择[J].池州学院学报,2015(6).

[54]柳友荣.澳大利亚大学内部治理特点[J].教育研究,2015(6).

[55]柳友荣.新建本科院校如何实现转型发展[N].光明日报,2016—7—27.

[56]吕婷婷,柳友荣.应用型大学管理体制改革的文献计量学研究[J].高教发展与评估,2016(3).

[57]束仁龙,柳友荣.香港科技大学内部治理特点对内地新型大学治理的启示[J].重庆高教研究,2017(5).

[58]李先富,柳友荣.美国州立大学治理结构及其对我国新型大学治理的启示[J].重庆高教研究,2018(6).

[59]李福华等.论大学治理与大学管理的协同推进[J].高等教育研究,2015(4).

[60]李婷.香港高校教务会研究[D].扬州:扬州大学,2012.

[61]李建超.香港高等教育和高校内部管理体制的特点与启示[J].中山大学学报(社会科学版),2006(1).

[62]李正卫等.校企合作现状与影响因素实证研究[J].科技进步与对策,2012(21).

[63]李炎炎等.产学研合作模式分类及其选择思路[J].科技进步与对策,2004(10).

[64]李亚东.我国高等教育外部质量保障组织体系顶层设计[D].上海:华东师范大学,2013.

[65]兰子霞.论加强新建本科院校教学管理队伍的建设[J].继续教育研究,2009(2).

[66]雷金火.新时期高等教育质量建设的几个问题探讨[J].中州大学学报.2006(3).

[67]罗燕等.中国高等教育的制度正义:在扩张与平等之间——新制度主义社会学的分析[J].清华大学教育研究,2011(6).

[68]卢亚莲.德国应用科技大学(FH)应用型人才培养模式及其启示[J].职教论坛,2014(13).

[69]马树杉.应用型本科教育:地方本科院校在21世纪的新任务[J].常州工学院学报,2001(1).

[70]马晓辉.胡塞尔从主体性到主体间性的哲学路径[J].聊城大学学报(社会科学版),2006(2).

[71]马超,马丁·特罗.高等教育大众化理论研究[D].保定:河北大学,2003.

[72]潘懋元等.论行业特色型院校的回归与发展[J].重庆高教研究，2016(1).

[73]潘刚峰.香港特别行政区大学内部治理规定及启示[D].长沙:湖南大学,2013.

[74]裴战存,谢子远.建立我国现代大学的治理结构——新建本科院校经费管理探讨[J].中国冶金教育，2005(2).

[75]邱克.基于多元发展趋势的高校经费管理——新建本科院校经费管理探讨[J].中国高教研究,2007(6).

[76]戚业国,陈玉琨.论教育质量观与素质教育[J].中国教育学刊,1997(3).

[77]戚业国.论高等教育大众化时代的质量观[J].高等师范教育研究，2002(2).

[78]任玉珊.高等教育转型发展与“新大学”的形成[J].长春工程学院学报(社会科学版),2007(1).

[79]石中英.大学办学院还是“学院办大学”[N].光明日报,2016－5－10.

[80]盛正发.三权重心分离新建本科院校管理变革新向度[J].现代教育管理,2012(6).

[81]上海外国语大学德国教育科学政策信息研究中心.大学核心:从知识探索到人才培养——德国近十年高等教育改革与成就国际研讨会综述[J].世界教育信息,2015(4).

[82]史雯婷.从高等教育的社会治理看第三部门的发展[J].江苏高教，2004(3).

[83]盛欣.浅析高等教育质量管理理念的转型及趋势[J].大学教育科学,2015(1).

[84]唐华生,唐炜.教学质量管理体系构建:从理念、原则到内容[J].四川师范大学学报(社会科学版),2008(3).

[85]唐萌.大众化视域下我国高等教育质量观的理论建构[D].开封:河南大学,2011.

[86]田野,彭金冶.关于新建本科院校实施“和谐管理”的思考[J].中国大学教学,2007(6).

[87]王敏,裴兆宏.从院系视角探讨大学管理模式[J].清华大学教育研究,2005(4).

[88]王文岩等.产学研合作模式的分类、特征及选择[J].中国科技论坛,2008(5).

[89]王雅婷.地方本科院校转型中的教师教学发展现状调查研究——以云南省×学校为例[D].昆明:云南大学,2016.

[90]王集.以人为本视域下高等教育质量管理问题研究[D].长春:长春工业大学,2016.

[91]吴爱丽,陈思.高校内部扁平化管理体制创新研究[J].辽宁教育行政学院学报,2017(4).

[92]徐辉,季诚钧.高等教育研究方法现状及分析[J].中国高教研究,2004(1).

[93]谢冰松.转变观念加强新建本科院校管理规范化建设[J].中国高等教育,2003(24).

[94]谢科范等.我国产学研结合传统模式与现代模式分析[J].管理研究,2008(1).

[95]许长青.大学一工业合作管理模式:香港案例[J].高等教育研究,2005(3).

[96]邢媛,陈士俊.瑞士应用科学大学改革探析[J].中国职业技术教育,2008(6).

[97]游兰菊.新建本科院校教学档案建设与管理的思考[J].中国成人教育,2011(17).

[98]杨东平.两种大学制度的直接碰撞[N].新京报,2006-7-23.

[99]杨文明.美国州政府对州立大学治理模式的实证研究[M].北京:商务印书馆,2015.

[100]杨继瑞等.协同创新理论探讨及区域发展协同创新机制的构建[J].高校理论战线,2013(1).

[101]阎亚林.大学内部管理体制比较研究[J].教育探索,2003(10).

[102]喻岳青.20世纪中国高等教育发展历史的若干启示[J].高等教育研究,1999(3).

[103]余海波.香港科技大学的发展与启示[J].国家教育行政学院学报,2010(11).

[104]余小波.高等教育质量保障活动中三个基本概念的辨析[J].长沙理工大学学报(社会科学版),2005(3).

[105]姚加惠.浅析德国应用技术大学与政府关系的特点[J].高等教育研究,2016(5).

[106]原长弘.国内产学研合作学术研究的主要脉络:一个文献述评[J].研究与发展管理,2005(4).

[107]易承志.治理理论的层次分析[J].行政论坛,2009(6).

[108]姚星星.特罗高等教育大众化理论的预警功能研究:兼审我国高等教育大众化发展[D].济南:山东师范大学,2015.

[109]周川.中国高等教育管理体制改革的政策分析[J].高等教育研究,2009(8).

[110]周洪宇.中国高等教育体制改革若干问题的宏观思考[J].复旦教育论坛,2004(4).

[111]张继明,王洪才.问责制视角下的大学管理制度变革[J].国家教育行政学院学报,2008(10).

[112]张德祥,李洋帆.二级学院治理:大学治理的重要课题[J].中国高教研究,2017(3).

[113]张松,刘志明.美国加州大学学术评议会的发展历程、组织构架与

运行特点[J]. 高教探索，2015(11).

[114]张千帆等. 产学研合作创新路径选择的博弈分析[J]. 管理学报，2007(6).

[115]张立君. 企业利益相关者共同治理机制设计[J]. 中南政法大学学报，2002(3).

[116]朱为鸿. 制度与文化：新建本科院校内涵发展的战略思考[J]. 现代教育管理，2009(08).

[117]朱洵，舒时光. 国内外多校区大学管理模式的比较研究[J]. 教育与职业，2012(5).

[118]朱守信等. 高等教育质量管理的基本矛盾：成熟度评价视角[J]. 国家教育行政学院学报，2015(11).

[119]周远清. 我的教学改革情结[J]. 中国高教研究，2015(9).

[120]Amis C. Mc Guinness Jr. State Postsecondary Education Structures Handbook [M]. Denver: The Education Commission of the Stats, 1998.

[121]Derek Bok. Beyond the Ivory Tower Social Responsibility of the Modern University[M]. Harvard University Press, 1982.

[122]J. J. Forest, P. G. Altbach. International Handbook of Higher Education[M]. Springer Netherlands, 2006.

[123]Burton R. Clark. The Entrepreneurial University: Demand and Response[J]. Tertiary Education and Management. 1998.

[124]Brown W. J. Faculty Participation in University Governance and the Effects on University Performance[J]. Journal of Economic Behave and Organization, 2001.

[125]Elizabeth J. Hatton. Charles Sturt University: A Case Study of Institutional Amalgamation [J]. Higher Education, 2002.

[126]Guangming Cao, Steve Clarke, ect. The Need for a Systemic Ap-

proach to Change Management—A Case Study [J]. Systemic Practice and Action Research, 2004(17).

[127] Guidelines of the Higher Education Council for accreditation within the higher education sector [EB/OL]. https://www. admin. ch/.

[128] Peter Scott. The Future of General Education in Mass Higher Education Systems[J]. Higher Education Policy, 2002(15).

[129] Vedovello C. Science parks and university-industry interactions: Geographical proximity between the agents as a driving force[J]. Technovation, 1997(17).

后　记

2009年，我申报获批的教育部哲学社会科学研究项目“国际视阈里的大众化时代我国新建应用型本科院校可持续发展研究”(09YJA880017)，在前期研究我国高等教育大众化背景下诞生的这一类型大学的基础上，结合英国“新大学”、美国“赠地学院”产生、发展的特殊历史背景和大学属性，系统地、有针对性地对我国1999年后新建的应用型大学进行深入研究。相关研究成果有《中国“新大学”：概念、延承与发展》(教育研究，2012)、《英国新大学运动及其对我国应用型本科教育的启示》(高等教育研究，2011)、《“新大学”去同质化发展的策略》(中国高教研究，2011)、《百校调查：中国“新大学”发展研究》(现代大学教育，2012)等，并以“免于鉴定”结题。课题的终期成果《中国“新大学”的崛起》(教育科学出版社2013年出版)获得安徽省人民政府颁发的哲学社会科学一等奖(2013—2016)。尽管如此，但是随着此类大学的蓬勃发展，在实践领域出现的问题也越来越多，亟待解决的困难也不断出现，如管理体制、转型发展、产教融合等。于是在2013年，我又申报了国家社科基金项目“新建应用型本科院校管理体制改革研究(13BGL126)”。课题在“新型大学”管理体制、“中国特色”等方面开展了持续深入的研究，对新建应用型本科院校发展过程中，实践探索触角不及、理论研究深度不够等问题，开展系统的研究。在此期间，占我国本科院校“半壁江山”的新建应用型本科院校整体觉悟，尝试挣脱对传统大学办学模式的路径依赖，选择走从“新建”到“新型”的“应用型”办学转变之路。可见，我们关于新建应用型本科院校的实践探索和理论引导两个方面均存在明显的不足，处于“进行时”的“新型大学”需要更多的研究者和更强的研究队伍，才可能真正踏出一条具有“中国特色”的应用型大学发展之路。

在艰苦的研究过程中，我得到了不少同行和同事的帮助，周同老师在引文资料的翻译工作上、沈丽丽和黄国萍在数据处理上均给予了很多支持。本课题的研究工作也得到了课题研究团队成员的大力支持，本课题的研究报告具体撰写分工为：第一章为柳友荣撰稿，第二章为黄国萍、柳友荣撰稿，第三章为柳友荣撰稿，第四章的第一、第四节为李先富撰稿、第二节为刘胜撰稿、第三节为柳友荣撰稿，第五、第六章为沈丽丽、柳友荣撰稿，第七、第八、第九章为柳友荣撰稿。在此，谨对在项目研究和报告撰写过程中通力合作、勠力同心的各位同仁致以诚挚谢意。

中国应用型大学的发展研究方兴未艾，前路漫漫。套用梁漱溟老先生的那句：人之所以为人在其心，心之所以为心在其自觉，让我们用永不停息的“自觉”之心，继续走我们的研究之路。

柳友荣

2019 年 12 月 12 日于池州